活页式・校企合作・高职汽车专业群规划教材

电动汽车检测与故障诊断

主　编　杨效军　寇春欣　房伟萍
副主编　李光举　元伟利　郑希江
　　　　周伟伟　郭化超　郑恒建

山东大学出版社
SHANDONG UNIVERSITY PRESS
・济南・

图书在版编目(CIP)数据

电动汽车检测与故障诊断 / 杨效军，寇春欣，房伟萍主编. -- 济南 : 山东大学出版社，2024.1

活页式·校企合作·高职汽车专业群规划教材

ISBN 978-7-5607-7279-0

Ⅰ. ①电… Ⅱ. ①杨… ②寇… ③房… Ⅲ. ①电动汽车-动力系统-检测-高等职业教育-教材②电动汽车-故障诊断-高等职业教育-教材 Ⅳ. ①U469.72

中国版本图书馆 CIP 数据核字(2021)第 264120 号

策划编辑　刘　彤
责任编辑　李昭辉
封面设计　牛　钧

电动汽车检测与故障诊断
DIANDONG QICHE JIANCE YU GUZHANG ZHENDUAN

出版发行　山东大学出版社
社　　址　山东省济南市山大南路 20 号
邮政编码　250100
发行热线　(0531)88363008
经　　销　新华书店
印　　刷　济南乾丰云印刷科技有限公司
规　　格　787 毫米×1092 毫米　1/16
　　　　　19.25 印张　438 千字
版　　次　2024 年 1 月第 1 版
印　　次　2024 年 1 月第 1 次印刷
定　　价　64. 50 元

《活页式·校企合作·高职汽车专业群规划教材》
丛书编委会

总　序

《国家职业教育改革实施方案》指出，要深化“三教”改革，建设一批校企“双元”合作开发的国家规划教材，倡导使用新型活页式、工作手册式教材并配套开发信息化资源。同时，要求专业教材随信息技术发展和产业升级情况及时动态更新。为落实《国家职业教育改革实施方案》，推进国家教学标准落地实施，提升职业教育质量，提高人才培养的针对性，教育部出台了《关于职业院校专业人才培养方案制订与实施工作的指导意见》（教职成〔2019〕13 号）和《职业院校教材管理办法》（教材〔2019〕3 号），对教材和资源建设提出了具体要求。为全面落实国家和教育部有关文件精神，山东省交通运输职业教育专业建设指导委员会牵头组织编写了本套教材。教材的编写秉承以下原则。

突出“课程思政”和文化育人。本套教材编写强调强化“课程思政”建设，实现思想政治教育与汽车相关专业岗位技术技能培养的有机统一。结合汽车行业和企业的典型文化案例，强化学生职业素养养成和专业技术积累，将专业精神、职业精神和工匠精神融入人才培养全过程。

突出类型特色，服务“三教”改革。强化产教融合、校企合作的全流程设计，融入新技术、新设备、新工艺、新规范以及产业发展的新趋势，使学生适应行业技术变革的最新发展。课程、教材教学一体化设计有利于建设符合项目式、模块化教学需要的教学创新团队，普及项目教学、案例教学、情景教学、模块化教学等教学方式，广泛运用启发式、探究式、讨论式、参与式等教学方法，推动课堂教学革命。

突出山东特色，对接“双高”水准。山东省交通运输职业教育专业建设指导委员会联合行业、企业、学校和山东大学出版社，聘请省内外专家指导，围绕汽车技术服务专业集群，适应全面推进“双高计划”、现代学徒制改革试点和 1+X 证书制度试点的工作需要，开展职业教育教材体系和资源建设，力求建设反映“三教”改革新形态、突出山东特色、对接“双高”水准、对标国内一流的教材和教学资源。当前，职业教育战线正在全面落实习近平总书记关于职业教育的重要指示批示和全国教育大会精神。山东省正在进行部省共建“国家职业教育创新发展高地”，实现一年成“式”、两年成“是”、三年成“事”总目标，打造新时代中国特色职业教育的“山东样板”。出版本套教材也是抛砖引玉，以便更好地服务“高地建设”，祝愿山东汽车职业教育发展得越来越好。

山东省交通运输职业教育专业建设指导委员会

2021 年 7 月

前　言

“电动汽车检测与故障诊断”是高职新能源汽车类专业的一门核心课程。本书以吉利EV450纯电动汽车为基本车型，强化课程思政，实现了思政教育与技术技能培养的有机统一。教材内容对接新能源汽车企业职业岗位标准、融合汽车领域“1+X”职业技能等级标准和全国职业院校技能大赛新能源汽车技术与服务赛项大赛标准，实现了“岗、课、赛、证”融通。教材引入企业典型生产案例，以工作过程为导向，校企双元开发工作手册式、活页式、融媒体式的新形态教材，推动新时代职业教育项目化、模块化、信息化教学，将专业精神、职业精神和工匠精神融入人才培养全过程，体现了职业教育类型特色。

全书由山东交通职业学院、德州职业学院、山东电子职业技术学院、山东科技职业学院、莱芜职业技术学院、淄博职业学院等院校的骨干教师联合上汽大众培训中心、潍坊市兆和汽车销售服务有限公司的专家协同编写。全书由杨效军、寇春欣、房伟萍担任主编，李光举、元伟利、郑希江、周伟伟、郭化超、郑恒建担任副主编，全国著名职教专家王建良教授负责全书的主审工作。全书内容包括理论知识和工作手册两部分，两部分内容相互独立，构成一个整体。理论知识分为六个项目，主要由电动汽车维修作业准备、动力蓄电池与管理系统检修、电驱动系统检修、充电系统检修、空调系统检修、整车控制系统故障诊断等构成。理论知识运用“互联网+”技术设置二维码，读者可以使用智能手机扫码学习多媒体内容，理解相关知识。工作手册配套对应理论知识的每个项目，以企业典型生产案例为驱动任务，明确任务目的、技能要求、安全事项，以信息收集、制订计划、任务实施、职业素养、评价反馈五个环节为主线，实施以任务为驱动、以工作过程为导向、以理论知识指导实践的理实一体化教学模式。本书可作为高职院校新能源汽车技术、新能源汽车检测与维修技术、汽车检测与维修技术、汽车智能技术等专业的教学用书，也可作为汽车维修企业内部培训资料，还可以作为汽车维修技术人员和4S店工作人员的参考用书。

本书在编写过程中参阅了国内外公开出版的教材和发表的文献资料，并得到了上汽大众培训中心、潍坊市兆和汽车销售服务有限公司的大力支持，在此一并表示感谢。

由于时间仓促和编者水平所限，书中难免存在错误和不妥之处，敬请读者提出宝贵意见。

编　者

2021年6月

目　录

项目一　电动汽车维修作业准备 …… 1

任务一　电动汽车基本构成 …… 2
任务二　高压安全防护 …… 8
工作手册　高压安全防护 …… 13
任务三　安全设计与控制 …… 20
工作手册　高压互锁故障 …… 31

项目二　动力蓄电池与管理系统检修 …… 38

任务一　动力蓄电池成组与拆装检测 …… 39
任务二　动力蓄电池管理系统检修 …… 46
工作手册　动力蓄电池管理系统故障 …… 58

项目三　电驱动系统检修 …… 66

任务一　电驱动系统的认知 …… 67
任务二　驱动电机结构与检修 …… 73
工作手册　驱动电机绝缘检测 …… 85
任务三　电机控制系统组成与唤醒 …… 92
工作手册　电机控制器充电唤醒故障 …… 105
任务四　电驱动系统故障案例 …… 112
工作手册 1　驱动电机位置传感器故障 …… 128
工作手册 2　电机控制器 P-CAN 通信故障 …… 135

项目四　充电系统检修 …… 142

任务一　慢充电系统检测与故障诊断 …… 143
工作手册 1　CC 信号异常导致车辆无法充电故障 …… 161
工作手册 2　CP 信号异常导致车辆无法充电故障 …… 168
任务二　快充电系统检测与故障诊断 …… 174

项目五　空调系统检修 …… 182

任务一　空调制冷系统检修 …… 183
工作手册 1　空调控制器供电故障 …… 200
工作手册 2　空调压力开关信号异常 …… 207
任务二　空调制热系统检修 …… 214
工作手册　空调鼓风机工作异常故障 …… 225

项目六　整车控制系统故障诊断 …… 232

任务一　对整车控制系统的认知 …… 233
任务二　整车控制系统常见故障诊断与典型案例 …… 251
工作手册 1　整车上电故障 …… 277
工作手册 2　加速异常故障 …… 285

附录　车辆故障信息显示 …… 292

参考文献 …… 295

项目一

电动汽车维修作业准备

【工作情景】

根据2015年发布的国家标准《电动汽车高压系统电压等级》(GB/T 31466—2015),电动汽车的高压系统电压分为346 V、400 V、576 V等六个等级,并允许根据电动汽车技术进步实施电压升级。目前,比亚迪、吉利、小鹏、蔚来等国内新能源汽车企业相继推出800 V高压技术方案,并应用于上市新车型。电动汽车的制造生产、售后服务以及学习相关知识的过程中,高压作业存在电击事故安全隐患。那么,我们应该采取哪些措施来避免电击事故的发生呢?

【学习目标】

通过学习本项目,应该达到以下目标:①了解电动汽车的基本构成;②正确辨识电动汽车中的高压部件;③掌握电动汽车设计过程中的安全措施;④熟悉电动汽车从业人员的相关资质;⑤能够正确采取电动汽车作业安全防护措施;⑥掌握电动汽车高压作业操作规范。

任务一　电动汽车基本构成

【任务描述】

王磊是新能源汽车维修服务站的一名学徒工，跟随技师刘奇学习纯电动汽车(BEV)故障检修技术。前几日，刘奇向王磊介绍了电动汽车的主要结构组成。今天上午，车间新接收了一辆吉利 EV450 事故车，刘奇委派学徒工王磊对车辆进行初步检查，要求王磊对部件和线束破损情况进行详细记录。

【任务目标】

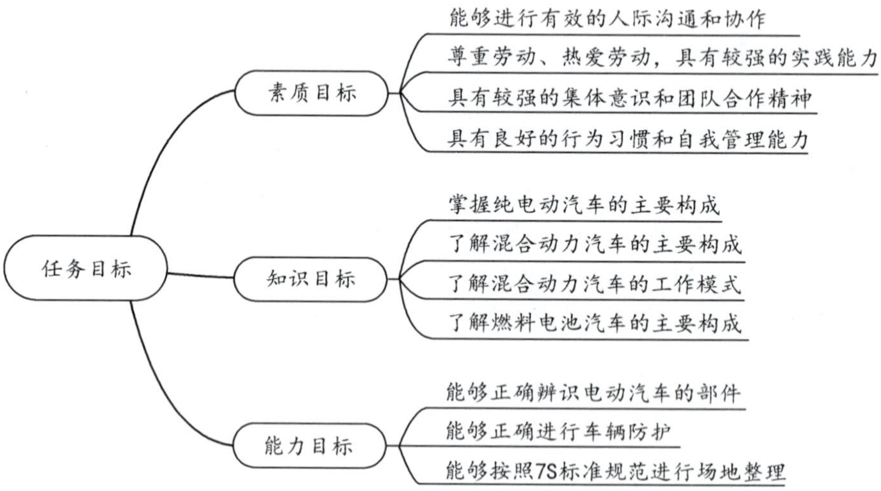

【任务目标】

纯电动汽车的总体结构可以划分为电机驱动系统、车载能源系统、辅助系统等几个部分。除了电机驱动系统，其他部分的功能及结构与传统汽车基本相同，不过有些部件已被简化或省去，如离合器等。典型电动汽车的组成框图如图 1-1 所示。

一、电机驱动系统

电机驱动系统主要由整车控制器(VCU)、电机控制器(MCU)、驱动电动机和机械传动装置等构成。它的功用是将存储在动力蓄电池中的电能高效地转化为车轮的动能，并能够在汽车减速制动时，将车轮的动能转化为电能充入动力蓄电池。整车控制器是电动汽车的“大脑”，负责接收、处理各系统部件信号，发出控制指令，实现整车闭环控制。而电机控制器则是电动汽车的“心脏”，作为动力来源，它决定了电动汽车的动力性能及乘坐舒适性。

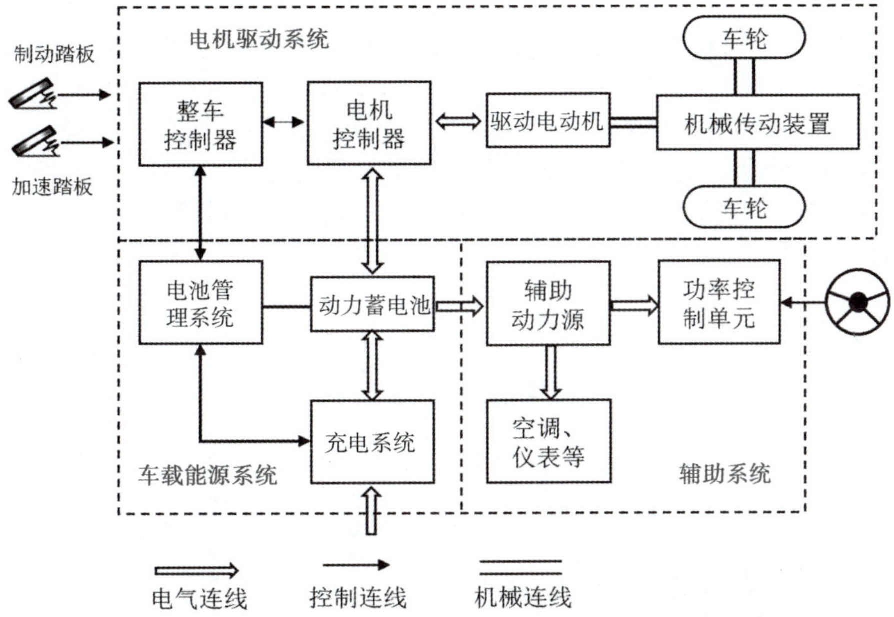

图 1-1　典型电动汽车的组成框图

1.整车控制器和电机控制器

整车控制器根据驾驶员意图发出各种指令，如改变加速踏板和制动踏板的开度、挡位、运动模式等。电机控制器响应并反馈，实时调整驱动电动机输出，以实现整车怠速、前行、倒车、停车、能量回收以及驻坡等功能。整车控制器作为纯电动汽车控制系统的核心部件，同时承担着数据交换、安全管理、驾驶员意图解释、能量流管理的任务。吉利帝豪 EV450 整车控制器安装位置如图 1-2 所示。

①整车控制器　②中央集控器(BCM)

图 1-2　吉利帝豪 EV450 整车控制器安装位置

吉利帝豪 EV450 将电机控制器与直流/直流(DC/DC)转换器集成在一起,称为一体化电机控制器(IPU),其安装位置如图 1-3 所示。电机控制器是电机驱动系统的控制中心,以绝缘栅双极型晶体管(IGBT)模块为核心,辅以驱动集成电路、主控集成电路,通过控制驱动电动机的电流实现电动汽车的前进、倒退,维持电动汽车的正常行驶,保证驱动电动机能够按照驾驶员的意图输出合适的电流参数。电机控制器对所有的输入信号进行处理,并将驱动电动机控制系统运行状态的信息通过控制器局域网(CAN)总线发送给整车控制器。

①一体化电机控制器　② 驱动电动机

图 1-3　吉利帝豪 EV450 一体化电机控制器安装位置

2.驱动电动机

驱动电动机是把电能转化为机械能的核心部件,吉利帝豪 EV450 的驱动电动机采用永磁同步电机(PMSM),安装位置如图 1-3 所示。永磁同步电机具有效率高、体积小、质量轻及可靠性高等优点。运行状态等信息通过传感器采集到电机控制器,这些传感器包括检测驱动电动机转子位置的旋转变压器、检测定子线圈温度的温度传感器等。

3.机械传动装置

机械传动装置将驱动电动机的驱动转矩传输给汽车的驱动轴,从而带动汽车车轮行驶。由于驱动电动机本身具有较好的调速特性,故其变速机构被大大简化:驱动电动机可带负载直接起动,省去了离合器;可以通过改变三相交流电相序实现正/反向旋转,无须通过变速器中的倒挡齿轮组来实现倒车。吉利帝豪 EV450 二级主减速器如图 1-4 所示。

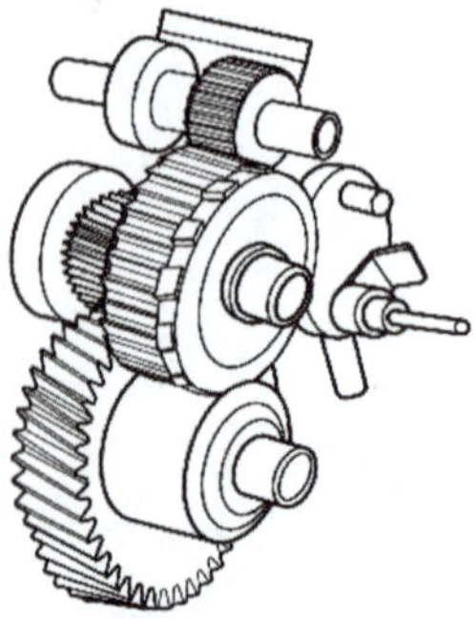

图 1-4　吉利帝豪 EV450 二级主减速器

二、车载能源系统

车载能源系统主要由动力蓄电池、电池管理系统(BMS)、充电系统等组成,它的功用是向驱动电动机提供驱动电能、监测电源使用情况以及控制充电机向动力蓄电池充电。

1.动力蓄电池

动力蓄电池一般安装于车身底部,需要具有较高的强度和刚度并且防尘防水,其防护等级为IP67。吉利帝豪EV450的动力蓄电池组安装位置如图1-5所示,采用容量为150 A·h、额定电压为3.65 V的95个三元锂电池电芯串联构成(1P97S),额定电压为346 V,总电量为52 kW·h。

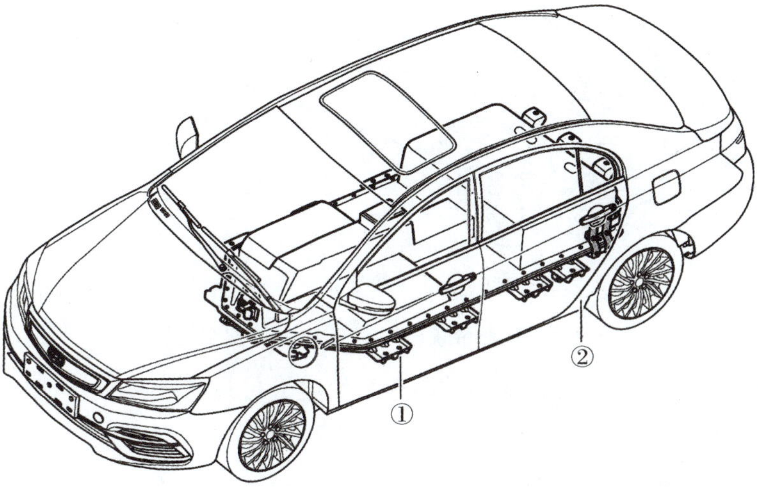

①动力蓄电池总成　　②车身

图1-5　吉利帝豪EV450动力蓄电池组(1P97S)安装位置

2.电池管理系统

电池管理系统是保护、管理动力蓄电池的核心部件。它通过电压、电流、温度、荷电状态(SOC)估算、高压回路绝缘等检测,对动力蓄电池进行充放电管理和诊断,保证动力蓄电池安全可靠地使用,充分发挥动力蓄电池的能力,延长电池使用寿命。电池管理系统通过CAN总线建立与其他控制器的联系,向整车控制器上报动力蓄电池系统的基本参数及故障信息。吉利帝豪EV450动力蓄电池的电池管理系统如图1-6所示。

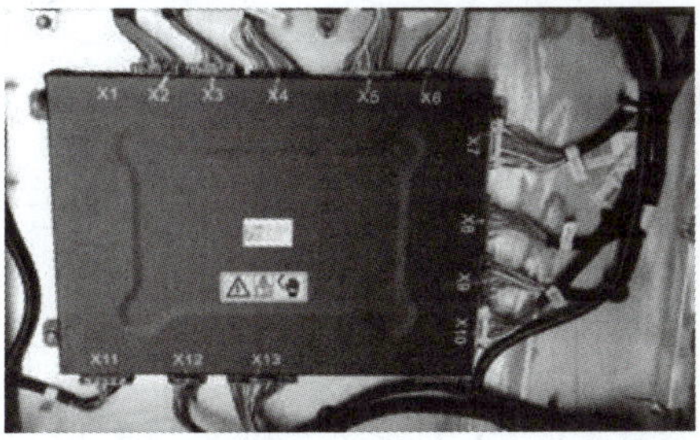

图1-6　吉利帝豪EV450动力蓄电池的电池管理系统

3.充电系统

充电系统将商用交流电源转换为电动汽车动力蓄电池充电所需的高压直流源，它包括快速充电系统与慢速充电系统。吉利帝豪 EV450 充电系统安装位置如图 1-7 所示。

①车载充电机(OBC)　②交流充电接口　③交流充电接口应急解锁　④直流充电接口

图 1-7　吉利帝豪 EV450 充电系统安装位置

快速充电系统将直流充电桩输出的高压直流电源经过快充接口、高压分线盒连接到动力蓄电池，直流充电桩与快充接口如图 1-8 所示。

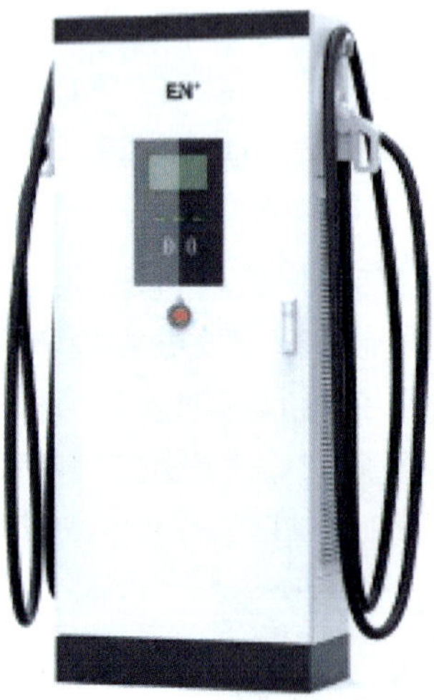

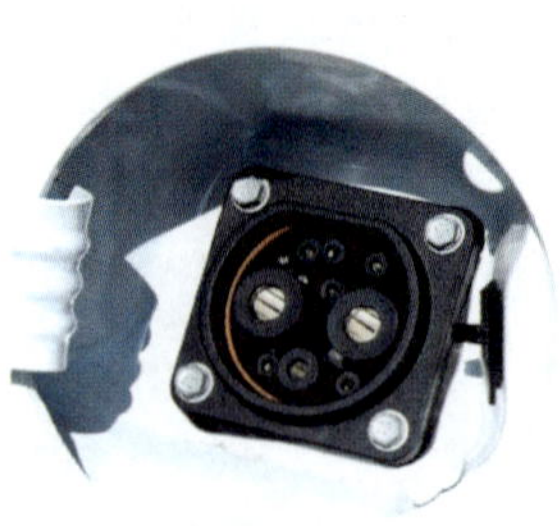

图 1-8　直流充电桩(左)与快充接口(右)

慢速充电系统则是将交流充电桩输出的 220 V 工频正弦交流电经过车载充电机整流、滤波、升压变成高压直流电后，通过高压分线盒连接到动力蓄电池。交流充电桩与慢充接口如图 1-9 所示，吉利帝豪 EV450 车载充电机如图 1-10 所示。

三、辅助系统

辅助系统主要包括辅助动力源、空调器、动力转向系统、刮水器、照明和除霜装置、冷却系统、加热系统等。辅助动力源主要由 DC/DC 转换器和辅助电源组成,其功用是向动力转向系统、空调器及其他辅助设备提供动力。在传统汽车上,制动系统真空助力器所需要的真空度来自发动机进气歧管,这在电动车上无法实现,因此需要配备电动真空泵。北汽新能源 EV160 电动真空助力系统的布置如图 1-11 所示,它布置在左侧纵梁内侧、散热器后方,固定在集成层支架上。

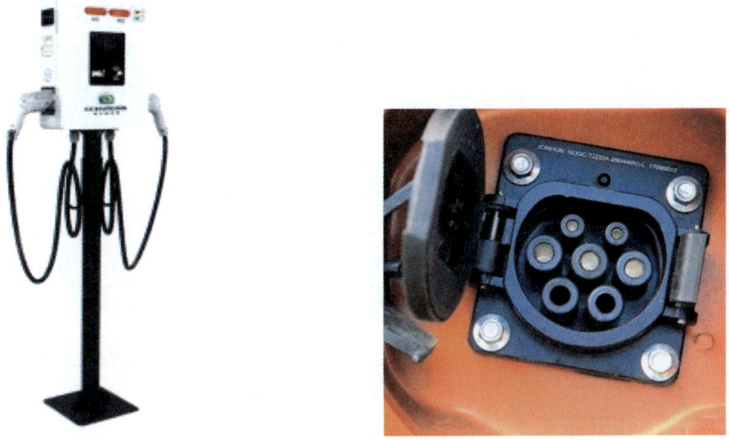

图 1-9　交流充电桩(左)与慢充接口(右)

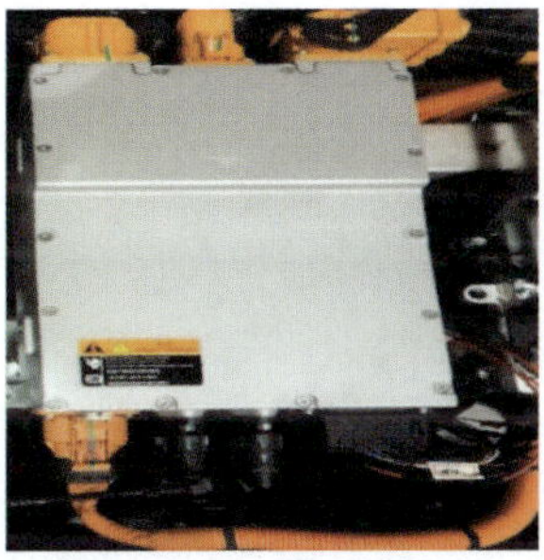

图 1-10　吉利帝豪 EV450 车载充电机

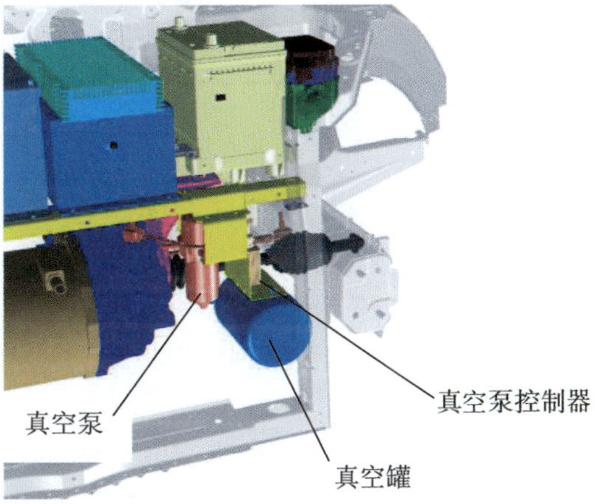

图 1-11　北汽新能源 EV160 电动真空助力系统的布置

任务二　高压安全防护

【任务描述】

车间新接收了一辆吉利 EV450 电动汽车需要进行维修。作为一名新能源汽车维修技工,需要正确按照电动汽车作业规范的要求,对该车辆正确实施车内外防护及高压安全防护,确保车辆维修作业安全。

【任务目标】

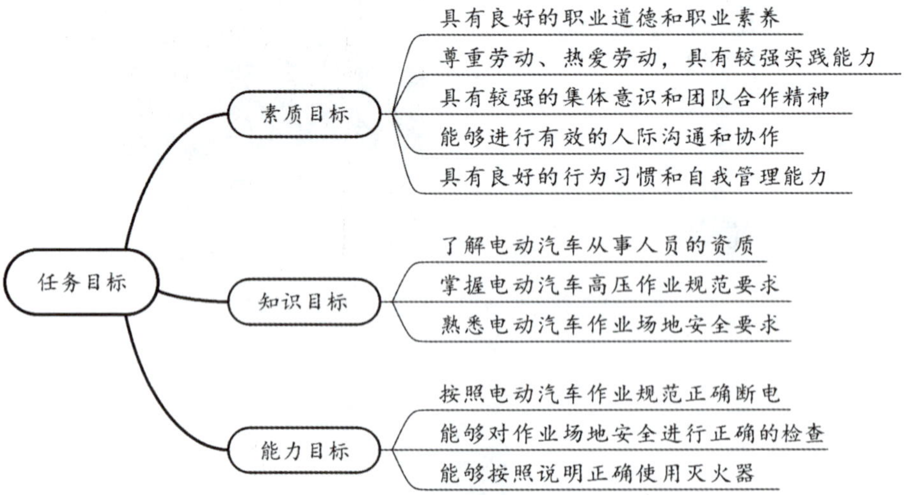

【知识储备】

一、从业人员资质和权限

针对工作于带高压系统车辆的从业人员所应具有的资质和权限,德国出台了 BGI/GUV-I 8686E 标准。目前我国尚未制定这方面的统一标准。

1.电工作业证

由于电动汽车存在几百伏的直流电压系统,为防止相关人员在日常工作中发生触电危险,降低电动汽车企业的运营风险,新能源汽车相关企业依据国家标准《特种作业人员安全技术考核管理规则》(GB 5306—1985),对从业人员提出了须持有低压电工作业证的要求,并考查相关从业人员对电工操作技能、安全知识的掌握情况。低压电工作业证如图 1-12 所示。

2.德国 BGI/GUV-I 8686E 标准

德国 BGI/GUV-I 8686E 标准针对汽车领域的高压电,特别是混合动力、燃料电池、电动汽车,做出了明确界定,高压电是指:直流(DC)60～1500 V,交流(AC)30～1000 V。依据员工工作环境及岗位职责的不同,将从业人员资质和权限分为三个等级,如图 1-13 所示。

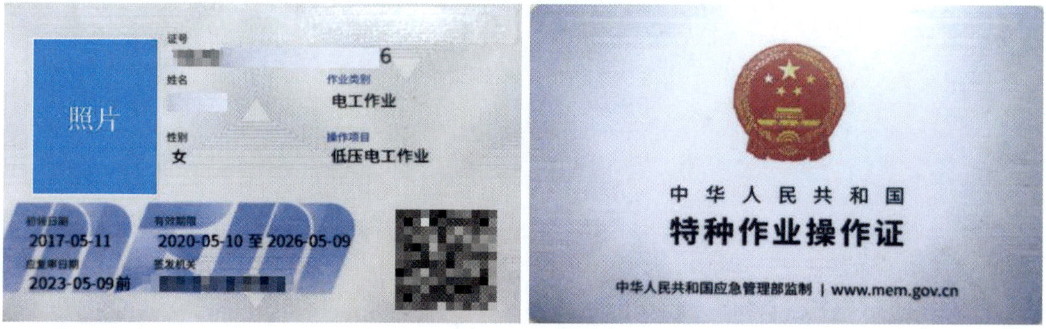

图 1-12　电工作业证

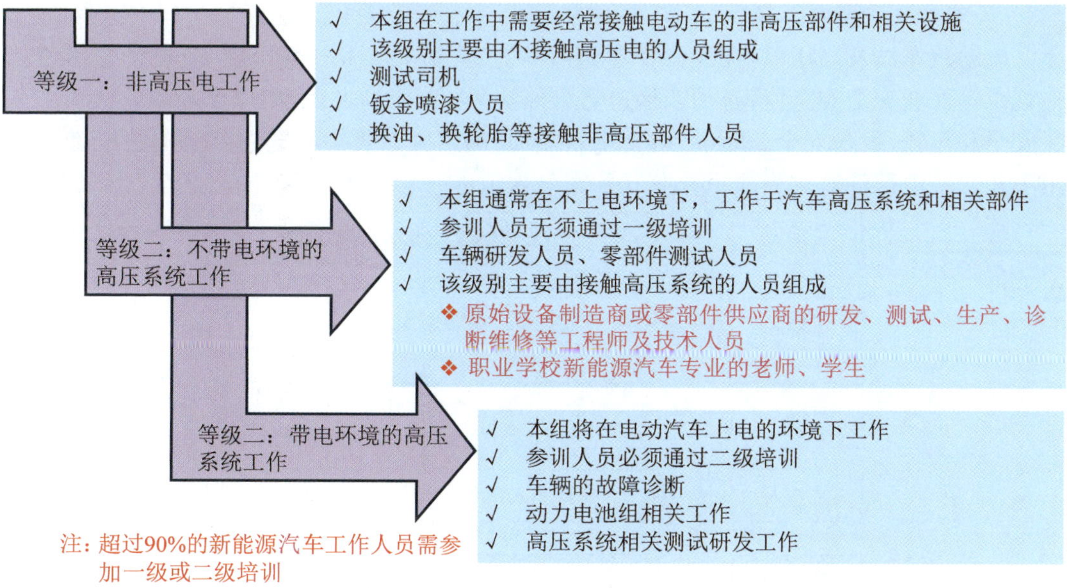

图 1-13　BGI/GUV-I 8686E 标准

3.国内企业标准

国内新能源汽车企业根据工作岗位安全需要,对相关从业人员的资质和权限提出了相关标准要求:电动汽车维修操作人员必须持证上岗并经过培训,才能进行操作;须执有国家安监局颁发的《特种作业操作证(低压电工证)》;须经过汽车企业的专业技术培训,并通过考核;须掌握新能源汽车构造原理和维修诊断知识与技能;具有安全、文明生产和环境保护的相关知识与技能;维修新能源汽车高压器件时,在维修现场至少配备两名人员。以北汽新能源汽车为例,其技术培训和资质的相关要求如图 1-14 所示。

BECC1 (T1501)	BECC2 (T1502)	BECC3 (T1503)	BECC4 (T1504)
目标群体 机电技师 **工作限制** 高压系统断电下 除高压组件的程序化作业，包括底盘、车身、常规低压电气系统的维护和保养 在BECC2人员的指导下工作	**目标群体** 机电技师 **工作限制** 高压系统断电下 含高压组件的程序化作业，包括高压系统的维护、保养、更换和调整 在BECC3人员的指导下工作 为BECC1人员进行高压系统断电	**目标群体** 机电技师 **工作限制** 高压系统断电下 对高压系统故障的诊断和分析，也包括车辆所有的机电系统故障 独立地工作 制定工作计划 对BECC3以下人员内训	**目标群体** 机电技师/技术主管 **工作限制** 高压系统断电下 对车辆机电系统故障的诊断和分析，包括必要条件下的高压带电作业 独立地工作 制定服务站技术路线 承担对应的法律责任 对BECC4以下人员培训

图 1-14　北汽新能源汽车技术培训和资质

二、电动汽车作业安全规范

电动汽车涉及高压电，在维修作业过程中必须遵守高压电操作规范、机动车维修操作规范等作业安全规范，且必须严格遵守维修流程，如图 1-15 所示，以保障作业人员的人身安全和车辆、设备安全。断电、防止重新接通、确定处于无电状态、接地和短路、遮盖和阻隔相邻带电部件被称为高压作业五条安全规定。

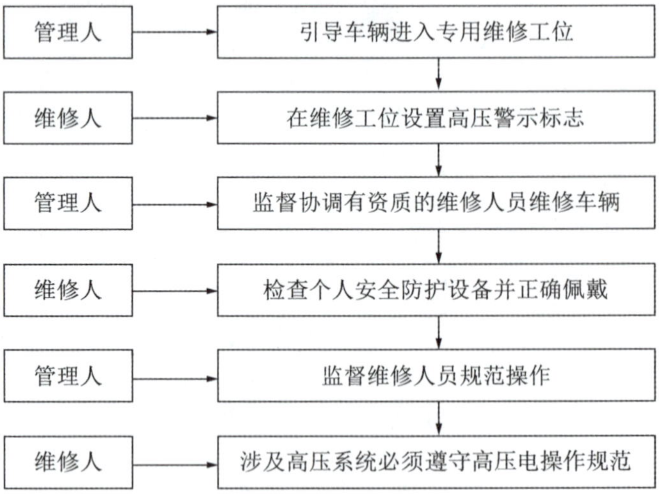

图 1-15　电动汽车维修流程

高压安全操作

1.断电

一般电动汽车维修维护作业过程须在断电情况下进行，断电操作必须由具备高压资质的人员执行，必要时使用专用诊断仪的引导性功能。断电步骤包括：关闭点火开关并拔掉钥匙，断开低压蓄电池负极；对动力蓄电池箱进行打开作业时，必须拔掉维修开关。

2.防止重新接通

断开低压蓄电池负极后，应使用绝缘防护帽对负极柱或负极连接线进行保护，防止重新接通，在车辆醒目位置粘贴作业警示标志，如图 1-16 所示；妥善保管点火钥匙和维修开关；除唯一执行人外，任何人不得恢复。

图 1-16　作业警示标志

3.确定处于无电状态

断开高压电后至少等待 3 min。使用专用万用表进行断电测量，用来检查动力蓄电池主正/主负接触器断开情况、电机控制器中超级电容的放电情况等；连接电机控制器的高压直流电缆端的测量电压应低于 5 V，如图 1-17(a)所示。必要时使用放电工装进行放电，放电工装如图 1-17(b)所示；如无法断电，必须由特定资质人员处理。

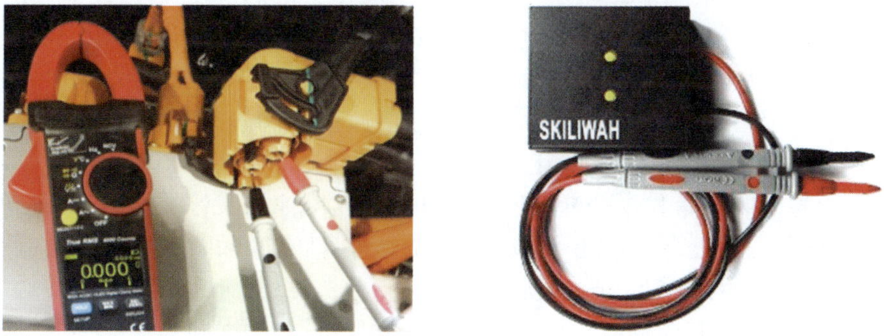

(a)专用万用表测量断电　　(b)放电工装

图 1-17　确定处于无电状态的操作及设备

接地和短路、遮盖和阻隔相邻带电部件在后文介绍。

三、电动汽车作业场地安全

工作环境将直接影响是否发生事故，电动汽车维修车间的场地与设施比普通汽车维修车间要求更高。

1.高压维修车间的场地与设施要求

（1）使用面积：高压维修车间的面积根据实际要求确定，并应符合国家相关规定。

（2）采光：明亮的车间可以让车辆维护人员能够更加清楚地观察到周围的部件及物体，避免因为视线不好意外触碰到高压电而发生事故，同时也有利于其他人员及时观察到可能存在的隐患。维修车间的采光应符合 GB 50033—2013 的有关规定。采光设计应注意光的方向性，应避免对工作产生遮挡和不利的阴影。对于需要识别颜色的场所，应采用不改变自然光光色的采光材料。

（3）照明：当天然光线不足时，应配置人工照明。人工照明光源应选择接近天然光色温的光源。维修车间的照明要求应符合 GB 50034—2013 的有关规定。进行精细操作（如划线、金属精加工、间隙调整等）的工作台、仪器、设备等工作区域的照度不应低于 500 lx。照度不足时应增加局部补充照明，补充照明不应产生有害眩光。

（4）干燥：干燥是为了降低维护区域人员的触电风险，因为当湿度增加时，人体和空气的绝缘电阻就会降低，那么在相同的电压下，人体触电的风险也就增加了。因此高压维修车间必须保持干燥。

（5）通风：良好的通风有利于排出在维护车辆期间产生的有害物质，并且在发生触电事故的情况下，通风的环境更有利于伤者呼吸到更多的氧气。

（6）防火：防火应符合 GB 50016—2014 有关厂房、仓库防火的规定，以及 GB 50067—2014 的有关规定。

（7）卫生：卫生应符合 GBZ 1—2010 和 GB/T 12801—2008 的有关规定。

（8）安全标志：安全标志应符合 GB 2894—2008 和 GB 2893—2008 的有关规定。此外，进行高电压车辆的维护，很多厂商对于维护工位有特别的要求，如比亚迪公司要求维修其新能源汽车必须具有单独的维修工位，该工位的设备采用特殊的颜色与其他工位进行区别。当工位上有高电压车辆进行维修时，要求在工位周围必须布置明显的警示标志，避免他人未经允许进入高电压工位而发生危险。

2.车间安全管理

电动汽车专用车间的安全管理除了应满足普通车间的安全要求外，还须注意以下事项。

（1）车辆焊接维修：首先要切断低压电源和动力蓄电池插头；操作人员要具备特种作业操作证；清理周围易燃物品，并申请动火证；做好车身防护，预防飞溅及着火；严格按照焊接工艺进行操作；重视对灭火器的使用和检查。

（2）灭火器的使用和检查：发生火灾将产生不可估量的危害和损失，必须预防车辆自燃等火灾的发生，及时处理机舱内的油污、接插件松动或线束老化等隐患。检查车上的灭火器是否在固定的位置，是否在有效期内，充分了解灭火器的性质和正确使用方法。

发生火灾后不要惊慌，要及时采取正确的方法来灭火，将火灾消灭在萌芽状态。首先要切断电源,所有人员立即离开车辆并站在远离车辆的上风处;在采取救火措施的同时立刻报警(拨打电话“119”或“110”)。常用的车载灭火器都是干粉灭火器,灭火时手提干粉灭火器快速奔赴火点,在距离燃烧处 1 m 左右,先将开启把上的保险销拔下,然后将喷嘴部迅速对准火焰的根部扫射灭火。干粉灭火器的使用方法如图 1-18 所示。

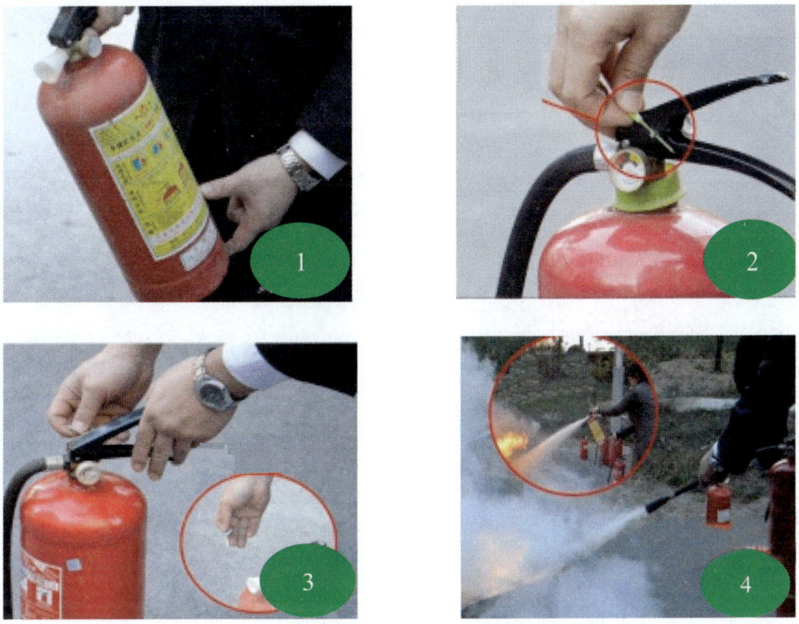

1.上下颠倒摇晃使干粉松动　2.拔掉铅封　3.拉出保险销
4.保持安全距离,左手扶喷管,喷嘴对准火焰根部,右手用力压下压把

图 1-18　干粉灭火器的使用方法

工作手册　高压安全防护

【任务描述】

车间新接收一辆吉利 EV450 电动汽车需要进行维修,作为一名新能源汽车维修技工,要正确按照电动汽车作业规范要求,对该车辆正确实施车内外防护及高压安全防护,确保后续车辆维修作业的安全。

一、任务目的

能够正确辨识车辆高压部件,熟悉各部件的功用并对相关部件进行外观检查。在经销商处对高压电动车辆进行维修与诊断,最关键的是保障操作人员的人身安全,防止意外触电事故发生。因此,学员在接触高压电动车辆之初,必须树立牢固的安全意识,对于安全防护用品的操作和场地内的警告标志必须完全了解和掌握。

二、技能要求

1.能够正确辨识电动汽车中的高压部件。

2.能够正确进行车辆防护。

3.能够正确检查和佩戴安全防护用具。

4.能够按照操作规范正确实施高压安全防护。

5.能够依据职业操作规范要求,正确进行 7S 管理和操作。

三、安全事项

1.确保学员完全在教师的指导下,在授权的范围内进行操作。

2.绝不可以在不穿戴安全防护用品的前提下,接触任何车辆的高压电部件。

3.学员应充分了解其职责范围,绝不擅自对高压电部件进行任何拆装调整。

4.要对高压电动车辆进行功能操作,必须在确保车辆与场地的安全状态后进行。

5.高压电车辆在脱离教师监控时必须全车落锁,驶离举升工位并由教师妥善保管钥匙。

6.在任何时候都要注意自身的人身安全防护。

7.车辆不可举升过高,举升到需要的高度时,要确认保险锁销到位。

8.工作中及完成任务后,应遵守实训场地的 7S 要求。

四、信息收集

整车上电故障	学习任务单	班级:
		姓名:

1.解析加速踏板和制动踏板的开度、挡位、运动模式等驾驶员意图的部件是________。

2.实现整车怠速、前行、倒车、停车、能量回收以及驻坡等功能的部件是__________。

3.驱动电动机控制系统运行状态的信息通过____________发送给整车控制器。

4.驱动电动机上的主要传感器有检测__________、__________等。

5.写出下图中部件的名称:① ______________、② ________________。

续表

6.电动汽车的车载能源系统主要由＿＿＿＿＿、＿＿＿＿＿＿、＿＿＿＿等组成。

7.慢速充电系统使用的充电桩是＿＿＿＿＿＿＿，将＿＿＿＿＿＿＿经过车载充电机＿＿＿＿＿、＿＿＿＿和＿＿＿＿变成高压直流电后，通过＿＿＿＿＿连接到动力蓄电池。

8.下图是吉利 EV450 电动汽车示意图，写出各部件的名称：①＿＿＿＿＿＿、②＿＿＿＿＿＿、③＿＿＿＿＿＿＿＿④＿＿＿＿＿＿＿＿。

9.辅助动力源主要由＿＿＿＿＿＿＿＿和＿＿＿＿＿＿组成。

10.检查以下防护用品。

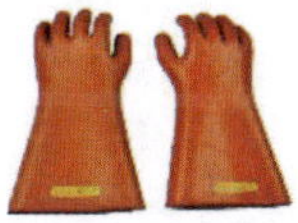

检查项目 1：＿＿＿＿＿＿＿＿＿＿＿。
检查项目 2：＿＿＿＿＿＿＿＿＿＿＿。

检查项目 1：＿＿＿＿＿＿＿＿＿＿＿。
检查项目 2：＿＿＿＿＿＿＿＿＿＿＿。

检查项目 1：＿＿＿＿＿＿＿＿＿＿＿。
检查项目 2：＿＿＿＿＿＿＿＿＿＿＿。
检查项目 3：＿＿＿＿＿＿＿＿＿＿＿。

检查项目 1：＿＿＿＿＿＿＿＿＿＿＿。
检查项目 2：＿＿＿＿＿＿＿＿＿＿＿。

续表

检测项目：______________________。
检测设备：______________________。
铺设位置：______________________。

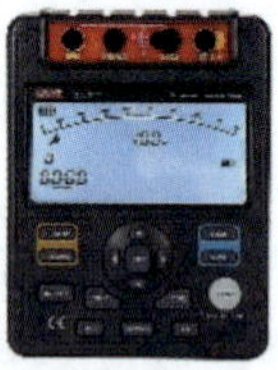

设备名称：______________________。
用前校准 1：______________________。
用前校准 2：______________________。

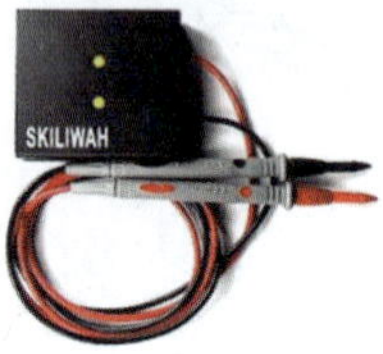

设备名称：______________________。
设备用途：______________________。

设备名称：______________________。
设备用途：______________________。

橙色含义：______________________。

橙色含义：______________________。

五、制订计划

1.作业计划

序号	作业项目	操作要点

2.设备清单

序号	设备名称	规格型号	数量

计划审核	审核意见： 年　　月　　日　　签字：

六、任务实施

工作任务单	高压安全防护	班级：
		姓名：

1.车辆信息记录

品牌		整车型号		生产年月	
电机型号		电池型号		行驶里程	
车辆识别码					

2.安全防护设备检查

作业项目	作业情况	判定
隔离带设置	已执行□　否□	异常□　正常□
放置警示牌	已执行□　否□	异常□　正常□
作业场地检查	已执行□　否□	异常□　正常□

续表

车辆外观检查	已执行□　否□	异常□　正常□
绝缘手套检查	已执行□　否□	异常□　正常□
安全帽检查	已执行□　否□	异常□　正常□
绝缘鞋是否穿好	已执行□　否□	异常□　正常□
护目镜检查	已执行□　否□	异常□　正常□
灭火工具检查	已执行□　否□	异常□　正常□
急救工具检查	已执行□　否□	异常□　正常□
3.仪器设备检查		
万用表校准	已执行□　否□	异常□　正常□
放电工装检查	已执行□　否□	异常□　正常□
绝缘检测仪校准	已执行□　否□	异常□　正常□
地垫绝缘性检测	标准：　　实测：	异常□　正常□
4.车辆防护		
安放车轮挡块	已执行□　否□	异常□　正常□
车外防护	已执行□　否□	异常□　正常□
车内防护	已执行□　否□	异常□　正常□
5.高压回路断电		
放下驾驶员侧车窗玻璃	已执行□　否□	异常□　正常□
钥匙打到 OFF 挡	已执行□　否□	异常□　正常□
妥善保管钥匙	已执行□　否□	异常□　正常□
断开低压蓄电池负极	已执行□　否□	异常□　正常□
低压蓄电池负极防护	已执行□　否□	异常□　正常□
放置禁止接通警示牌	已执行□　否□	异常□　正常□
断开分线盒侧直流母线	已执行□　否□	异常□　正常□
等待 3 分钟	已执行□　否□	异常□　正常□
测量直流母线电压	标准：　　实测：	异常□　正常□
6.车辆上电验证		
连接直流母线	已执行□　否□	异常□　正常□
连接低压蓄电池负极	已执行□　否□	异常□　正常□
踩制动踏板打开点火开关	已执行□　否□	异常□　正常□
查看仪表能否上高压电	已执行□　否□	异常□　正常□

续表

7.恢复车辆		
撤销禁止接通警示牌	已执行□　否□	异常□　正常□
撤销车外防护用品	已执行□　否□	异常□　正常□
撤销车内防护用品	已执行□　否□	异常□　正常□
升起车窗玻璃	已执行□　否□	异常□　正常□
用智能钥匙锁车	已执行□　否□	异常□　正常□
8.仪器设备清洁		
清洁整理万用表	已执行□　否□	异常□　正常□
清洁整理绝缘测试仪	已执行□　否□	异常□　正常□
清洁整理放电工装	已执行□　否□	异常□　正常□
清洁整理绝缘手套	已执行□　否□	异常□　正常□
清洁整理安全帽	已执行□　否□	异常□　正常□
9.车辆及场地卫生		
清洁车辆	已执行□　否□	异常□　正常□
清洁场地卫生	已执行□　否□	异常□　正常□
撤离隔离带	已执行□　否□	异常□　正常□
撤离警示牌	已执行□　否□	异常□　正常□
向教师交付钥匙	已执行□　否□	异常□　正常□

七、实训总结

自我反思	
自我评价	

任务三　安全设计与控制

【任务描述】

有一辆吉利 EV450 电动汽车,踩制动踏板并按下点火开关,仪表点亮正常,"READY"灯无法正常点亮,蓄电池指示灯、系统故障指示灯、仪表右侧驻车灯、驱动模式指示灯"ECO"等正常点亮。作为维修技工,应能正确使用诊断仪、示波器、万用表等检测工具,依据维修手册及相关资料排除故障,恢复车辆的正常功能并准确填写诊断报告;按照 7S 操作规范整理场地,经检验合格后,将诊断报告和钥匙交付前台。

【任务目标】

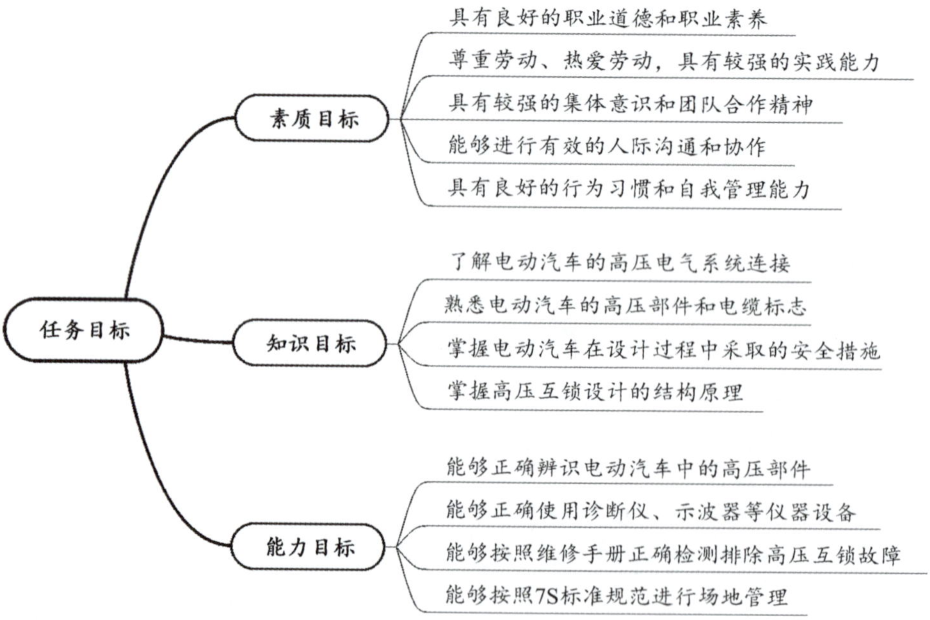

【知识储备】

一、电动汽车高压电气系统

电动汽车的高压部件主要包括动力蓄电池、驱动电动机、电机控制器、空调压缩机、正温度系数(PTC)加热器本体、DC/DC 转换器、车载充电机等,各高压部件均经过高压分线盒与动力蓄电池连接。高压分线盒又称高压控制盒或高压配电盒,主要功能是高压控制及保护高压供电系统,其包括整车主接触器及高压各分系统保险。高压电气系统的连接框图如图 1-19 所示。

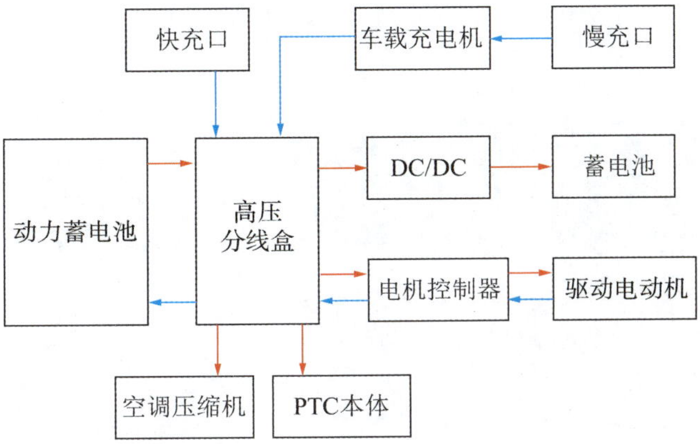

图 1-19　高压电气系统的连接框图

吉利帝豪 EV450 的高压分线盒位于车载充电机内部，电气连接线路如图 1-20 所示。

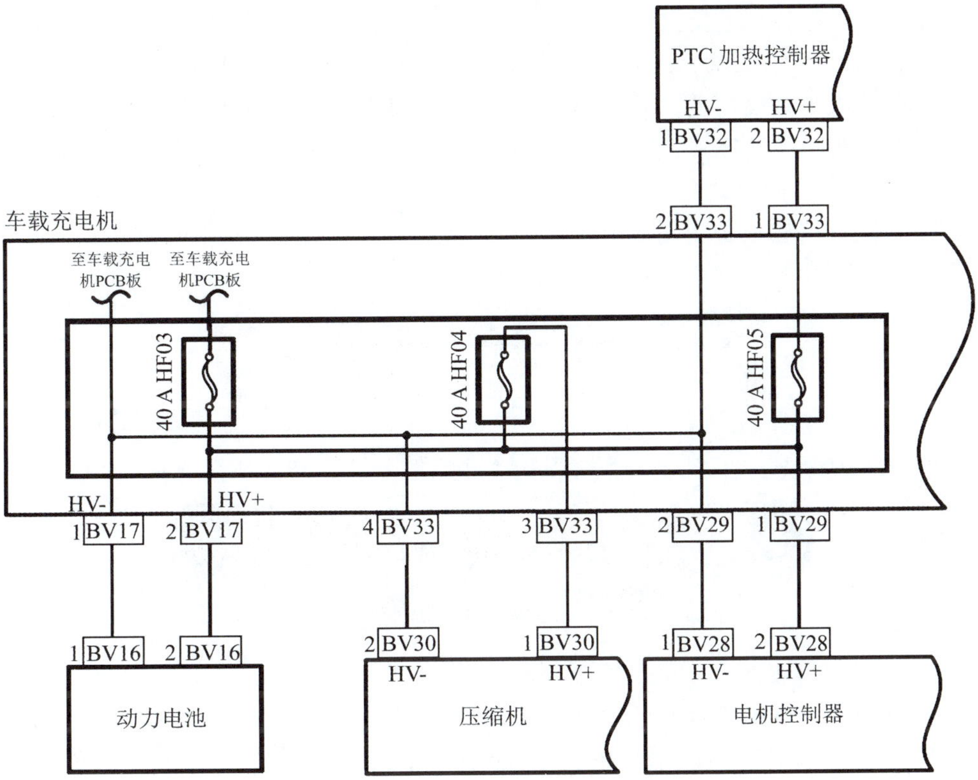

图 1-20　吉利帝豪 EV450 的高压电气连接线路

二、高压部件识别

1.高压警示标志

每台电动汽车的高压部件壳体上都会标记一个安全警示符号，安全警示符号的设计遵守高压触电国家标准。售后服务人员或每位车主均可通过该标志直观地看出高压可能带来的危险，所用警示牌基于国际标准危险电压警告标志。通常，纯电动汽车在作业前，要进行场地及其他安全警示，其中涉及一些常用安全标志。高压警示标志如图 1-21 所示。

图 1-21 高压警示标志

2.高压电缆

高压电缆可能有几米长，在一处或两处通过警示牌标记意义不大，维修人员可能会忽视这些标示牌。因此，通常使用橙色警示色标记高压电缆，高电压电缆插头也采用橙色设计。电动汽车上使用的高压电缆分为单线制和双线制两种，并带有屏蔽层和绝缘层。屏蔽层在接插头处与车身搭铁，用于降低自身电磁辐射对电动汽车上其他电气系统的电磁干扰(EMI)，同时避免受到其他电气系统的干扰，提高整车电气系统的电磁兼容性(EMC)。绝缘层用于防止高压电缆漏电，提高车辆的使用安全性。单线制高压电缆如图 1-22 所示，双线制高压电缆如图 1-23 所示。

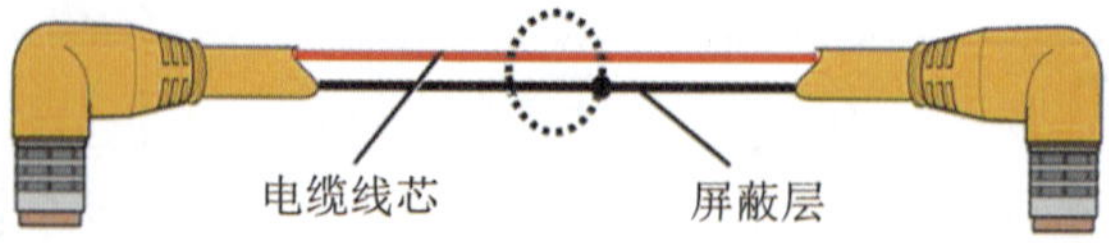

图 1-22 单线制高压电缆

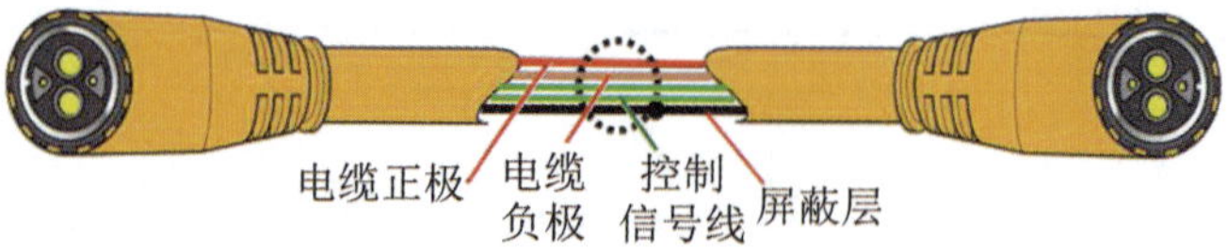

图 1-23 双线制高压电缆

吉利帝豪 EV450 电动汽车上，高压电缆包括电机控制器连接驱动电动机的三相交流电缆、连接车载充电机的高压直流电缆、车载充电机连接动力蓄电池的高压直流电缆、快充接口连接车载充电机的高压直流电缆、慢充接口连接车载充电机的高压交流电缆、车载充电机连接空调压缩机和 PTC 加热器本体的电缆等。上述电缆采用的均是单线制，如图 1-24 所示。

高压附件线束介绍

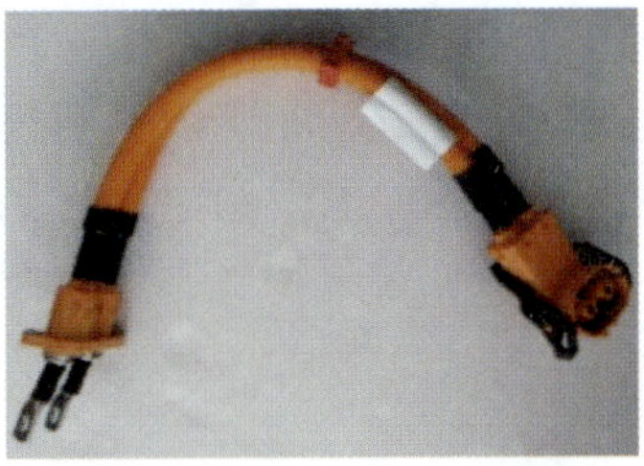

电机控制器高压直流电缆

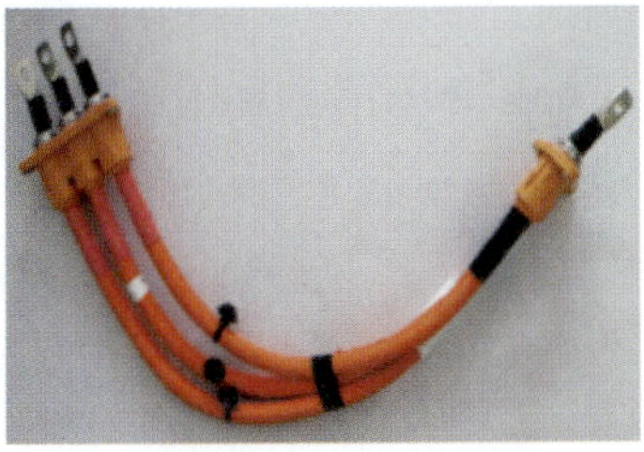

驱动电动机高压交流电缆

图 1-24　吉利帝豪 EV450 采用的单线制高压电缆

高压互锁工作原理

三、高压安全设计

1.电位均衡

由于老化、温度升高、破损等原因，会导致高压部件和高压电缆的绝缘性能下降，引发漏电和触电事故。因此，把所有高电压部件的外壳通过车身或导线连接为同等电位，可有效避免因漏电产生的触电事故。电位均衡设计如图 1-25 所示。

图 1-25　电位均衡设计

2.电气隔离

电动汽车的 DC/DC 变换器是一种功率变换器，它将动力蓄电池的高压直流电压转换为低压直流电压，实现电气系统的电压变换，用于为 12 V 辅助蓄电池充电，给车灯、VCU、低压电器等车辆附属设备提供电力。为了防止高压电进入低压电气系统，DC/DC 变换器中的高压电与低压电之间采用变压器耦合，且高电压系统采用正/负极独立回路，实现了与车身、低压电气系统的隔离。电气隔离如图 1-26 所示。

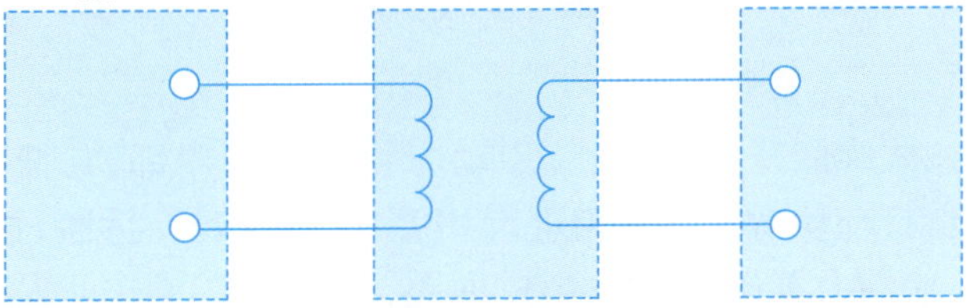

图 1-26　电气隔离

3.接地保护

采用交流充电桩或随车便携式充电器为电动汽车充电时,交流充电桩应该具有良好的接地,保证供电电网保护地线与车载充电机的 PE 线有良好连接,防止因漏电而导致触电,如图 1-27 所示。

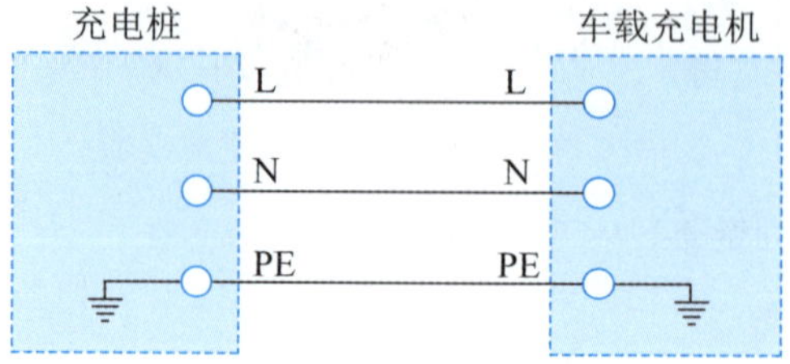

图 1-27　接地保护

4.继动控制

连接动力蓄电池正/负极的高压母线+、高压母线-上分别设计有主正接触器和主负接触器,通过采用低电压实现对高电压的控制。当电动汽车出现动力系统故障时,整车控制器向动力蓄电池管理系统发出下高压电指令,主正接触器和主负接触器在动力蓄电池管理系统的控制下执行触点断开,实现下高压电操作。

同时,在高压母线+上设计了由预充电阻、预充接触器构成的预充线路,车辆上高压电时执行"主负接触器闭合→预充接触器闭合→主正接触器闭合→预充接触器断开"的操作程序,从而有效消除了上高压电对动力蓄电池带来的大电流冲击。继动控制电路如图 1-28 所示。

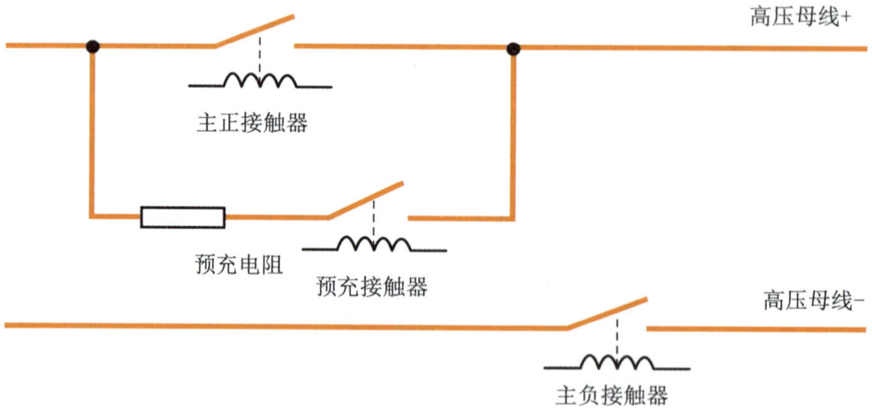

图 1-28　继动控制电路

5.分断装置

分断装置为机械式维修开关,一般位于动力蓄电池箱内部,它把动力蓄电池分为两个部分。当维修人员打开动力蓄电池箱进行相关部件的维护、拆装、检测诊断等作业时,必须断开维修开关,使动力蓄电池无法形成回路,从而提高了作业安全性。分断装置电路及维修开关如图 1-29 所示。

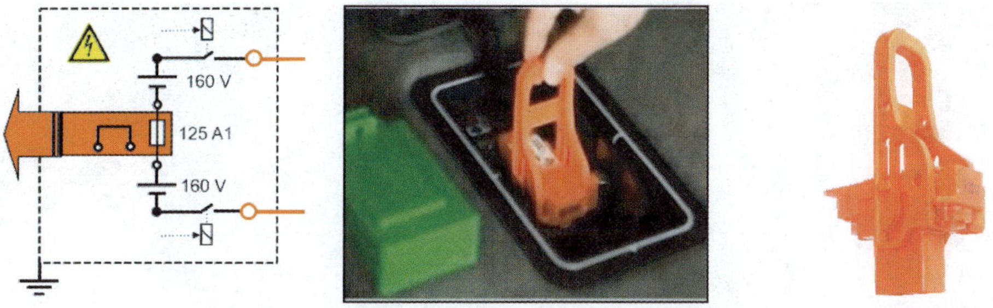

图 1-29　分断装置电路及维修开关

6.绝缘监测

由于电动汽车的高压电气系统独立形成回路，属于不搭铁的电气系统，因此需要采用对地电压漏电监测装置检测动力蓄电池正/负极母线对车身搭铁的电压及绝缘电阻，来判断是否存在绝缘故障，如果控制系统检测到高压电气系统存在绝缘故障，则执行报警和下高压电操作。绝缘监测及保护如图 1-30 所示，绝缘故障报警显示如图 1-31 所示。

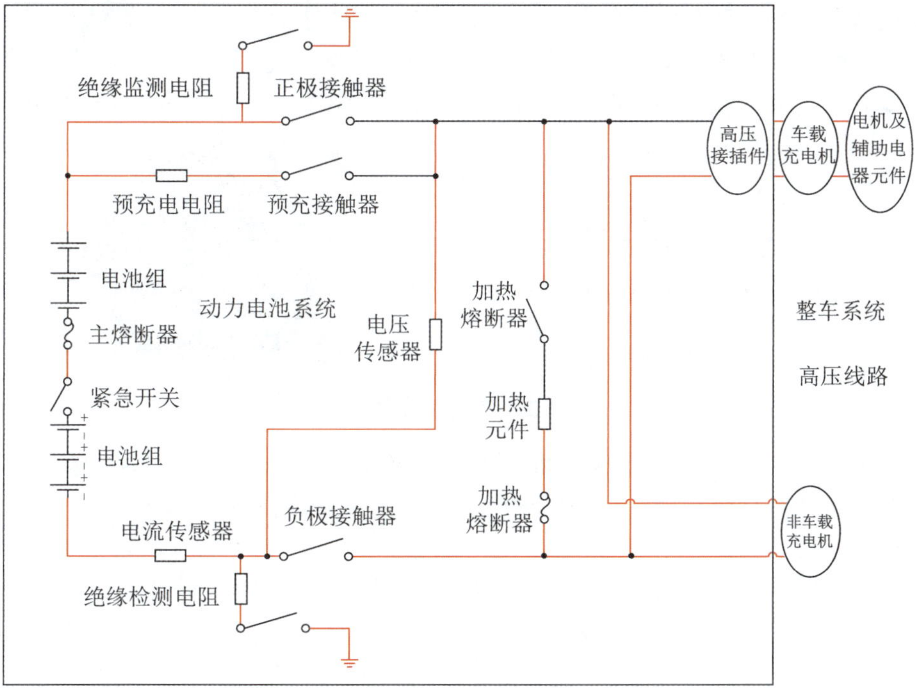

图 1-30　绝缘监测及保护

图 1-31　绝缘故障报警显示

7.高压互锁

高压互锁采用低压电路监测和控制高压回路的通断，从而监测高压接插头的安装情况。高压互锁包含在高压接插头内部，如图 1-32 所示。通过低压端子和高压端子的长度差异，实现连接时先接通高压端子，再接通低压端子；断开时，先断开低压端子，再断开高压端子。当整车控制器监测到低压端子断开时，执行下高压电操作。

高压系统安全设计

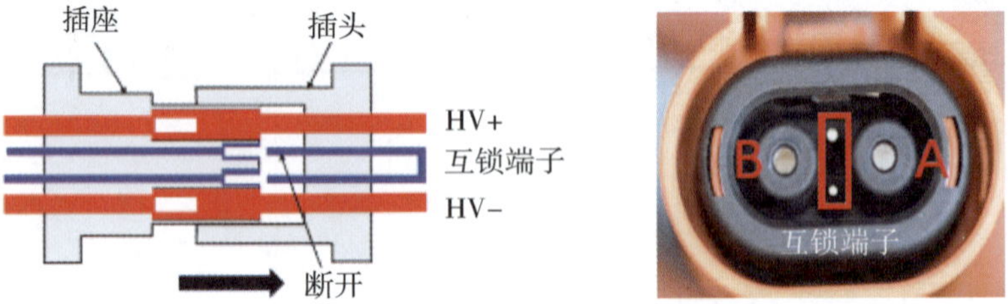

图 1-32　高压互锁的结构

吉利帝豪 EV450 的每个高压接插头及高压部件的盒盖开关上均设计有高压互锁端子。一般一至几个高压接插头或高压部件盒盖共用一条高压互锁回路，整车上存在多条高压互锁回路。

某型国产电动汽车中的高压互锁回路如图 1-33 所示，整车控制器发出的矩形脉冲经过 DC/DC 设备、充电器设备、空调设备三个高压部件接插头中的低压互锁端子回到整车控制器。如果各高压部件连接正常，则整车控制器能够检测到反馈回路的矩形脉冲；如果检测不到反馈回路的矩形脉冲，则判定有高压接插头出现松动。出现高压互锁故障时，系统执行下高压电操作。

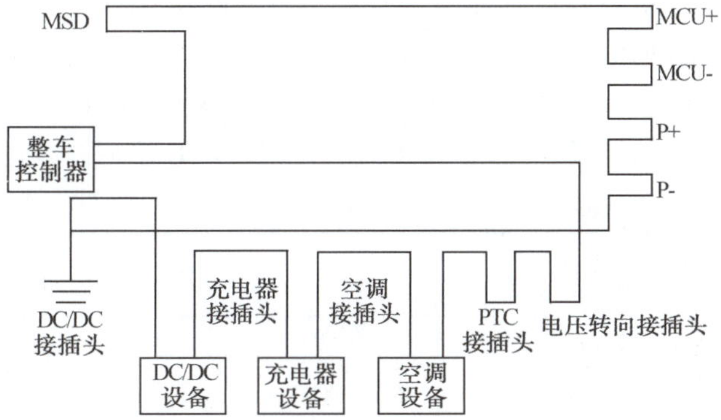

图 1-33 某型国产电动汽车中的高压互锁回路

四、案例教学

【案例】高压互锁断路故障

有一辆吉利 EV450 电动汽车，踩制动踏板并按下点火开关，仪表点亮正常，“READY”灯无法正常点亮；蓄电池指示灯、系统故障指示灯、仪表右侧驻车灯、驱动模式指示灯“ECO”等正常点亮，高压互锁故障仪表信息如图 1-34 所示。

图 1-34 高压互锁故障仪表信息

1.现象分析

动力蓄电池故障指示灯未点亮，说明 BMS 自检正常。仪表只显示系统故障灯，其他系统没有显示故障信号及指示灯，说明各系统之间通信及电源正常。因此，导致这一故障的原因只可能是 VCU 检测到系统有严重故障，从而禁止上高压，禁止启动 DC/DC 变换器，同时仪表上蓄电池指示灯点亮。导致这一现象的主要原因通常为：

(1)高压互锁信号线路发生断路、虚接、短路故障。

(2)整车控制器主继电器 ER05 自身、电源、控制线路发生断路、虚接、短路故障。

(3)整车控制器主继电器 ER05 输出至整车控制器的供电电源线路发生断路、虚接、短路故障。

(4)整车控制器主继电器 ER05 输出至整车控制器的反馈线路发生断路、虚接、短路故障。

(5)高压系统绝缘故障。

(6)驱动电机旋变励磁信号及线路发生断路、虚接、短路故障。

(7)所有驱动电机温度传感器信号及线路发生断路、虚接、短路故障。

注意:主继电器 ER05 为 VCU 提供功率电源,即高压互锁、水泵控制等。如果 ER05 的控制信号、供电电源、自身出现故障,将导致 VCU 丢失功率电源,出现高压互锁、水泵控制等异常,造成 VCU 启动保护模式,致使高压上电失败。VCU 电源线路原理图如图1-35所示。

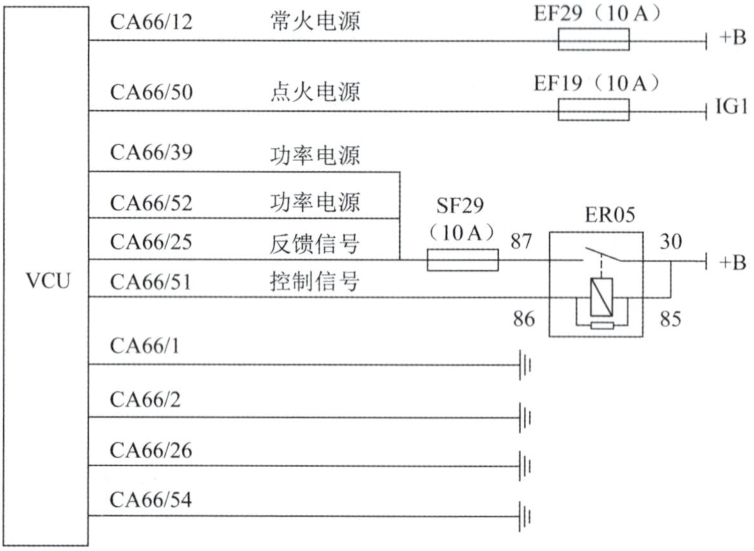

图 1-35　VCU 电源线路原理图

如果反馈信号出现异常,VCU 将认为 ER05 工作信号不可信,也将导致 VCU 启动保护模式,致使高压上电失败。由于各功率电源之间是并联关系,因此仅一路出现故障时电源不会丢失,但如果两路都出现异常,将导致 VCU 丢失功率电源,出现高压互锁、水泵控制等异常,造成 VCU 启动保护模式,致使高压上电失败。

2.故障代码

(1)读取故障代码:连接诊断仪到车载诊断系统(OBD)接口,踩制动踏板并保持,打开点火开关,使用诊断仪与 VCU 进行通信,读取的 VCU 故障代码如表 1-1 所示,读取的 VCU 数据流如表 1-2 所示。

表 1-1　读取的 VCU 故障代码

故障代码	代码说明
P1C4096	高压互锁故障
PIC8E04	高压互锁脉宽调制(PWM)输出信号开路

表 1-2　读取的 VCU 数据流

名称	数值	单位
VCU 高压互锁信号	故障	–
DC/DC 高压侧电流最大值	0.00	A
VCU 发出的电池管理系统(BMS)放电状态请求	下高压电	–

(2)故障代码分析:能够进入 VCU 读取故障代码,说明 VCU 通信正常、工作正常,因此可排除 VCU 常火电源、点火电源的供电故障;代码 PIC8E04 指向明确:高压互锁 PWM 输出信号开路。高压互锁信号断开能够导致系统执行下高压电操作,因此出现 DC/DC 高压侧电流最大值 0.00,动力蓄电池主正/主负继电器断开,执行下高压电。

综合以上故障现象、故障代码及数据流分析,说明车辆存在以下一项或多项可能的故障:①高压互锁低压回路故障;②高压接插件松动;③高压互锁线路退针;④VCU 自身故障等。

3.原理简介

吉利 EV450 的高压互锁线路连接图如图 1-36 所示,VCU 通过 CA67/76 端子输出幅值约为 3.3 V 的脉冲信号,如图 1-37(a)所示。脉冲信号通过高压互锁导线依次进入 IPU、OBC、空调压缩机控制器和 PTC 加热器,最后返回 VCU 的端子 CA66/58, VCU 通过内部上拉线路将幅值约为 3.3 V 的脉冲信号上拉至幅值约为 12 V 的脉冲信号,如图 1-37(b)所示。

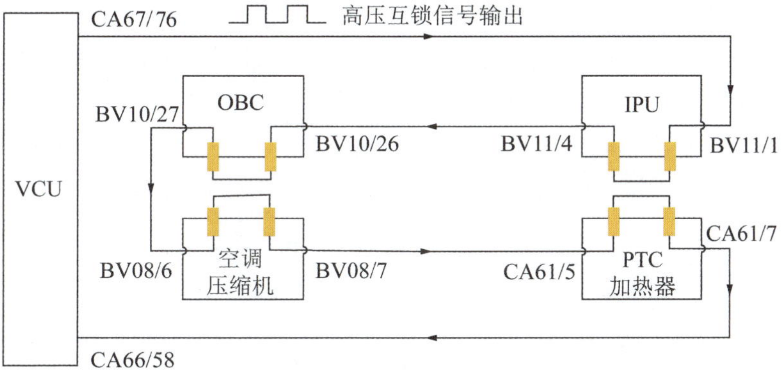

图 1-36　吉利帝豪 EV450 的高压互锁线路连接图

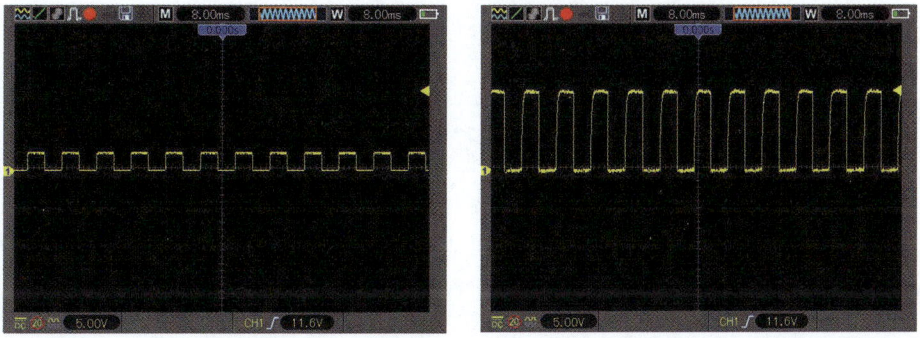

(a)　(b)

图 1-37　高压互锁脉冲信号

VCU 检测 CA66/58 端子的脉冲信号并与内部存储的正常脉冲信号进行对比,如果脉冲信号的幅值、频率正常,即确认高压系统线路完整;如果波形信号的幅值、频率异常,或检测出一个接近+B 的电压信号,VCU 即确认高压系统线路不完整,存在虚接、断路故障。为了防止发生安全事故,VCU 将禁止高压上电,同时生成故障代码并储存。

4.诊断过程

(1)检查高压/低压连接器是否松动

①操作启动开关使电源模式至 OFF 挡。

②断开蓄电池负极电缆,等待 3 min。

③检查动力蓄电池高压母线、OBC 连接 IPU 的直流高压线束、空调压缩机高压线束、PTC 加热器高压线束等是否连接松动。

④检查 VCU、OBC、IPU、空调压缩机控制器、PTC 控制器低压线束是否连接松动。

(2)高压互锁线路检查——波形检测法

①操作启动开关使电源模式至 OFF 挡,按照表 1-3 中的测量条件连接或断开相应接插件。

②操作启动开关使电源模式至 ON 挡,按照表 1-3 中的测量条件,依次从线束端用示波器检测高压互锁信号是否正常。如果检测点的波形为如图 1-37(a)所示的脉冲波形,说明 CA67/76 至该检测点的线路完好;如果检测点的信号为 0 V 直线,说明检测点前面的线路出现断路。

③操作启动开关使电源模式至 OFF 挡,断开前一级接插件,用万用表测量该段线路电阻进行故障点确定。如果各检测点脉冲信号均符合标准,说明 VCU 自身故障。注意:由于故障代码 PIC8E04 已经指明“高压互锁 PWM 输出信号开路”,因此表 1-3 仅用于断路故障检测。互锁回路虚接故障需采用万用表进行电阻测量来确定。

表 1-3 高压互锁脉冲信号检测

测量位置 A	测量位置 B	物理量	标准值	测量条件
BV11/1	车身接地	波形	3 V 矩形脉冲	ON 挡,连接 CA67、CA66,断开 BV11
BV11/4	车身接地			
BV10/26	车身接地	波形	3 V 矩形脉冲	ON 挡,连接 CA67、CA66、BV11,断开 BV10
BV10/27	车身接地			
BV08/6	车身接地	波形	3 V 矩形脉冲	ON 挡,连接 CA67、CA66、BV11、BV10,断开 BV08
BV08/7	车身接地			
CA61/5	车身接地	波形	3 V 矩形脉冲	ON 挡,连接 CA67、CA66、BV11、BV10、BV08,断开 CA61
CA61/7	车身接地			
CA66/58	车身接地	波形	3 V 矩形脉冲	ON 挡,连接 CA67、CA66、BV11、BV10、BV08、CA61,断开 CA66

(3)高压互锁线路检查——电阻检测法

操作启动开关使电源模式至 OFF 挡,按照表 1-4 中的测量条件进行相关电阻检测。

表 1-4 高压互锁脉冲线路电阻检测

测量位置 A	测量位置 B	物理量	标准值	测量条件
BV11/1	CA67/76	电阻	<1 Ω	OFF 挡,断开 CA67、BV11
BV11/4	BV11/1			
BV10/26	BV11/4	电阻	<1 Ω	OFF 挡,断开 BV11、BV10
BV10/27	BV10/26			
BV08/6	BV10/27	电阻	<1 Ω	OFF 挡,断开 BV10、BV08
BV08/7	BV08/6			
CA61/5	BV08/7	电阻	<1 Ω	OFF 挡,断开 BV08、CA61
CA61/7	CA61/5			
CA66/58	CA61/7	电阻	<1 Ω	OFF 挡,断开 CA61、CA66

如果各段线路电阻均满足标准,说明 VCU 自身存在故障。

5.故障机理

VCU 通过高压互锁线路判断高压系统连接的完整性,保证高压上电后的车辆安全。如果高压互锁线路出现故障,VCU 确认为高压线路连接不正常,为防止发生安全事故,会控制整车高压不上电。

工作手册 高压互锁故障

【任务描述】

有一辆吉利 EV450 电动汽车,踩制动踏板并按下点火开关,仪表点亮正常,"READY"灯无法正常点亮;蓄电池指示灯、系统故障指示灯、仪表右侧驻车灯、驱动模式指示灯"ECO"等正常点亮。作为维修技工,应正确使用诊断仪、示波器、万用表等检测工具,依据维修手册及相关资料排除故障,恢复车辆使用并准确填写诊断报告。按照 7S 操作规范整理场地,经检验合格后,将诊断报告和钥匙交付前台。

一、任务目的

通过实践训练,学员应该能够借助维修手册,掌握车辆高压互锁故障分析、检测和故障诊断的方法;能够正确使用诊断仪、示波器、万用表等检测工具,依据维修手册及相关资料实施故障检测、诊断,并准确填写诊断报告;按照 7S 操作规范整理场地。

二、技能要求

1.正确使用诊断仪、示波器、绝缘测试仪等检测仪器。

2.能够按照维修手册正确地检测、排除高压互锁故障。

3.能够正确查阅维修资料,识读和分析线路原理图。

4.能够依据故障现象、故障代码等分析故障形成的机理。

5.依据职业操作规范要求,正确进行 7S 管理和操作。

三、安全事项

1.确保学员完全在教师的指导下,在授权的范围内进行操作。

2.绝不可以在不穿戴安全防护用品的前提下,接触任何车辆的高压电部件。

3.学员应充分了解其职责范围,绝不擅自对高压电部件进行任何拆装调整。

4.要对高压电动车辆进行功能操作,必须在确保车辆与场地的安全状态后进行。

5.高压电车辆在脱离教师监控时,必须全车落锁,驶离举升工位并由教师妥善保管钥匙。

6.在任何时候注意自身的人身安全防护。

7.车辆不可举升过高,举升到需要的高度时,要确认保险锁销到位。

8.工作中及完成任务后应遵守实训场地的 7S 要求。

四、信息收集

高压互锁故障	学习任务单	班级:
		姓名:

1.分断装置又称维修开关,吉利 EV450 的维修开关位于________,它把动力蓄电池中的单体电池分成两个部分。

2.在下面的电路中,电动汽车上电时接触器闭合的顺序是______→______→______。

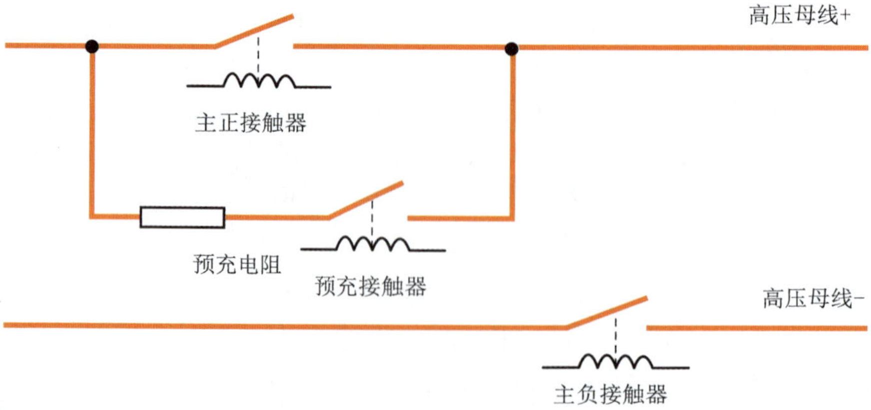

3.在下两幅图所示电路中,把两个高压部件的外壳导线连起来,实现了__________,其目的是____________________。

续表

4.同样从下两幅图可以看出,高压互锁是采用__________控制__________的一种安全设计。

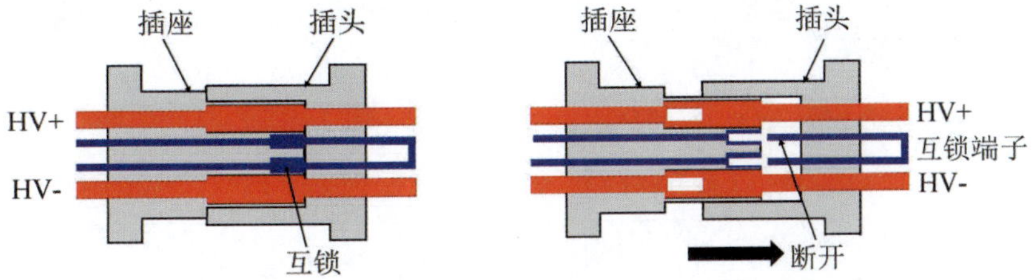

5.下图是吉利 EV450 电动汽车上的一条高压互锁回路,VCU 通过 CA67/76 端子输出幅值约为________V 的脉冲信号,该脉冲信号依次经过________、______、________以及______部件,经过 VCU 内部电路将脉冲幅值上拉至______V。如果 VCU 检测不到______V 的脉冲信号,则认为高压互锁线路出现故障,并执行下高压电操作。如果高压互锁线路出现断路,从近 CA67/76 端子侧的断点处可测到________V 的________信号,从近 CA66/58 端子的断点处可以检测到________V 的________信号。

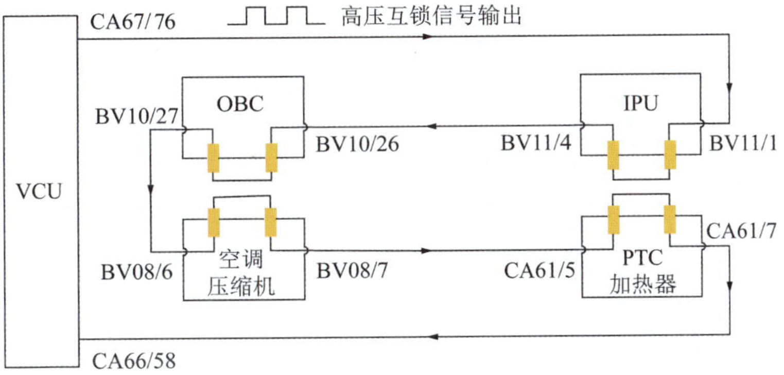

五、制订计划

1.作业计划

序号	作业项目	操作要点

续表

2.设备清单			
序号	设备名称	规格型号	数量
计划审核	审核意见： 年 月 日 签字：		

六、任务实施

工作任务单	高压互锁故障	班级：
		姓名：

1.车辆信息记录					
品牌		整车型号		生产年月	
电机型号		动力电池容量		行驶里程	
车辆识别码					

2.车辆基本检查		
检查项目	检查情况	
辅助蓄电池电压		异常□ 正常□
高压部件安装及连接器连接情况		异常□ 正常□
膨胀水箱液位		异常□ 正常□

3.故障现象判定	
诊断项目	诊断内容
确认故障现象	

4.读取与本故障相关的主要故障代码	
诊断项目	诊断内容

续表

相关故障代码描述		
5.记录与本故障相关的主要数据流		
诊断项目	诊断内容	
相关数据流描述		
6.分析故障范围		
诊断项目	诊断内容	
故障范围描述		
7.故障诊断过程记录		
步骤	诊断对象及检测项目	测量结果分析
8.故障诊断结论		
确认故障点		
故障机理分析		
提出维修建议		

七、职业素养

高压互锁故障		实习日期：	
姓名：	班级：	学号：	教师签名：
自评：□熟练 □不熟练	互评：□熟练 □不熟练	师评：□合格 □不合格	
日期：	日期：	日期：	

续表

高压互锁故障 【评分细则】

序号	评分项	得分条件	分值	评分要求	自评	互评	师评
1	安全/7S/态度	□1.能进行工位 7S 操作 □2.能进行设备和工具安全检查 □3.能进行车辆安全防护操作 □4.能进行人员高压安全防护操作 □5.能进行“三不落地”操作	15	未完成一项扣 3 分,扣分不得超过 15 分	□熟练 □不熟练	□熟练 □不熟练	□合格 □不合格
2	专业技能能力	□1.能正确检查车辆基本状态 □2.能正确检查高压互锁故障现象 □3.能正确使用故障检测设备 □4.能正确读取故障代码及数据流信息 □5.能正确分析故障原因 □6.能正确制定检测流程 □7.能正确使用检测设备执行检测 □8.能正确找到故障点 □9.能正确分析故障机理 □10.能合理提出维修建议	50	未完成一项扣 5 分,扣分不得超过 50 分	□熟练 □不熟练	□熟练 □不熟练	□合格 □不合格
3	工具及设备使用能力	□1.能正确使用维修工具 □2.能正确使用充电装置 □3.能正确使用万用表、诊断仪、示波器等诊断设备 □4.爱惜工具,能做到轻拿轻放	10	未完成一项扣 2.5 分,扣分不得超过 10 分	□熟练 □不熟练	□熟练 □不熟练	□合格 □不合格
4	资料及信息查询能力	□1.能正确查询车辆信息 □2.能正确使用维修手册查询资料 □3.能正确记录查询资料章节及页码 □4.能正确记录检查的状态信息	10	未完成一项扣 2.5 分,扣分不得超过 10 分	□熟练 □不熟练	□熟练 □不熟练	□合格 □不合格
5	数据判断和分析能力	□1.能判断高压互锁故障仪表状态 □2.能判断仪表指示灯状态 □3.能判断故障代码 □4.能判断数据流 □5.能分析诊断仪器的检测结果	10	未完成一项扣 2 分,扣分不得超过 10 分	□熟练 □不熟练	□熟练 □不熟练	□合格 □不合格
6	表单填写和报告撰写能力	□1.字迹清晰 □2.语句通顺 □3.无错别字 □4.无涂改 □5.无抄袭	5	未完成一项扣 1 分,扣分不得超过 5 分	□熟练 □不熟练	□熟练 □不熟练	□合格 □不合格

总分:

八、实训总结

自我反思	
自我评价	

项目二

动力蓄电池与管理系统检修

【工作情景】

动力蓄电池是电动汽车的核心技术和关键部件，属于“三大电”技术之一，它由许多单体电池（又称“电芯”）经过串联和并联构成。动力蓄电池及其管理系统的维护、检测、诊断是电动汽车售后服务工作的重要内容，是使电动汽车处于良好性能状态的重要保障。

【学习目标】

通过学习本项目，应该达到以下目标：①熟悉动力蓄电池的构成方式；②能够正确拆装动力蓄电池；③能够按照操作规范正确拆装、更换动力蓄电池及其管理系统的内部组件；④了解动力蓄电池管理系统的结构与功能；⑤能够对动力蓄电池管理系统实施正确的检测和故障诊断。

任务一　动力蓄电池成组与拆装检测

【任务描述】

小李在一家新能源汽车 4S 店工作，今天接到一辆北汽 EV160 纯电动汽车，客户反映动力蓄电池存在故障。作为一名新能源汽车维修技工，应能按照操作规范对车辆的动力蓄电池进行拆装、检测，并对故障部件进行更换。

【任务目标】

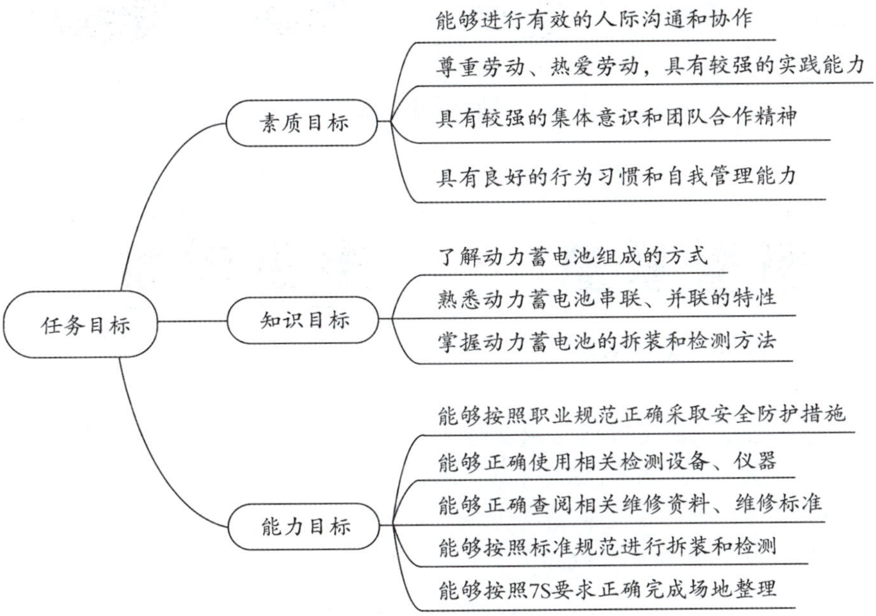

【知识准备】

一、动力蓄电池的成组

单体电池又称电芯，一个单体电池的电压和容量无法满足电动汽车的行驶需求，因此一般将若干单体电池通过并联构成一个模块，然后再将若干模块通过串联的方式构成动力蓄电池包，如图 2-1 所示。

1.电池的串联、并联特性

将 n 个电芯的正极与正极连接、负极与负极连接称为并联，常缩写为 nP，如图 2-2 所示。采用并联方式构成电池模块时，模块容量等于各电芯容量的和，电压与电芯电压相同。

将一个电芯的正极与另一个电芯的负极连接称为串联，若将 m 个电芯串联构成一个电池模块，常缩写为 mS，如图 2-3 所示。m 个电芯串联构成电池模块时，总容量与单个电芯相同，总电压等于各电芯电压之和。

动力电池的组成

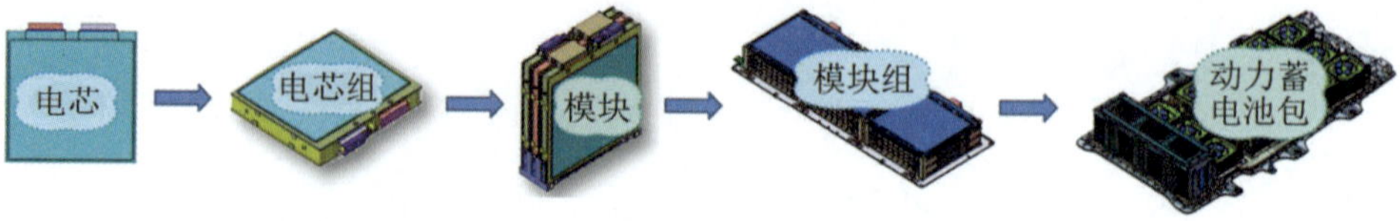

图 2-1　动力蓄电池包的组成

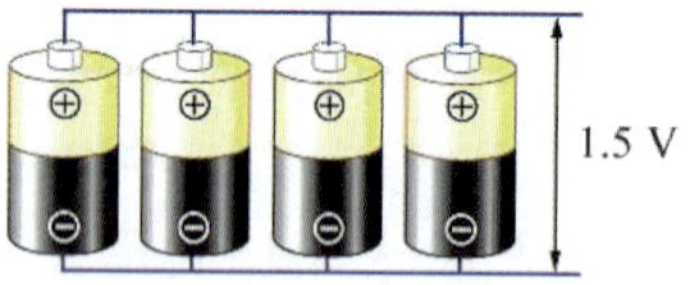

图 2-2　电芯并联

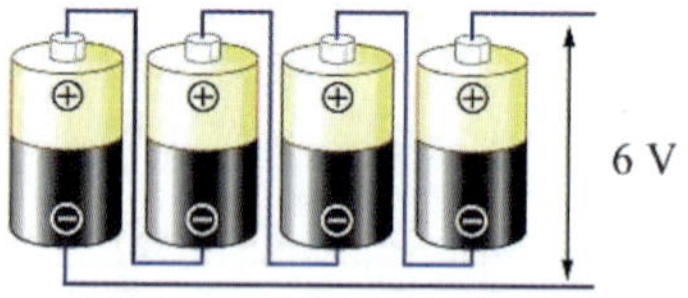

图 2-3　电芯串联

动力蓄电池电量为额定容量与额定电压的乘积，由于电量一般采用千瓦・时(度)为计量单位，因此，总电量=额定容量(A・h)×额定电压(V)/1000。

吉利 EV450 电动汽车的动力蓄电池由 95 个额定容量为 150 A・h 的三元锂单体电池组成(1P97S)，动力蓄电池参数如表 2-1 所示。

表 2-1　吉利 EV450 动力蓄电池参数

项目	型式与参数	单位
电池材料	三元锂电池	—
电芯容量	150	A・h
电池包容量	(1P) 150	A・h
电芯的额定电压	3.65	V
电芯工作的电压范围	2.8~4.3	V
电池包额定电压	346. 75(3.65×95)	V
电池包电压范围	266~408.5	V
额定功率	50	kW

续表

项目	型式与参数	单位
峰值功率	150(持续 10 s)	kW
总电量	51.9	kW · h
总质量	384	kg
电池系统循环寿命(90% DOD)	≥3000	次
工况续航里程(NEDC)	450	km
百公里耗电量	11.5	kW · h

2.动力蓄电池的一致性

动力蓄电池的总电量遵循“木桶效应”,即总电量取决于电量最小的电芯,如图 2-4 所示。因此,在使用过程中要求各电芯具有很好的一致性。当一致性出现问题时,需要对动力蓄电池进行均衡管理。

锂电池一致性检测

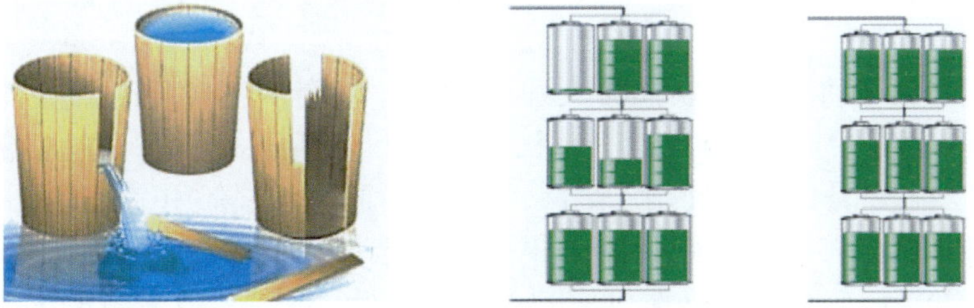

图 2-4　动力蓄电池的一致性

3.动力蓄电池组的密封与绝缘

动力蓄电池除了要满足密封、绝缘、防水、防尘等要求外,还要通过海水浸泡、火烧、盐雾等试验,并要求不发生泄漏、外壳破裂、着火或爆炸等。

(1)动力蓄电池箱采用绝缘材料或者涂布耐磨绝缘材料,根据国家标准《电动汽车安全要求》(GB 18384—2020),绝缘电阻必须大于 500 Ω。

(2)电池组内任何带电接口之间的距离必须大于爬电距离。假设电池组额定电压为 U,根据国家标准《电动汽车用动力蓄电池安全要求及试验方法》(GB/T 31485—2015),电池组高压端子之间的距离 $d \geq (0.25U+5)$ mm,带电部件与电池底盘之间的距离 $l \geq (0.125U+5)$ mm。

(3)动力线束必须采用绝缘、阻燃、耐油、耐酸碱、耐高温的波纹管进行保护,如图 2-5 所示,高压线束采用橙色波纹管。

(4)电池箱体内部相互连接的线束必须采用绝缘材料进行包裹,还会采用柔性导热环氧胶灌注填充,既保证电池组在受到冲击时具有绝缘保护,又有利于散热。

二、案例教学

【案例 1】更换动力蓄电池电芯

当动力蓄电池内部出现部分单体电池损坏或性能严重衰退时,则需要对动力蓄电池进行解体,更换电池组内部组件,如图 2-6 所示。

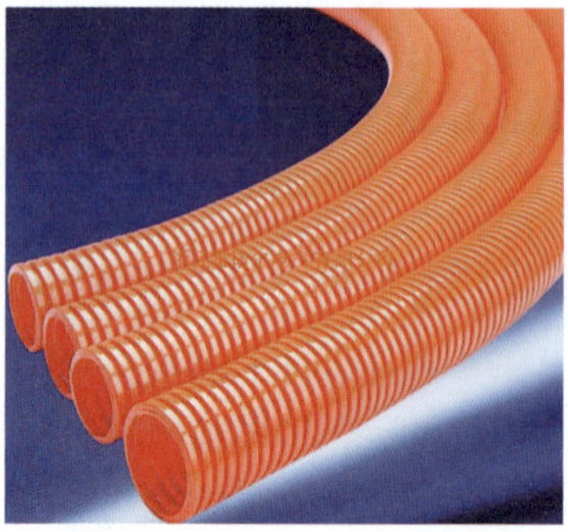

图 2-5　高压线束波纹管

图 2-6　动力蓄电池组件

1.拆卸电池模块

(1)根据电池检测仪器显示的故障电芯采样点,确定故障电芯位置及需要拆卸的电池模块。

(2)用斜口钳子将电池模块连接大线端部固定护套的扎带剪断,并放在指定位置。用六角扳手将连接大线处螺栓旋出,如图 2-7 所示。将拆下的螺栓、垫片、端部护套等零件放在指定位置,以备安装时使用。最后,将拆卸后的大线端部用绝缘胶带进行防护。

(3)拆卸故障电芯所在模块上的采集单元及连接线束,并将拆卸后的采集单元、螺栓、紧固辅料等零件放在指定位置,如图 2-8 所示。最后用绝缘胶带将线束固定到原操作区域的位置,以免操作时对线束造成意外伤害。

图 2-7　拆卸螺栓

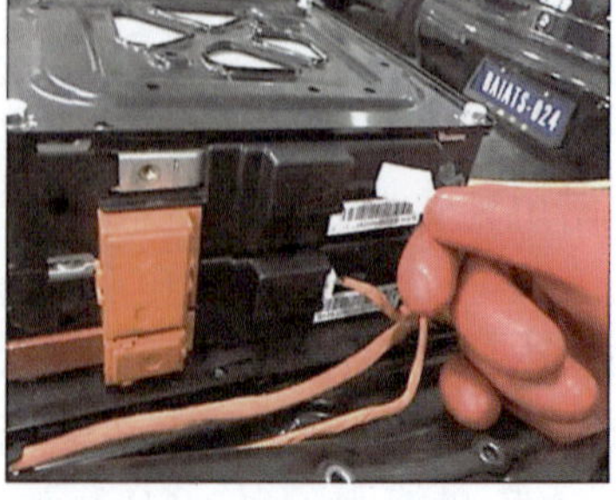

图 2-8　拆卸采集单元及连接线束

(4)拆卸电池模块压板,如图 2-9 所示,利用拆装工具将固定螺栓旋出,如图 2-10 所示,并放在指定容器内。将电池模块移出箱体,放在指定操作位置。

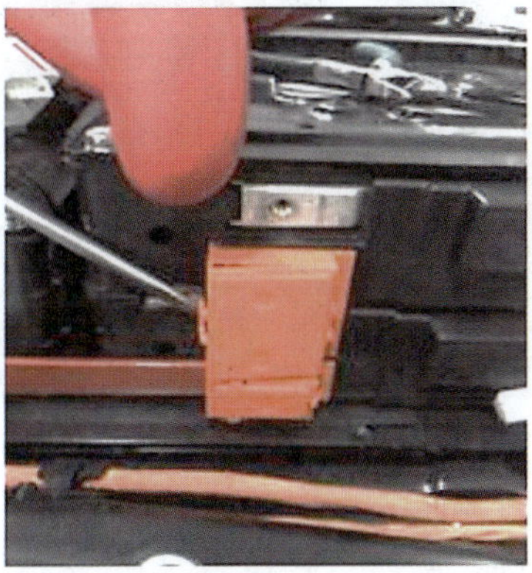

图 2-9　拆卸动力蓄电池模块压板

图 2-10　拆下固定螺栓

2.更换最小电池单体

(1)将故障电池处的上盖拆下,利用十字螺丝刀将采样线固定螺栓拆下,并将其放在指定位置,如图 2-11 所示。

(2)利用工具将故障电芯连接排紧固件旋出,拆下连接排,将连接排、平垫、弹垫放在指定位置,如图 2-12 所示。

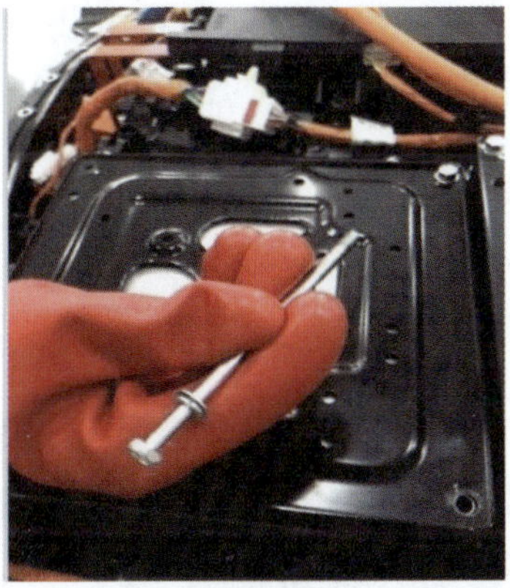

图 2-11　拆卸故障电池模块上盖

图 2-12　拆卸连接排紧固螺栓

(3)依次将故障电芯的护套拆下,如图 2-13 所示,拔出连接片,如图 2-14 所示。如果连接片折断在护套安装孔内,需用斜口钳子对上下护套安装口进行清洁。

图 2-13　拆卸上下护套

图 2-14　拔出连接片

(4)标记故障电芯条码、故障、更换时间等信息后,放入返修容器内,以备返厂维修。

(5)更换新的电池单体后,按拆卸的相反顺序安装。

【案例 2】更换动力蓄电池内部组件

1.拆卸故障 BMS 连接线束

(1)将故障 BMS 周围固定线束的扎带剪断,确保插件处线束松弛不受限制。将剪断的扎带放在指定的容器内,避免遗漏在电池箱体内。

(2)将故障 BMS 端口处插件拔出,如图 2-15 所示。注意:拆卸插件时,需一只手轻按住 BMS 外部铝壳,另一只手捏住插件缓缓将其拔出,禁止以提拉线束的方式拔出插件。

(3)将拆卸后的线束用绝缘胶带暂时固定在远离故障 BMS 的位置,避免操作过程中对线束造成意外伤害。

2.更换 BMS

(1)利用套筒将 BMS 固定点螺母旋出,如图 2-16 所示,并将拆卸后的螺母、平垫、弹垫、绑线扣等零件放入指定容器内。

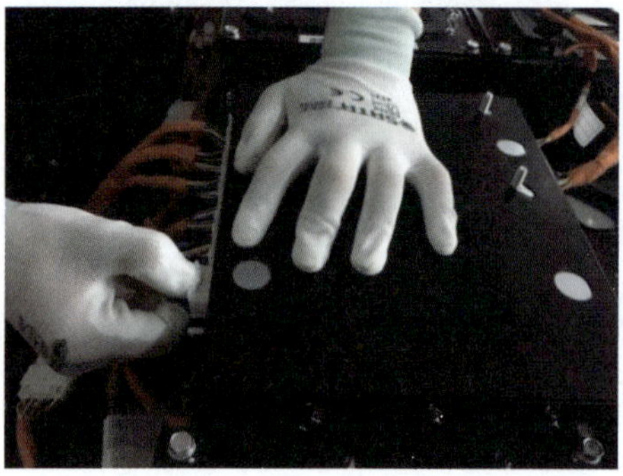

图 2-15　拆卸 BMS 插件

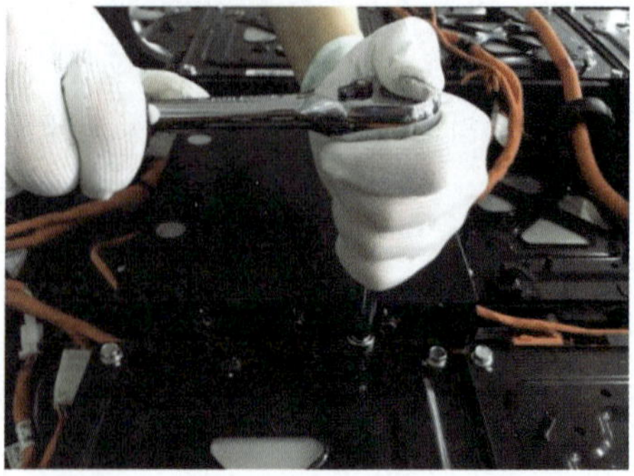

图 2-16　旋出 BMS 固定点螺母

(2)将故障 BMS 拆下并放入 BMS 返修的容器内。

(3)更换新的 BMS 模块后,按拆卸的相反顺序安装。

3.更换各接触器及预充电阻

(1)首先拆卸接触器集成器,如图 2-17 所示,然后将预充接触器上的线圈的触点连接插拔下,如图 2-18 所示。用套筒扳手将固定在电气安装板上的接触器拆下,最后将损坏的接触器标明故障原因并单独放置。

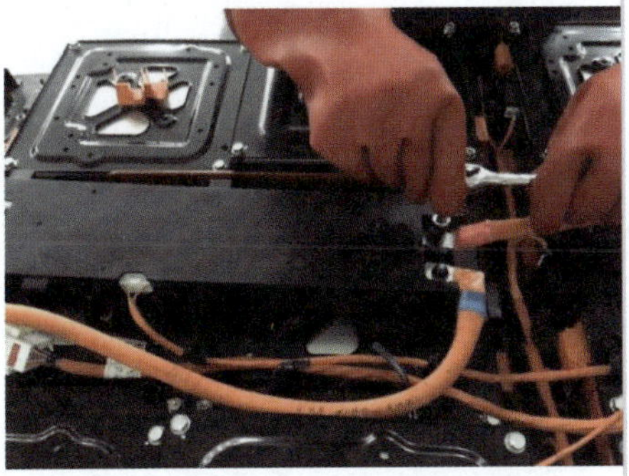

图 2-17　拆卸接触器集成器

图 2-18　拆卸预充接触器

(2)将正极接触器上的线圈连接插拔下,用套筒扳手将接触器触点的螺母采样线和大线拆下(大线铜鼻子要做好绝缘防护),然后利用套筒扳手将固定在电气安装板上的接触器拆下,如图 2-19 所示,最后将损坏的接触器标明故障原因并单独放置。

接触器的拆装与检测

接触器与继电器的区别

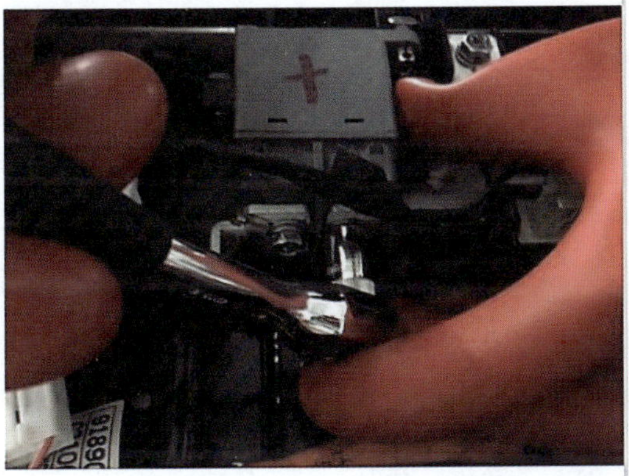

图 2-19　拆卸正极接触器

(3)将预充电阻两端的螺母用扳手拆下,并将平弹垫和采样线拆下,然后利用套筒扳手将固定在电气安装板上的预充电阻拆下,最后将损坏的预充电阻接触器标明故障原因并单独放置。

(4)更换新的接触器和预充电阻后，按拆卸的相反顺序安装。

4.检查和调试动力蓄电池

使用动力蓄电池专用诊断仪对动力蓄电池进行检查和调试，打开点火开关，查看仪表能否正常上电。

任务二　动力蓄电池管理系统检修

【任务描述】

客户的一辆吉利 EV450 纯电动汽车进店维修，车辆仪表显示续航里程 129 km，动力蓄电池故障指示灯点亮，12 V 蓄电池指示灯点亮，“READY”指示灯不亮，车辆无法上高压电，挂 D 挡后车辆无法行驶。请帮助车主诊断出故障点并修复车辆。

【任务目标】

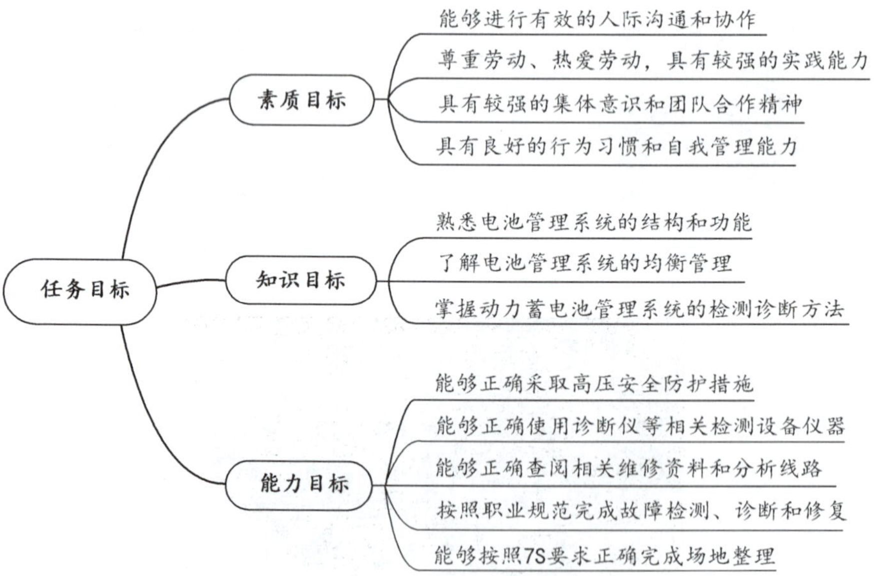

【知识准备】

一、动力蓄电池管理系统的结构与功能

1.动力蓄电池系统的组成

动力蓄电池系统主要由动力蓄电池模组、电池管理系统、辅助元器件及动力蓄电池箱等部分组成，如图 2-20 所示。其中，动力蓄电池模组是由若干电芯串/并联所组成的组

合体,如吉利 EV450 动力蓄电池由 95 个容量为 150 A · h 的电芯串联构成。

在动力蓄电池中间设有维修开关,吉利 EV450 动力蓄电池的维修开关如图 2-21 所示。在打开动力蓄电池箱体进行检测、维修等作业时,需断开维修开关以保证高压安全。动力蓄电池维修开关与动力蓄电池的关系如图 2-22 所示。

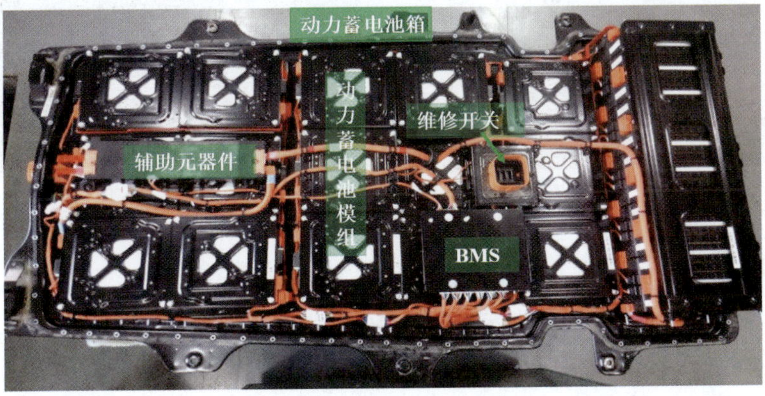

图 2-20　动力蓄电池系统的组成

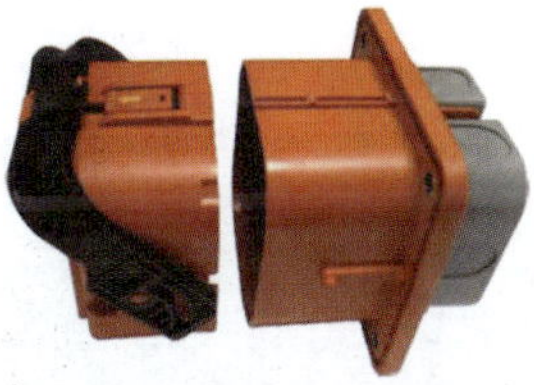

图 2-21　维修开关

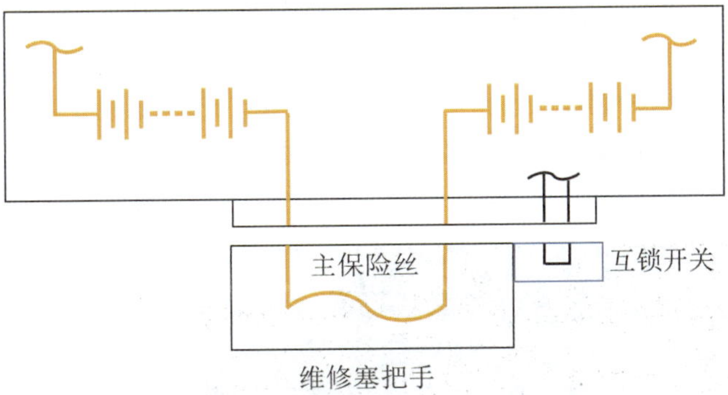

图 2-22　维修开关结构原理

2.电池管理系统的结构组成

电池管理系统的硬件包括主控盒(BCU)、从控盒(BIC)、高压盒、接触器盒等,还包括采集电压、电流、温度等信息的传感器。电池管理系统实物如图 2-23 所示。软件主要用来处理电压、电流、SOC、绝缘电阻、温度等信息,完成对动力蓄电池的状态诊断,同时建立与 VCU、OBC、组合仪表等的通信,控制动力蓄电池系统的充放电。

(1)主控盒。电池管理系统的主控盒如图 2-24 所示。主控盒接收来自从控盒的数据、VCU 指令等,根据高压回路绝缘状况,控制电池正负极母线接触器的断开与闭合,实现电动汽车上电和下电。

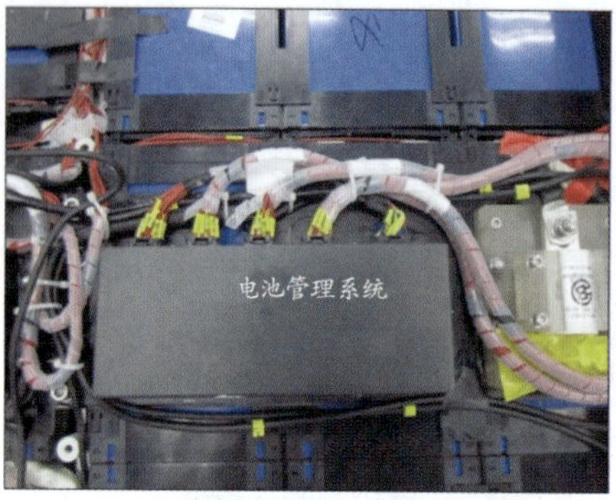

图 2-23　电池管理系统实物

图 2-24　主控盒

主控盒的主要功能如下：

①接收从控盒检测的实时温度和单体电压，并计算最大值和最小值。

②接收高压盒反馈的总电压和电流，实施过流、过压检测诊断。

③建立与 VCU 的通信。

④控制动力蓄电池正极母线主正接触器、预充接触器的闭合与断开。

⑤根据车辆运行状态和动力蓄电池状态控制充放电电流。

（2）从控盒。从控盒为电压和温度采集单元，如图 2-25 所示，其被用来监控单体电池的电压和温度。

（3）高压盒。高压盒用于监控动力蓄电池的总电压、总电流、绝缘性能及高压连接情况，并将以上监控数据反馈给主控盒。高压盒如图 2-26 所示。

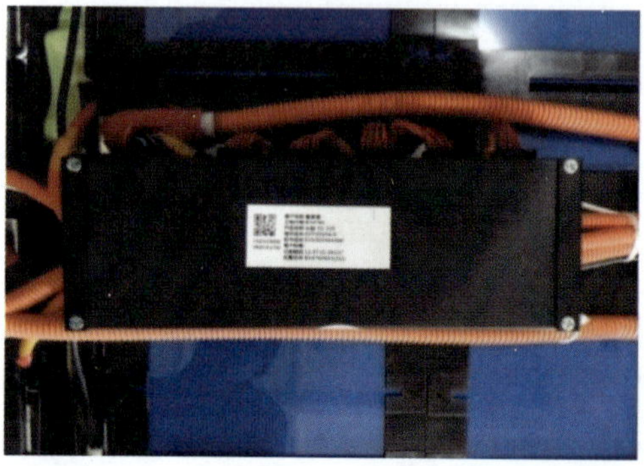

图 2-25　从控盒

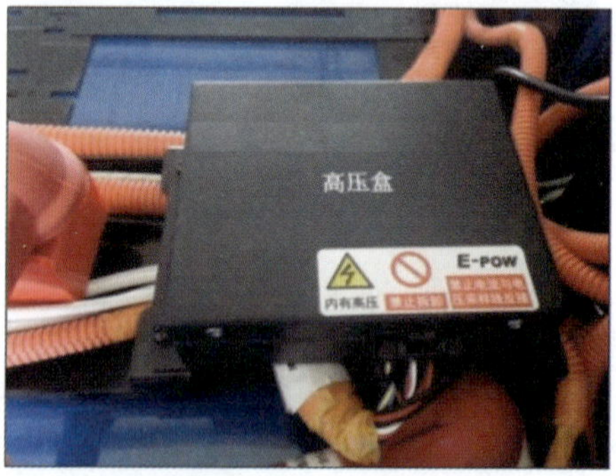

图 2-26　高压盒

（4）接触器盒。接触器盒内部主要包括主正接触器、主负接触器、预充接触器、PTC 接触器，如图 2-27 所示。

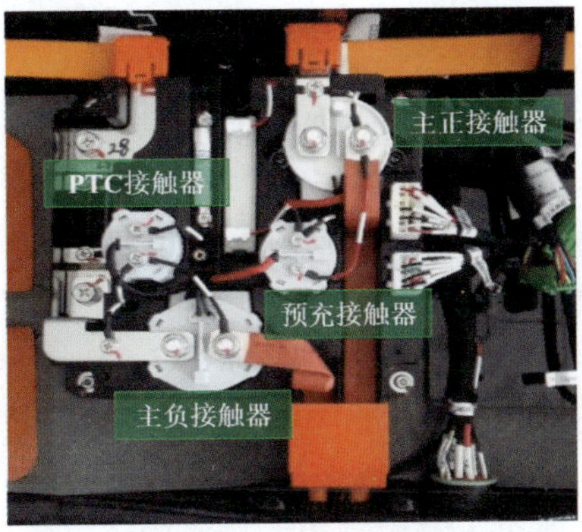

图 2-27　接触器盒

3.电池管理系统的功能

电池管理系统与动力蓄电池紧密结合在一起，通过传感器对电池的电压、电流、温度进行实时监测，同时进行漏电检测、热管理、电池均衡管理、报警提醒，计算剩余容量、放电功率，监控电池的电量状态和健康状态；还根据电池的电压、电流及温度控制最大输出功率，以获得最大行驶里程，以及控制充电机用最佳电流进行充电，通过 CAN 总线接口与车载总控制器、电机控制器、能量控制系统、车载显示系统等进行实时通信。蓄电池管理系统的基本功能如图 2-28 所示。

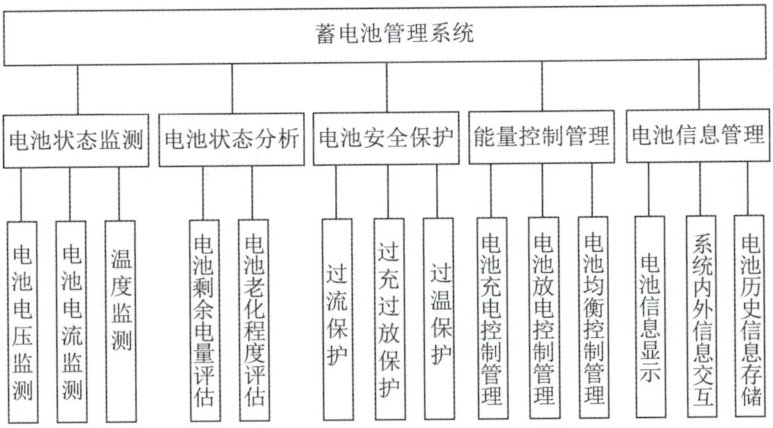

图 2-28　蓄电池管理系统的基本功能

电池管理系统功用

电池管理系统的主要功能可归纳为:数据采集电路采集电池状态信息数据后,由电子控制单元(ECU)进行数据处理和分析,然后电池管理系统根据分析结果对系统内的相关功能模块发出控制指令,并向外界传递参数信息。

①数据采集。实时采集电池组中的各单体电池的端电压、温度、充放电电流以及电池组总电压等,计算最高端电压和最低端电压差、最高温度与最低温度差,分析各单体电池状态一致性,及时发现性能退化的故障电池,有效预测电池组的供电性能,掌握电池组的运行状况,为电池组精细维护提供测量依据,保证了电池组的安全无故障运行,降低了维护人员的劳动强度,提高了工作效率和测试的安全性及可靠性。

②电池状态计算。电池状态计算包括电池组荷电状态(SOC)和电池组健康状态(SOH)两方面。SOC 用来提示动力蓄电池组的剩余电量,是计算和估计电动汽车续驶里程的基础;SOH 用来提示电池的老化状态,预估可用寿命等健康状态的参数。

③能量管理。能量管理主要包括以电流、电压、温度、SOC 和 SOH 为输入进行充电过程控制,以 SOC、SOH 和温度等参数为条件进行放电功率控制两部分。

电池组的使用寿命在很大程度上取决于充放电管理,充放电管理可避免由于单体电池过充电、过放电导致提前失效,对单体电池进行有效的均衡控制和管理,确保电池组的整体性能指标。目前,动力蓄电池广泛采用基于荷电状态的安全管理技术,通过对荷电状态的估计,确定最佳的充电电流和放电电流,充电过程中端电压不超过上限允许值,放电过程中端电压不低于下限允许值,避免发生过充电和过放电。

④安全管理。安全管理主要是对动力蓄电池组进行过电流保护、过充过放保护、过温保护和绝缘检测,监视电池的电压、电流、温度、绝缘阻值是否超过正常范围,防止因电池组过充、过放、过热、漏电等造成高压安全问题。

⑤热管理。电池热管理系统是蓄电池管理系统的有机组成部分,其功能是通过冷却系统和 PTC 加热装置使电池温度处于正常工作温度范围内;在电池工作温度过高时进行冷却,低于适宜工作温度下限时进行加热,使电池处于适宜的工作温度范围内,并在电池工作过程中保持电池单体间的温度均衡。

⑥均衡控制。电池组的整体性能指标取决于最差电池单体。在使用过程中,单体电池最初的微小差异将随着循环次数的增加而累积放大,实施均衡控制是为了使各单体电池充放电的工作情况尽量一致,提高电池组的整体工作性能,延长电池的使用寿命。

⑦通信功能。通过电池管理系统实现电池参数和信息与车载设备或非车载设备的通信,为充放电控制、整车控制提供数据依据是电池管理系统的重要功能之一。根据应用需要,数据交换可采用不同的通信接口,如模拟信号、PWM 信号、CAN 总线或 PC 串行接口等。

⑧人机接口。根据设计的需要,通过人机接口可以设置显示信息以及控制按键、旋钮等。

4.动力蓄电池的绝缘检测

(1)高压绝缘:新能源汽车的绝缘状况以直流正负极母线对地(车身)的绝缘电阻来衡量。根据国家标准《电动汽车安全要求》(GB 18384—2020),绝缘电阻值应大于500 Ω。

(2)动力蓄电池的绝缘检测方法：对于封闭回路的高压直流电气系统，其绝缘性能通常用电气系统中电源对地漏电流的大小来表征。现在普遍使用的漏电流检测方法为辅助电源法、电流传感法和桥式电阻法，下面主要讲述桥式电阻法。

为检测绝缘电阻，将动力蓄电池高压电源 U_O 作为检测电源，在电源正极、负极和车辆底盘之间建立桥式阻抗网络，如图 2-29 所示，O 点与车辆底盘相连。

图中，U_O 为动力蓄电池输出电压，I 为绝缘检测电路内部电流；R_{g1}、R_{g2}分别为动力蓄电池正极、负极引线对底盘的绝缘电阻（被测值）；R 为限流电阻；V_{T1}、V_{T2}为电子开关管，由高压盒内部控制器通过控制其导通与关断，用来改变点 A 和点 B 之间的等效电阻和输出电流 I。根据 U、I 和等效电阻之间的关系，可以计算出 R_{g1}和 R_{g2}。

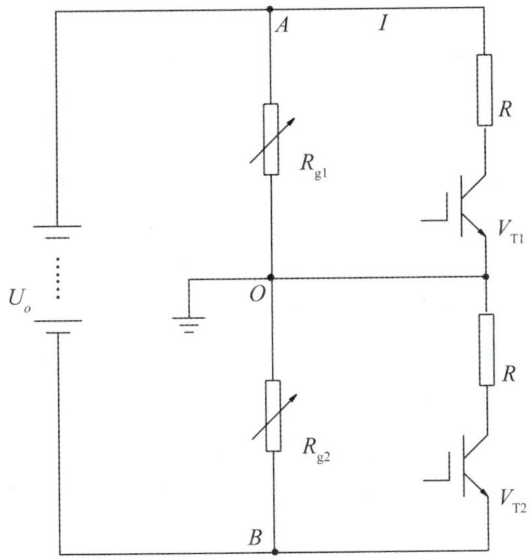

图 2-29　桥式电阻法绝缘检测原理图

当 V_{T1}导通、V_{T2}关断时，桥式阻抗网络的等效形式为 R_{g1}与 R 并联后与 R_{g2}串联。这时，电池电压为 U_{O1}，电流为 I_1，有

$$U_{O1} = I_1 \cdot \frac{R_{g2}(R + R_{g1})}{R_{g1} + R_{g2} + R}$$

当 V_{T2}导通、V_{T1}关断时，桥式阻抗网络的等效形式为 R_{g2}与 R 并联后与 R_{g1}串联。这时，电池电压为 U_{O2}，电流为 I_2，有

$$U_{O2} = I_2 \cdot \frac{R_{g1}(R + R_{g2})}{R_{g1} + R_{g2} + R}$$

当电池正极、负极引线对底盘绝缘性能较好，满足 $R_{g1} > 10R$，$R_{g2} > 10R$ 时，则 R_{g1}与 R 并联的阻值近似为 R，R_{g2}与 R 并联的阻值也近似为 R，上述公式简化为：

$$U_{O1} = I_1(R + R_{g2})$$
$$U_{O2} = I_2(R + R_{g1})$$

当监测到绝缘电阻小于 500 Ω 时，电池管理系统立即对驾驶员提出安全警告或做出切断高压继电器的动作。

二、动力蓄电池的均衡管理

1.电池组均衡的作用

动力蓄电池长期使用必然会导致其各单体电池性能产生不一致性，主要表现为内阻不同、电压不同、容量不同等。初期的微小差异经过长期充放电循环后，将会被累积加剧。例如，额定容量为 100 A · h 的两个单体电池，初始容量误差分别为 0.1%、0. 05%，经过 100 次、200 次和 300 次充电循环后，其容量变化如表 2-2 所示。

表 2-2 多次循环使用后单体电池容量

电池	初始容量	容量误差	100 次循环	200 次循环	300 次循环
			实际容量	实际容量	实际容量
单体电池 A	100 A · h	0.1%	90.5 A · h	81.8 A · h	74.1 · A · h
单体电池 B	100 A · h	0.05%	95.1 A · h	90.5 A · h	86.1 A · h

电池组均衡管理的目的就是采取相关平衡措施，尽量消除各单体间的不一致性，从而确保电池组长期使用的安全性，延长成组使用的整体寿命。

2.电池组均衡的方法

目前，国内外主要采用两大类电路进行均衡：一类是被动均衡电路，也称能耗型均衡电路，主要是采用旁路分流均衡法进行均衡；另一类是主动均衡电路，也称无能耗型均衡电路，主要是采用电容法和多绕组变压器法进行均衡。

（1）被动均衡的电路如图 2-30 所示。该电路利用发热电阻旁路分流，对每个单体电池都接上一个旁路电阻。在复充阶段，已完全充满的单体电池的旁路电阻接通，实现分流。旁路电阻 R 的大小需要满足一定要求，要能够恰好分流掉充电电流。若电阻太小，将会导致单体电池放电；如果电阻太大，分流作用将被削弱。

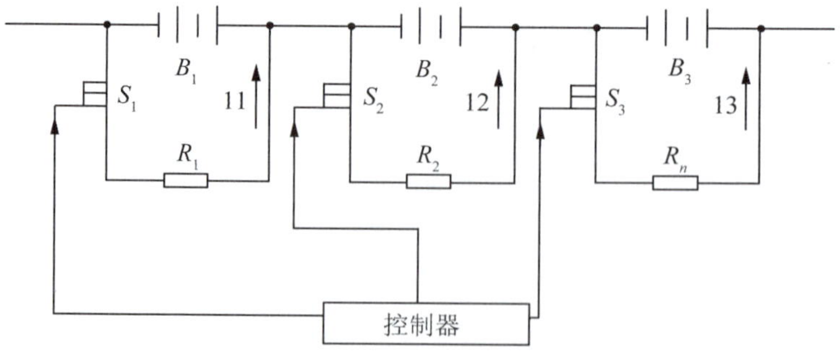

图 2-30 旁路分流均衡法电路

运用能耗型均衡方法设计的均衡电路是最简单、成本最低的。若选择的电阻能够使电流 I 非常小，那么电阻的物理尺寸以及开关的额定值都应该非常小，此种均衡方法就能够连续工作，只要按照需要接通和切断电阻即可。

电池管理系统均衡管理功能展示

(2)主动均衡利用电压或电流转换器件，把能量从一个单体电池转移到其他单体电池。在这个过程中，这些器件的作用是储能，不损耗能量，所以又称能量反馈型均衡电路。

①基于电容电路的能量反馈型均衡电路如图 2-31 所示，其通过电子控制器件接通相应开关以使储能电容通过单体电池-1 开始充电，充满电之后开关断开，然后闭合相应开关，接通储能电容与单体电池-2。由于存在电压上的差异，于是电量便传送到电池-2。用同样的方式，储能电容分别逐个接通电池-3、电池-4……电池-n，如此循环下去。在此过程中，电量较高的单体电池会对储能电容实施充电，而电量较低的单体电池会从储能电容中获得电量。

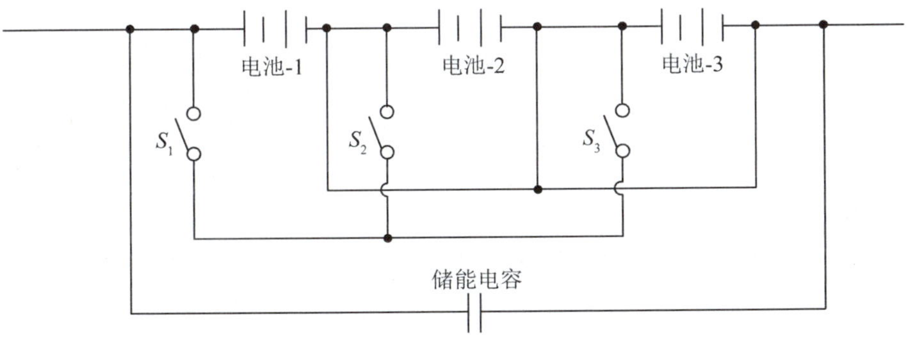

图 2-31　基于电容电路的能量反馈型均衡电路

②基于开关变压器法的能量反馈型均衡电路如图 2-32 所示，它把单体电池剩余的能量转换到充电总线上，再均匀分配给其他的单体电池。

该电路中，开关变压器如同电容法中的储能电容，整个电池组电流通过场效管(MOSFET)控制流入变压器，经过二极管整流后再分配给所有的单体电池。该电路的优点是能够快速实现整个电池电流能量到单体电池的转移，缺点是控制复杂、缺乏灵活性。

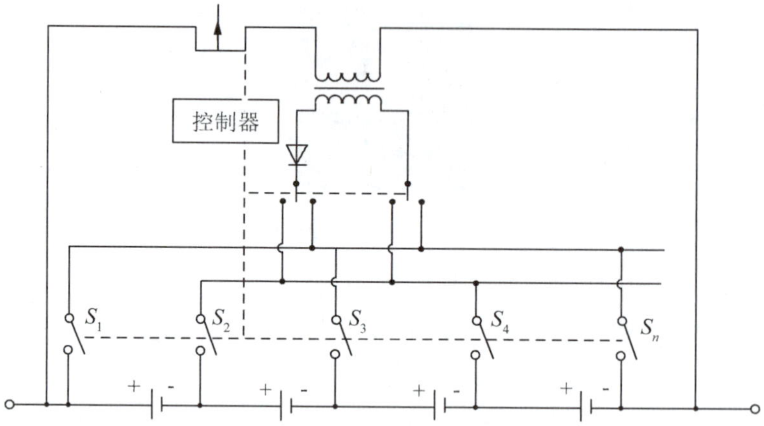

图 2-32 基于开关变压器法的能量反馈型均衡电路

三、动力蓄电池系统的故障检修

根据故障对整车的影响，将动力蓄电池的故障划分为以下三个等级。

1.一级故障（非常严重）

一级故障表明动力蓄电池在此状态下已经丧失功能，请求其他控制器立即停止充电或放电。如果其他控制器在指定时间内未做出响应，则电池管理系统将主动停止充电或放电，即断开高压继电器。

一级故障能够造成整车出现重大安全事故，如起火、爆炸、触电等。BMS 在正常工作状态下不会上报一级故障，一旦上报，就表明动力蓄电池处于严重滥用状态。

2.二级故障（严重）

二级故障表明动力蓄电池在此状态下已经丧失功能，请求其他控制器停止充电或放电；其他控制器应在一定的延时时间内响应动力蓄电池停止充电或放电的请求。

二级故障会造成整车进入跛行状态，暂时停止能量回收、停止充电。BMS 在正常工作状态下不会上报该故障，一旦上报，表明动力蓄电池的某些硬件出现故障或动力蓄电池处于非正常工作的条件下。

3.三级故障（轻微）

三级故障表明动力蓄电池性能下降，电池管理系统会降低最大允许充/放电电流。

三级故障对整车无影响或不同程度地造成整车进入限功率行驶状态。BMS 在正常工作状态下可能不会上报该故障，一旦上报，表明动力蓄电池处于极限环境温度下或电池单体一致性出现了一定劣化等。

四、案例教学

【案例】动力蓄电池管理系统故障案例

客户描述：踩下制动踏板，打开一键启动开关后，仪表点亮正常，可运行指示灯“READY”无法点亮，辅助蓄电池指示灯、动力蓄电池故障指示灯（红色）点亮，如图2-33所示；动力蓄电池 SOC 信号值丢失，动力蓄电池低电量指示灯（黄色）点亮。

图 2-33 动力蓄电池故障仪表现象

1.现象分析

VCU 故障灯没有点亮,ABS、ESC 等驱动系统故障灯也没有点亮,说明 VCU、ABS、ESC 等驱动系统的电源、通信、自检都正常,如果此系统出现异常,则首先会点亮 VCU 故障指示灯和 ESC 故障指示灯。

动力蓄电池故障指示灯点亮,说明动力蓄电池系统出现异常,并导致高压不上电,同时导致代表 DC/DC 转换器工作的蓄电池指示灯点亮,表示 DC/DC 转换器无法启动工作。因此,上述故障现象可能为 BMS 通信、电源、内部控制、安全检测中的一项或多项造成的。这时可关闭点火开关,断开辅助蓄电池负极 1 min 以上,然后复位。踩住制动踏板,打开点火开关,如果此时仪表上其他信号没有变化,只是动力蓄电池 SOC 信号值丢失,动力蓄电池低电量指示灯(黄色)亮起,如图 2-33 所示,即可确认 BMS 的通信 CAN 总线可能出现异常,导致 BMS 和 VCU 无法通信,蓄电池电量丢失,动力蓄电池故障指示灯点亮,具体表现为:①BMS 的 P-CAN 通信线路故障;②BMS 电源线路故障;③BMS 自身故障。

2.原理简介

吉利 EV450 动力蓄电池的控制电路图如图 2-34 所示。动力蓄电池故障灯的点亮有两种控制方式:一种是动力蓄电池激活后自检,内部自检出现异常,BMS 通过 P-CAN 发送动力蓄电池内部故障信息给 VCU, VCU 接收到此信息后,通过 V-CAN 发送动力蓄电池故障信息至组合仪表,组合仪表接收到此信息后点亮仪表上的动力蓄电池故障指示灯;另一种是 VCU 如果没有接收到动力蓄电池管理系统 BMS 发送的动力蓄电池故障、电池电量、电池状态、电池温度等信息,VCU 通过 V-CAN 发送动力蓄电池故障信息至组合仪表,组合仪表接收到此信息后点亮仪表上的动力蓄电池故障指示灯。

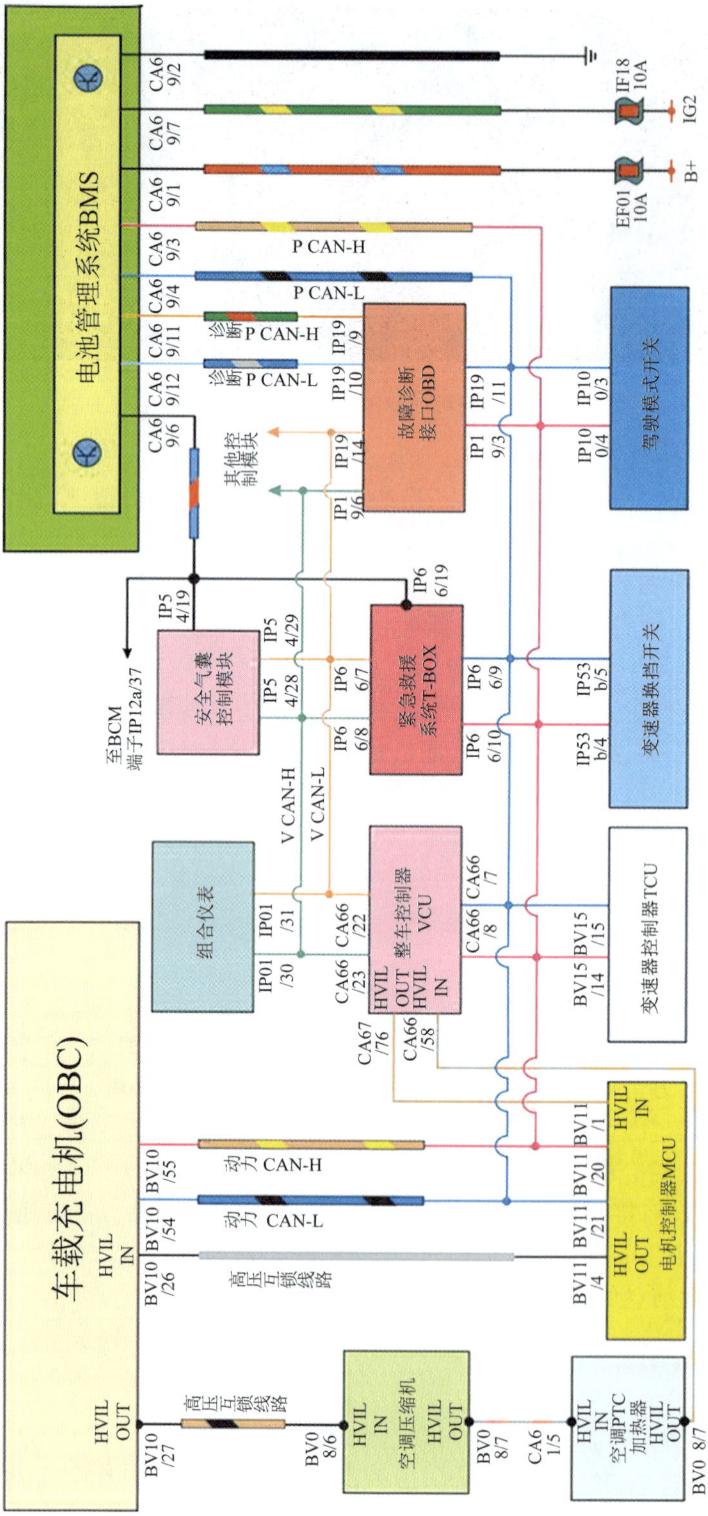

图2-34 吉利EV450动力蓄电池控制电路图

3.故障诊断过程

(1)读取故障代码。连接诊断仪器至 OBD 诊断接口,此时通过使用诊断仪器与 BMS 模块进行通信,显示未连接成功。通过使用诊断仪器与 VCU 连接,在 VCU 内部读取到故障代码 U011287,提示与 BMS 通信丢失。

诊断仪器和 BMS 无法通信,但和 VCU 通信正常,VCU 和 BMS 通过 P-CAN 总线进行通信,要保证它们之间的通信,首先要满足 BMS 供电电源正常,其次是 P-CAN 总线连接正常,无虚接、开路、短路等故障。根据故障代码定义,说明 BMS 模块在点火开关打开时未工作,导致这个故障的可能原因有:①BMS 电源线路故障;②BMS 的 P-CAN 通信线路故障;③BMS 自身故障。

(2)BMS 电源线路检测。BMS 电源线路检测的步骤为:①操作启动开关使电源模式至 OFF 状态;②断开 BMS 模块线束连接器 CA69;③操作启动开关使电源模式至 ON 状态;④从线束端用万用表测量,按照表 2-3 所示进行 BMS 电源线路的电压检测。

表 2-3 BMS 电源线路的电压检测

测量位置 A	测量位置 B	物理量	标准值	情况分析
CA69/1	PE	电压	标准电压:+B	正常:说明故障可能是 P-CAN 或者 BMS 本身 异常:说明电源线路存在故障,下一步测量 EF01 近 BMS 侧对地电压
EF01 近 BMS 侧	PE			正常:说明 EF01 至 CA69/1 之间的线路存在故障 异常:说明 EF01 可能存在故障,下一步测量 EF01 近+B 侧电压
EF01 近 +B 侧	PE			正常:说明 EF01 存在故障,取下 EF01 进行电阻检测 异常:说明 EF01 至+B 侧供电线路存在故障
CA69/2	PE	电压	标准电压:0 V	异常:说明 BMS 搭铁线存在故障

在上述电压检测中,如果是保险丝 EF01 熔断导致供电异常,则有很大可能是电源线路存在对地短接故障。

完成上述步骤后,操作启动开关使电源模式至 OFF 状态,用万用表测量,按照表 2-4 所示进行 BMS 电源线路的电阻检测。

表 2-4 BMS 电源线路的电阻检测

测量位置 A	测量位置 B	物理量	标准值	检测条件
CA69/1	PE	电阻	标准电阻:> 10 kΩ	连接 CA69,拔下 EF01,背插 CA69/1
CA69/1	EF01 近 BMS 侧	电阻	标准电阻:<1 Ω	拔下 CA69
CA69/2	PE	电阻	标准电阻:<1 Ω	拔下 CA69

如果上述 BMS 电源线路经检测不存在故障,则应进行 P-CAN 线路检测。

4.恢复故障验证

(1)将点火开关置于 OFF 位置。

(2)更换或维修故障部件,需要注意的是,部分更换或拆装的模块需要执行调整、编程或设置程序。

(3)打开点火开关,清除故障代码(DTC)。

(4)关闭点火开关 60 s(注意,某些故障代码需要将点火开关旋至 OFF 位置,然后旋回至 ON 位置之后,故障诊断仪才会清除 DTC)。

(5)踩下制动踏板,打开点火开关,车辆仪表显示正常,切换至 P 或 R 挡进行试车,车辆运行正常。

5.故障机理分析

如果 BMS 的电源线路或 P-CAN 通信线路存在故障,造成 BMS 无法启动运行及传输信息,将会使 VCU 无法正常接收 BMS 模块发送的动力蓄电池电量、电压、故障、温度等状态信息,进而导致无法确认动力蓄电池的工作状态,VCU 启动整车保护功能,导致整车高压系统不上电。

工作手册　动力蓄电池管理系统故障

【任务描述】

踩下制动踏板,打开一键启动开关后,仪表点亮正常,可运行指示灯“READY”无法点亮,辅助蓄电池指示灯、动力蓄电池故障指示灯(红色)点亮,如图 2-35 所示;动力蓄电池 SOC 信号值丢失,动力蓄电池低电量指示灯(黄色)点亮。作为维修技工,应正确使用诊断仪、示波器、万用表等检测工具,依据维修手册及相关资料排除故障,恢复车辆的使用并准确填写诊断报告;按照 7S 操作规范整理场地,经检验合格后,将诊断报告和钥匙交付前台。

一、任务目的

通过实践训练，学生应该能够借助维修手册，掌握车辆动力蓄电池管理系统分析、检测和诊断故障的方法；能够正确使用诊断仪、示波器、万用表等检测工具，依据维修手册及相关资料实施故障检测、诊断，并准确填写诊断报告；按照7S操作规范整理场地。

二、技能要求

1.正确使用诊断仪、示波器、绝缘测试仪等检测仪器。

2.能够按照维修手册，正确检测并排除动力蓄电池管理系统的故障。

3.能够正确查阅维修资料、识读和分析线路原理图。

4.能够依据故障现象、故障代码等分析故障形成机理。

5.依据职业操作规范要求，正确进行7S管理和操作。

三、安全事项

1.确保学员完全在教师的指导下，在授权的范围内进行操作。

2.绝不可以在不穿戴安全防护用品的前提下，接触任何车辆的高压电部件。

3.学员应充分了解其职责范围，绝不擅自对高压电部件进行任何拆装调整。

4.对高压电动车辆进行功能操作时，必须在确保车辆与场地的安全状态后进行。

5.高压电车辆在脱离教师监控时必须全车落锁，驶离举升工位并由教师妥善保管钥匙。

6.在任何时候都要注意自身的人身安全防护。

7.车辆不可举升过高，举升到需要的高度时，要确认保险锁销到位。

8.在工作中及完成任务后应遵守实训场地的7S要求。

四、信息收集

动力蓄电池管理系统故障	学习任务单	班级：
		姓名：

1.根据故障对整车的影响，将动力蓄电池的故障划分为________、________、________三级，其中________级故障是最严重的故障。

2.是________指示灯，是________指示灯，是________指示灯，是________指示灯，是________指示灯，是________指示灯，是________指示灯。

3.下图为吉利EV450动力蓄电池控制电路图，动力蓄电池故障灯的点亮有两种控制方式：一种是____，BMS通过______________发送给VCU，VCU接收到此信息后通过____________发送至组合仪表，组合仪表接收到此信息后点亮仪表上的动力蓄电池故障指示灯；另一种是VCU如果没有接收到BMS发送的__________________、______________、____________、________________等信息，VCU通过__________发送动力蓄电池故障信息至组合仪表，组合仪表接收到此信息后点亮仪表上的动力蓄电池故障指示灯。

续表

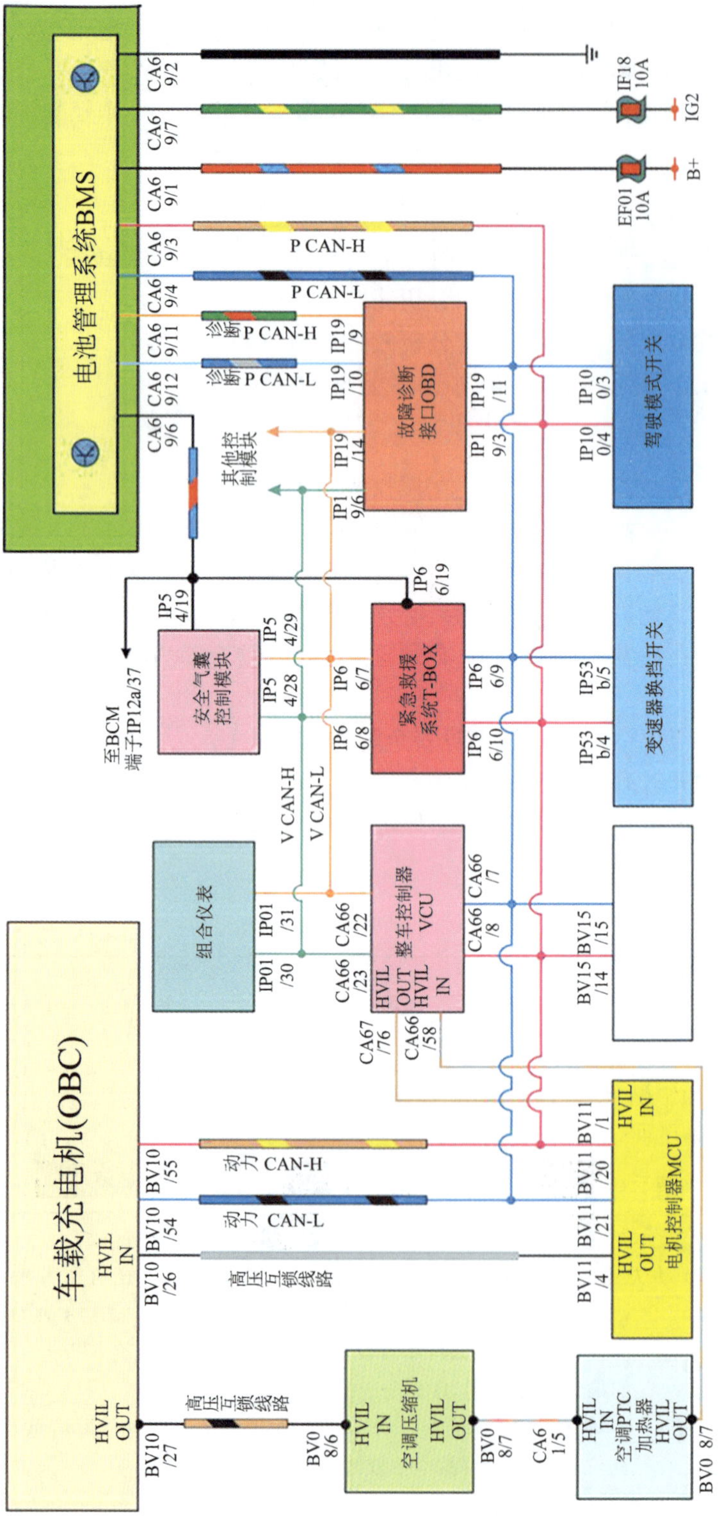

电池管理系统BMS
CA6 9/2
CA6 9/7
CA6 9/1
CA6 9/3
CA6 9/4
CA6 9/11
CA6 9/12
CA6 9/6
IF18 10A
IG2
EF01 10A
B+
P CAN-H
P CAN-L
诊断P CAN-H
诊断P CAN-L
故障诊断接口OBD
驾驶模式开关
其他控制模块
安全气囊控制模块
紧急救援系统T-BOX
变速器换挡开关
至BCM端子IP12a/37
V CAN-H
V CAN-L
组合仪表
整车控制器VCU
车载充电机(OBC)
动力CAN-H
动力CAN-L
高压互锁线路
电机控制器MCU
空调压缩机
空调PTC加热器
HVIL IN
HVIL OUT

五、制订计划

1.作业计划

序号	作业项目	操作要点

2.设备清单

序号	设备名称	规格型号	数量
计划审核	审核意见： 年　　月　　日　签字：		

六、任务实施

工作任务单	动力蓄电池管理系统故障	班级：
		姓名：

1.车辆信息记录

品牌		整车型号		生产年月	
电机型号		动力电池容量		行驶里程	
车辆识别码					

续表

2.车辆基本检查		
检查项目	检查情况	
辅助蓄电池电压		异常□　正常□
高压部件安装及连接器连接情况		异常□　正常□
膨胀水箱液位		异常□　正常□
3.故障现象判定		
诊断项目	诊断内容	
确认故障现象		
4.读取与本故障相关的主要故障代码		
诊断项目	诊断内容	
相关故障代码描述		
5.记录与本故障相关的主要数据流		
诊断项目	诊断内容	
相关数据流描述		
6.分析故障范围		
诊断项目	诊断内容	
故障范围描述		

续表

7.故障诊断过程记录

步骤	诊断对象及检测项目	测量结果分析

8.故障诊断结论

确认故障点	
故障机理分析	
提出维修建议	

七、职业素养

动力蓄电池管理系统故障		实习日期:	
姓名:	班级:	学号:	教师签名:
自评:□熟练 □不熟练	互评:□熟练 □不熟练	师评:□合格 □不合格	
日期:	日期:	日期:	

高压互锁故障 【评分细则】

序号	评分项	得分条件	分值	评分要求	自评	互评	师评
1	安全/7S/态度	□1.能进行工位 7S 操作 □2.能进行设备和工具安全检查 □3.能进行车辆安全防护操作 □4.能进行人员高压安全防护操作 □5.能进行“三不落地”操作	15	未完成一项扣 3 分,扣分不得超过 15 分	□熟练 □不熟练	□熟练 □不熟练	□合格 □不合格
2	专业技能能力	□1.能正确检查车辆基本状态 □2.能正确检查 BMS 故障现象 □3.能正确使用故障检测设备 □4.能正确读取故障码及数据流信息 □5.能正确分析故障原因 □6.能正确制定检测流程 □7.能正确使用检测设备执行检测 □8.能正确找到故障点 □9.能正确分析故障机理 □10.能合理提出维修建议	50	未完成一项扣 5 分,扣分不得超过 50 分	□熟练 □不熟练	□熟练 □不熟练	□合格 □不合格
3	工具及设备使用能力	□1.能正确使用维修工具 □2.能正确使用充电装置 □3.能正确使用万用表、诊断仪、示波器等诊断设备 □4.爱惜工具,能做到轻拿轻放	10	未完成一项扣 2. 5 分,扣分不得超过 10 分	□熟练 □不熟练	□熟练 □不熟练	□合格 □不合格
4	资料及信息查询能力	□1.能正确查询车辆信息 □2.能正确使用维修手册查询资料 □3.能正确记录查询资料的章节及页码 □4.能正确记录检查状态信息	10	未完成一项扣 2. 5 分,扣分不得超过 10 分	□熟练 □不熟练	□熟练 □不熟练	□合格 □不合格
5	数据判断和分析能力	□1.能判断 BMS 故障仪表状态 □2.能判断仪表指示灯状态 □3.能判断故障代码 □4.能判断数据流 □5.能分析诊断仪器的检测结果	10	未完成一项扣 2 分,扣分不得超过 10 分	□熟练 □不熟练	□熟练 □不熟练	□合格 □不合格

续表

6	表单填写报告的撰写能力	□1.字迹清晰 □2.语句通顺 □3.无错别字 □4.无涂改 □5.无抄袭	5	未完成一项扣1分，扣分不得超过5分	□熟练 □不熟练	□熟练 □不熟练	□合格 □不合格
总分：							

八、实训总结

自我反思	
自我评价	

项目三

电驱动系统检修

【工作情景】

电驱动系统是电动汽车的核心系统和关键部件,与动力蓄电池、整车电控系统并称电动汽车的“三大电”技术。电驱动系统不仅是电动汽车的动力源,也决定了电动汽车行驶的动力性能、平顺性和舒适性。电驱动系统除了驱动电机及其控制系统外,还涉及整车控制、冷却系统、动力控制器局域网络系统、机械传动系统等。电驱动系统的检测、故障诊断是新能源汽车售后服务工作中的重要内容,也是本课程的重要内容。

【学习目标】

通过学习本项目,应该达到以下目标:①了解电驱动系统的构成;②熟悉驱动电机的结构、原理;③能够正确检测电机转子位置传感器、温度传感器等的信号;④熟悉电机控制器的构成和工作原理;⑤能够根据维修手册正确实施电机控制器的拆装和更换;⑥能对电驱动系统实施正确的检测和故障诊断。

任务一　电驱动系统的认知

【任务描述】

吉利 EV450 是一款完全自主品牌的纯电动汽车，作为一名新能源汽车维修技工，在车上准确找到电驱动系统的各个组成部分、熟悉各个组成部分的功能是分析并完成车辆综合故障诊断的一项基本功。

【任务目标】

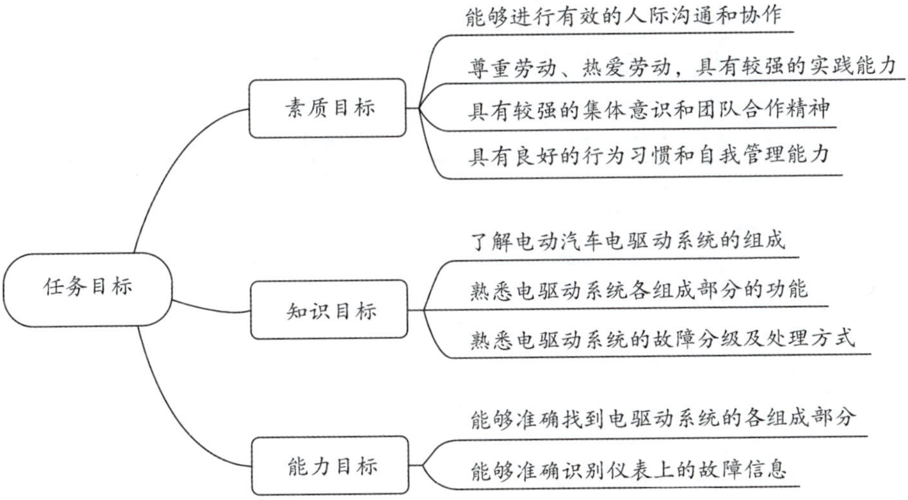

【知识储备】

电驱动系统作为电动汽车三大核心构成之一，是车辆行驶的主要执行机构，其特性决定了车辆的主要性能指标，直接影响车辆的动力性、经济性和用户的驾乘感受。电驱动系统主要由整车控制器、驱动电机、电机控制器、机械传动装置和冷却系统等构成，吉利帝豪 EV450 电驱动系统的结构如图 3-1 所示。

一、整车控制器

整车控制器相当于电动汽车的“大脑”，控制电动汽车的所有部件，其主要功能为识别驾驶员意图、整车能量优化管理、高压上下电控制、车辆状态实时监测及其他功能。

1.识别驾驶员意图

整车控制器可对驾驶员操作信息（踩加速踏板、制动踏板以及转换挡位开关）及控制命令进行分析处理，将加速踏板、制动踏板的机械位移量及挡位开关状态转换为相应的电信号，根据某种规则将相应电信号转化成驱动电机需要的转矩命令，输入电机控制器(MCU)，控制驱动电机的转矩来驱动车辆，以满足驾驶员对车辆驱动的动力性要求；同时根据车辆状态，向MCU发出相应指令，保证行驶的安全性、舒适性。驱动电机对驾驶员操作的响应性能取决于整车控制器对加速踏板电信号的解释结果，直接影响驾驶员的控制效果和操控感觉。

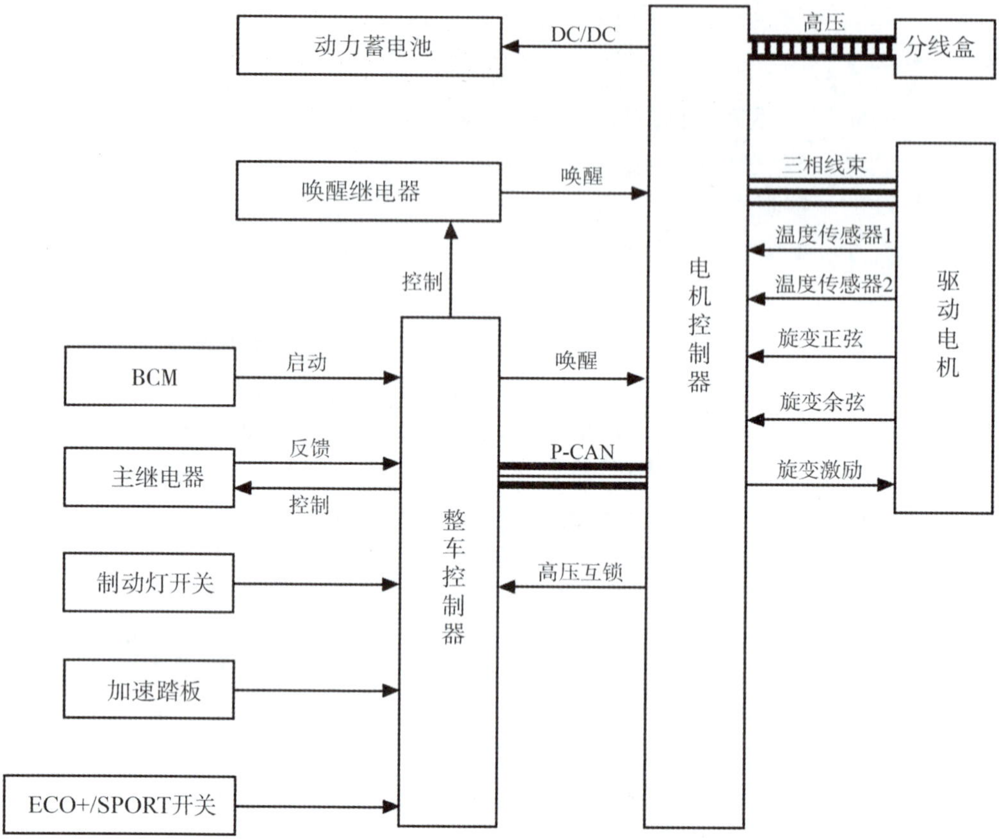

图3-1　吉利帝豪EV450电驱动系统结构

2.整车能量优化管理

通过对电动汽车的电驱动系统、电池管理系统、传动系统及其他车载能源动力系统(如空调、电动泵等)的协调和管理，提高整车能量利用效率，延长续驶里程。在滑行制动和刹车制动过程中，根据加速踏板和制动踏板开度、车辆行驶状态信息以及动力蓄电池的状态信息(如SOC值)来判断某一时刻能否进行制动能量回收，制动能量回收如图3-2所示。

图 3-2　制动能量回收

制动能量回收的原则如下：

(1)能量回收制动不应该干预车轮防抱死系统(ABS)的工作。

(2)当 ABS 进行制动力调节时，制动能量回收不应该工作。

(3)当 ABS 报警时，制动能量回收不应该工作。

(4)当电驱动系统发生故障时，制动能量回收不应该工作。

3.高压上下电控制

整车控制器根据驾驶员对点火开关的控制，对动力蓄电池的高压接触器开关进行控制，以完成高压设备的电源通断和预充电控制；此外，还能协调相关部件的上电与下电流程，包括电机控制器、电池管理系统等部件的供电，完成对预充接触器、主正/主负接触器的吸合和断开等。

4.车辆状态实时监测

整车控制器可实时监测车辆状态，并将各个子系统的信息发送给车载信息显示系统，其过程是通过传感器和 CAN 总线，检测车辆状态及其动力系统和相关电器附件各子系统状态信息的显示仪表，将状态信息和故障诊断信息通过数字仪表显示出来。状态信息显示如图 3-3 所示。

图 3-3　状态信息显示

整车控制器还能连续监视整车电控系统进行故障诊断，并及时进行相应的安全保护处理。根据传感器的输入及其他通过 CAN 总线通信得到电机、电池、充电机等信息，对各种故障进行判断、等级分类、报警显示；另外还要存储故障码，供维修时查看。故障指示灯会指示出故障类型和部分故障码。在行车过程中，整车控制器可根据故障内容进行故障诊断与处理。故障分级及处理方式如表 3-1 所示。

表 3-1 故障分级及处理方式

等级	名称	故障后处理	故障列表
一级	致命故障	紧急断开高压	MCU 直流母线过压故障,BMS 一级故障
二级	严重故障	零扭矩	MCU 相电流过流、IGBT、旋变等故障,电机节点丢失故障,挡位信号故障
三级	一般故障	跛行	加速踏板信号故障
		降功率	MCU 电机超速保护
		限功率小于 7 kW	跛行故障,SOC 低于 1%,BMS 单体欠压,内部通信、硬件等二级故障
		限速小于 15 km/h	低压欠压故障,制动故障
四级	轻微故障	仪表显示能量回收故障,仅停止能量回收	MCU 电机系统温度传感器、直流欠压故障,VCU 硬件、DC/DC 异常等故障

5.其他功能

除了上述功能外,整车控制器还具有充电过程控制、防溜车功能控制、电动化辅助系统管理、整车 CAN 总线网关及网络化管理、基于 CCP 的在线匹配标定、换挡控制、远程控制等功能,其中远程控制包括远程查询、远程空调控制及远程充电控制。

二、电机控制器

电机控制器接收整车控制器的指令,将动力蓄电池的高压直流电压逆变成电压、频率、相序可调的三相交流电,实现对驱动电机转速、转矩和转向的控制。某型号电机控制器的结构框图如图 3-4 所示。

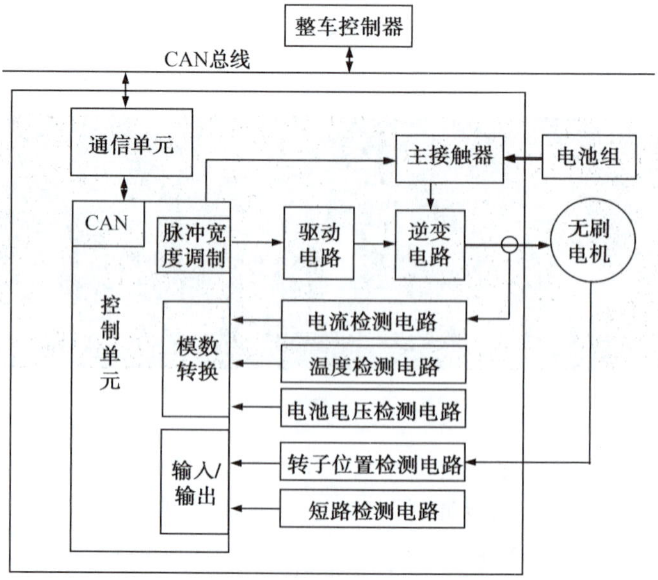

图 3-4 某型号电机控制器的结构框图

电机控制器实时监测驱动电机的运行状态，如电流、温度、电池电压、转子位置、短路等。电机控制器内含故障诊断电路，当诊断出现异常时，它将激活一个故障码，通过 CAN 总线发送给整车控制器，同时存储该故障码和数据。

在能量回收过程中，电机控制器转变为整流滤波器，其功能是将发电机输出的三相交流电压经过整流、滤波和升压后转变为高压直流电，将电能回馈给动力蓄电池，实现能量回收。

三、驱动电机

驱动电机在电动汽车中承担着驱动车辆和发电的双重功能，即在正常行驶时发挥其主要的电动机功能，将电能转化为机械能；在减速和下坡滑行时，驱动电机转变为发电机，将车辆的惯性动能转化为电能。电驱动系统的能量关系如图 3-5 所示。

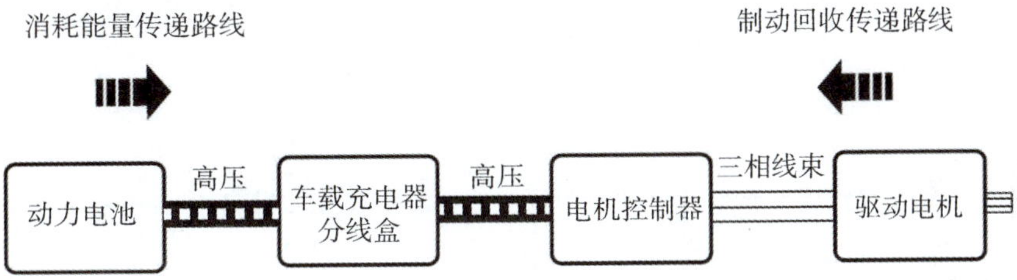

图 3-5　电驱动系统的能量关系

四、机械传动装置

机械传动装置的主要功能是将驱动电机的转速降低、扭矩升高，以满足整车对驱动电机的扭矩和转速的需求。纯电动汽车较多采用固定速比的减速装置，省去了变速器、离合器等部件。吉利帝豪 EV450 的二级主减速器如图 3-6 所示。

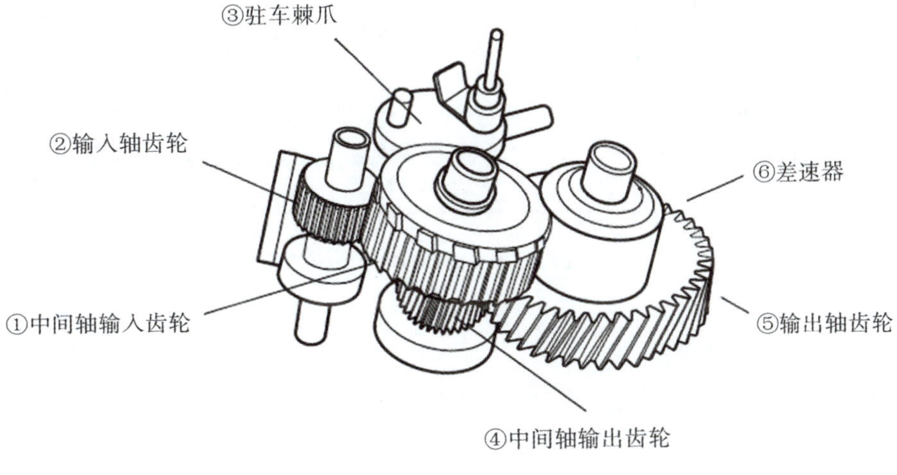

图 3-6　吉利帝豪 EV450 的二级主减速器

五、冷却系统

驱动电机、电机控制器以及 DC/DC 转换器在工作时均会产生热量。驱动电机工作时，电流流过定子绕组产生的铜损耗、铁芯磁通量变化产生的铁磁损耗等最终转化为热能，温升能够降低驱动电机的使用寿命和额定容量。电机控制器中，大功率 IGBT 的发热取决于本身的换流损耗，频率越高，损耗越大。DC/DC 转换器工作时也会有大量热量产生，如果不能及时冷却将导致损坏。吉利帝豪 EV450 冷却系统的结构如图 3-7 所示。

冷却液的流向是从散热水箱下部出来后，经水泵后先冷却电机控制器，从电机控制器流出的冷却液进入车载充电机低位进水口，然后流出到驱动电机的冷却管路中，最后回流到散热水箱的上回流口，形成水循环系统。冷却过程中，冷却液会因为温度升高而膨胀，溢出的冷却液经过三通阀进入膨胀罐；温度下降时，冷却液由膨胀罐经过三通阀进入冷却管路。

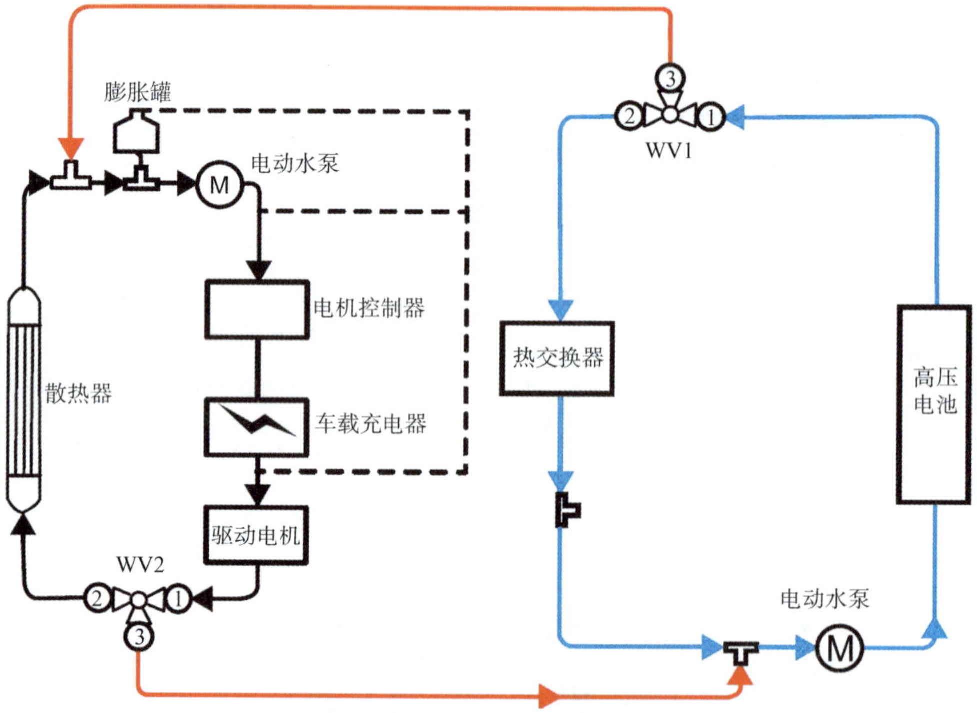

图 3-7 吉利帝豪 EV450 冷却系统的结构

任务二　驱动电机结构与检修

【任务描述】

有一辆吉利 EV450 电动汽车，踩制动踏板并按下点火开关，仪表点亮正常，“READY”灯无法正常点亮；蓄电池指示灯、系统故障指示灯等点亮，且提示“绝缘故障”。作为维修技工，应正确使用诊断仪、示波器、万用表等检测工具，依据维修手册及相关资料排除故障，恢复车辆使用并准确填写诊断报告；按照 7S 操作规范整理场地，经检验合格后，将诊断报告和钥匙交付前台。

【任务目标】

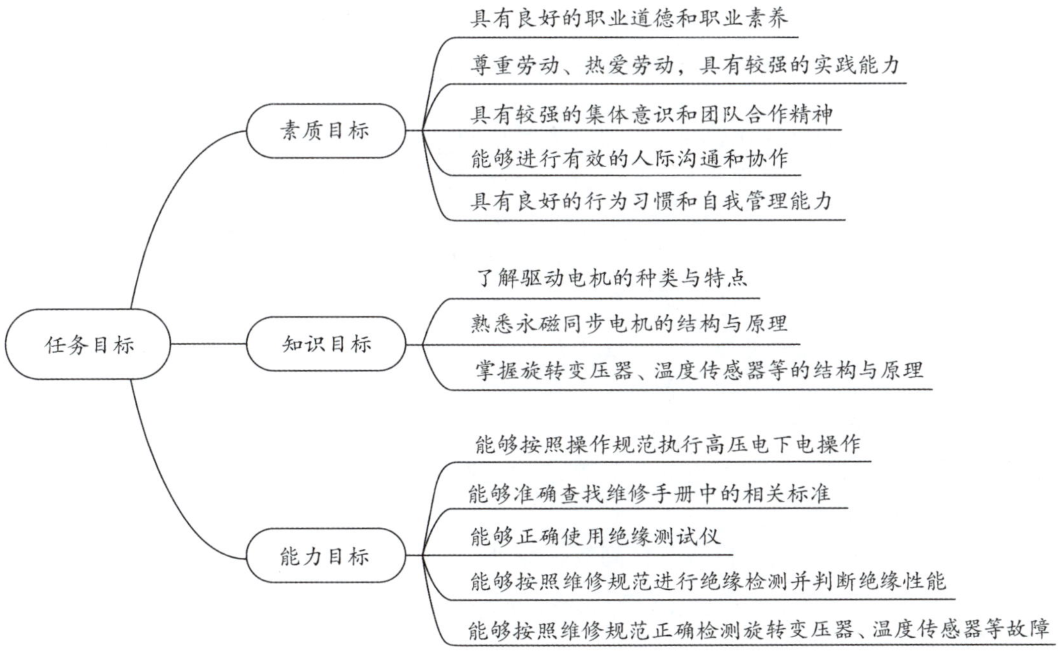

【知识储备】

一、驱动电机

驱动电机是在电能与机械能之间进行转化的部件，并可将自身的运行状态信息发送给电机控制器。电动汽车用的驱动电机主要有交流异步电机、永磁同步电机、开关磁阻电机等。永磁同步电机以其高控制精度、高转矩密度、转矩平稳性好、高调速范围以及低噪声等优点，在电动汽车领域得到了广泛应用。

1.驱动电机的特点

电动汽车用驱动电机通常工作在频繁启动/停车、加速/减速等工况,低速或爬坡时要求高转矩、低转速,而高速行驶时则要求低转矩、恒功率,并要求变速范围大。因此,驱动电机应具有良好的转矩-转速特性。电动汽车对驱动电机转速与转矩的要求如图 3-8 所示。

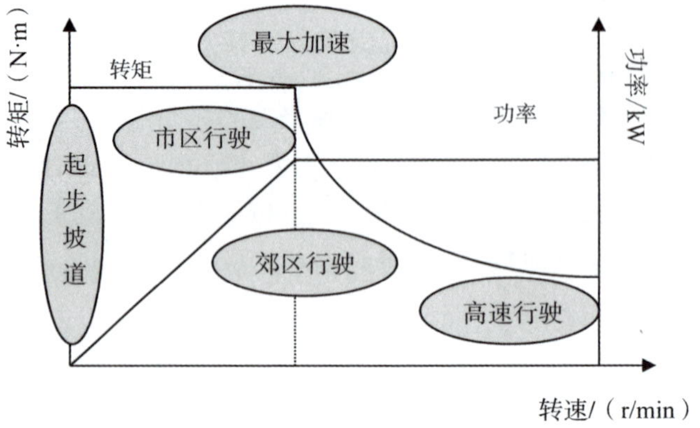

图 3-8 电动汽车对驱动电机转速与转矩的要求

三种驱动电机的性能比较见表 3-2。驱动电机应经常保持在高效率范围内运转,在恒转矩运转范围内的效率为 0.75~0.85,在恒功率运转范围内的效率为 0.8~0.9。为适应电动汽车各种行驶工况的负载特性匹配要求,驱动电机应满足以下条件:

(1)起动力矩大且过载能力强。在运行时要满足带负载起步要求,同时在汽车加速和减速时,还应有较强的短时过载能力。

(2)峰值电流。峰值电流应小于动力蓄电池的最大允许放电电流。

(3)调速范围宽。当电机有较宽的调速范围时,在高、低速各工况下均能高效运行,并保持理想的调速特性。

(4)调速响应快。提高电机的动态响应性可改善行驶中的可控制性能,使车辆操作更加顺畅,行驶更加稳定。

(5)可靠性高。驱动电机应有较高的可靠性。

表 3-2 三种驱动电机的性能比较

性能及类型	交流异步电机	永磁同步电机	开关磁阻电机
转速范围/(r/min)	12000~20000	4000~10000	>15000
功率密度	中	高	较高
过载能力/%	300~500	300	300~500
峰值效率/%	94~95	95~97	90
负荷功率/%	90~92	85~97	78~86
功率因数/%	82~85	90~93	60~65

续表

性能及类型	交流异步电机	永磁同步电机	开关磁阻电机
恒功率区	1 : 5	1 : 2.25	1 : 3
功率范围	宽	窄	很宽
过载能力	好	较好	好
效率	较高	高	中
转矩电流比	一般	高	高

2.驱动电机的主要参数

驱动电机的主要参数如下(括号内为单位):

(1)额定电压 U_e (V):电机在额定功率下运行时,电机定子绕组应输入的线电压值。

(2)额定电流 I_e (A):电机在额定电压下,电机轴上输出的机械功率为额定功率时,电机定子绕组通过的线电流值。

(3)额定转速(r/min):电机在额定电压下,电机输出轴上输出的机械功率为额定功率时的电动机转速。

(4)额定功率 P_e (kW):电机在额定状态运行时输出的机械功率。

(5)峰值功率 P_{max} (kW):电机在额定转速运行时,电动机轴上输出的最大机械功率。峰值功率一般为额定功率的 2~3 倍。

(6)机械效率 η_e :电动机转换成的机械动能与消耗的电能之比。

(7)绝缘等级:电机绕组所用的绝缘材料在使用时容许的极限温度。

吉利帝豪 EV450 驱动电机的参数如表 3-3 所示。

表 3-3　吉利帝豪 EV450 驱动电机的参数

项目	参数	单位
额定电压	137	V
额定功率	42	kW
峰值功率	120	kW
额定转矩	105	N · m
峰值转矩	250	N · m
额定转速	4200	r/min
峰值转速	12000	r/min
温度传感器类型	NTC	—
温度传感器型号	SEMITEC 13-C310	—
绝缘等级	H	—
防护等级	IP67	—

二、永磁同步电机结构

永磁同步电机主要由定子、转子、机座、传感器等各部件组成，永磁同步电机的总体构成如图 3-9 所示。

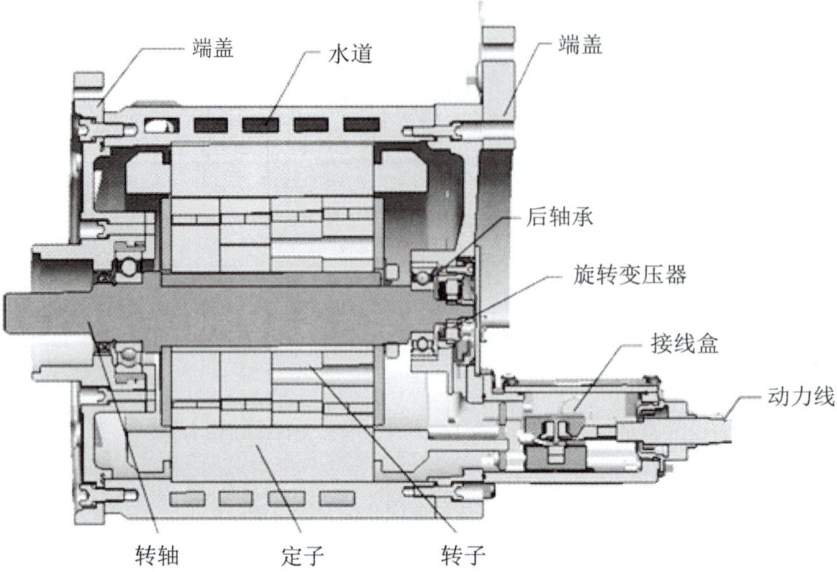

图 3-9　永磁同步电机的总体构成

永磁电机的结构

1.定子结构

定子主要由机座、定子铁芯、定子绕组三部分构成，永磁同步电机定子总成如图 3-10 所示。

（1）机座。机座用来固定定子铁芯和定子绕组，以前、后两个端盖支撑转子转动。机座上铸有冷却管路，用于对电机进行冷却。

（2）定子铁芯。定子铁芯是永磁同步电机磁路的一部分，为了减小磁滞和涡流损耗，其通常采用 0.35~0.5 mm 厚的硅钢片叠制而成，其内圆表面冲有槽，用于嵌放三相定子绕组。定子铁芯如图 3-11 所示。

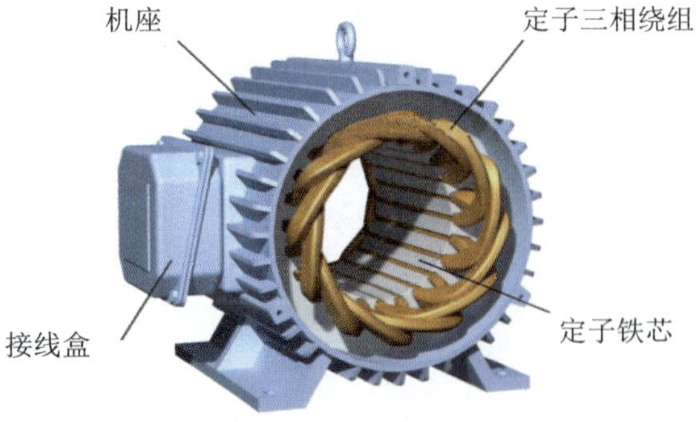

图 3-10　永磁同步电机定子总成

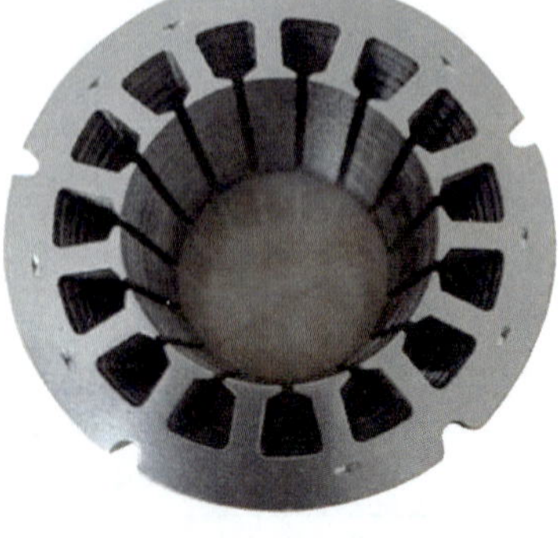

图 3-11　定子铁芯

(3)定子绕组。定子绕组是由嵌放在定子铁芯槽中的线圈按照一定规则连接构成的U、V、W三相绕组。U、V、W三相绕组在空间分布上呈对称性,当通有三相对称交流电时,其作用是产生同步旋转磁场。三相定子绕组之间及绕组与定子铁芯槽之间均垫有绝缘材料,并用胶木槽楔紧固。三相定子绕组的接法有星形接法和三角形接法两种,如图3-12所示。

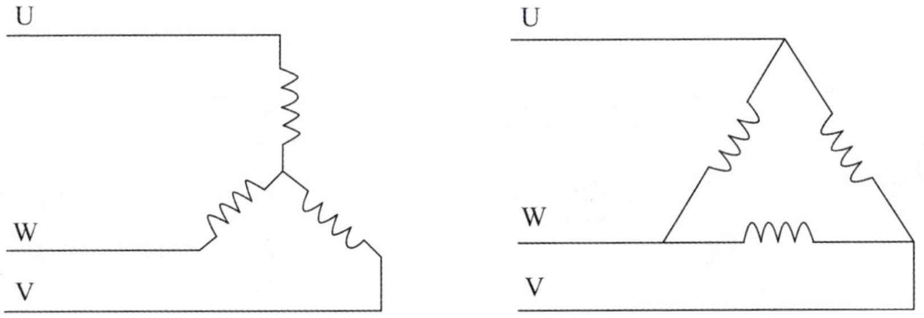

图 3-12 定子绕组接法(左为星形接法,右为三角形接法)

2.转子结构

转子结构由转子铁芯、永磁体和转轴构成,转子结构总成如图3-13所示。根据永磁体在转子上安装位置的不同,永磁同步电机转子通常可分为两大类:外置式转子和内置式转子。

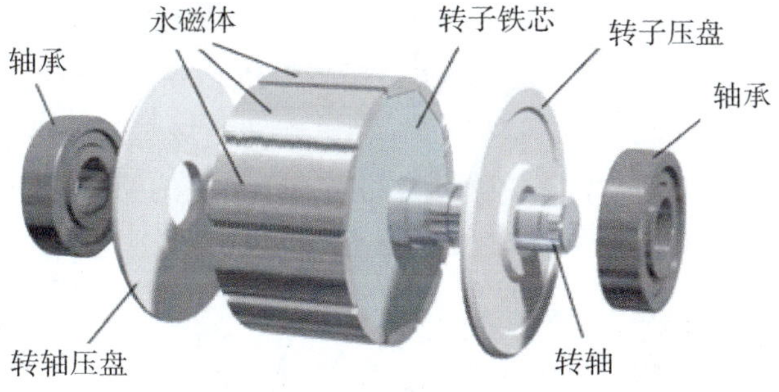

图 3-13 转子结构总成

(1)外置式转子:外置式转子的永磁体为瓦片形,用合成胶粘贴在转子表面,并用无维玻璃丝带加以捆绑保护,防止高速旋转时脱落。外置式转子如图3-14所示,它分为面贴式和表面嵌入式两种。

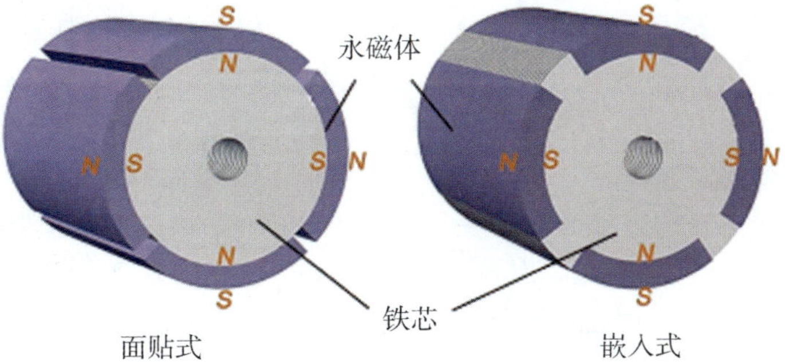

图 3-14 外置式转子

（2）内置式转子：内置式转子的永磁体位于转子内部，永磁体外表面与定子铁芯内圆之间有铁磁物质制成的极靴，极靴中可以放置铸铝笼或铜条笼，起阻尼或启动作用，稳态性能好。内置式转子的永磁体受到极靴的保护，其转子磁路结构的不对称性所产生的磁阻转矩也有助于提高电动机的过载能力和功率密度，而且易于“弱磁”扩速。内置式转子如图 3-15 所示，根据永磁体磁化方向与转子旋转方向的关系，可将内置式转子分为径向式、切向式、混合式三种。

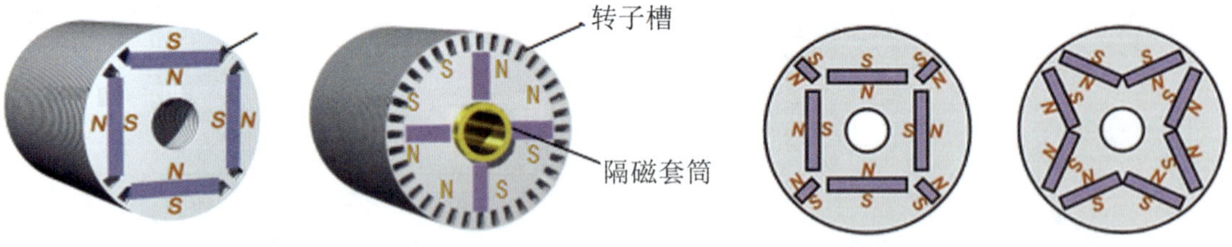

切向式　　径向式　　“U”形混合式　　“V”形混向式

图 3-15　内置式转子

3.工作原理

当定子绕组输入三相正弦交流电时，会产生一个旋转磁场。该磁场在旋转过程中，旋转磁场与转子磁场之间的角度不断发生变化。如果旋转磁场与转子磁场之间出现 N 极与 N 极相对、S 极与 S 极相对，那么旋转磁场与电机转子之间就会产生相互排斥的作用力，同步电机不会启动，如图 3-16（a）所示。如果旋转磁场与转子磁场之间出现 N 极与 S 极相对，就会产生相互吸引力，如果吸引力足够大，产生的切向扭矩就能够克服转子惯性，带动转子转动，并逐渐减小两者之间的角度，如图 3-16（b）和图 3-16（c）所示。

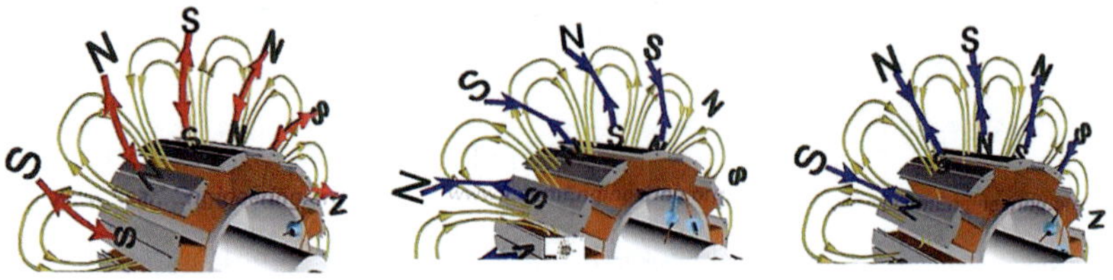

（a）　　（b）　　（c）

图 3-16　同步电机工作原理

由上述分析可以看出：同步电机在启动和工作过程中，电机控制器需要知道转子磁场的位置，并由此计算三相交流电的相位，以确保旋转磁场的磁极与转子磁场处于正确的对应关系。

4.旋转变压器

检测电机转子位置的方法有旋转变压器法、霍尔传感器法、光电编码器法和无位置传感器法。其中，旋转变压器法以其高可靠性、高精度、高转速运行等优点，在电机转子位置检测中获得了广泛应用。旋转变压器由定子和转子两部分构成，其结构如图 3-17 所示。

旋转变压器的转子由相互绝缘的硅钢片叠制而成，安装在永磁同步电机的转轴上，随电机转轴同步旋转；旋转变压器的定子则由励磁绕组、正弦绕组、余弦绕组构成。

旋转变压器的工作原理与普通变压器相同，励磁绕组通正弦交流电，产生交变磁场，利用转子铁芯构成的磁路将交变磁场传递到正弦绕组和余弦绕组，产生感应电动势。

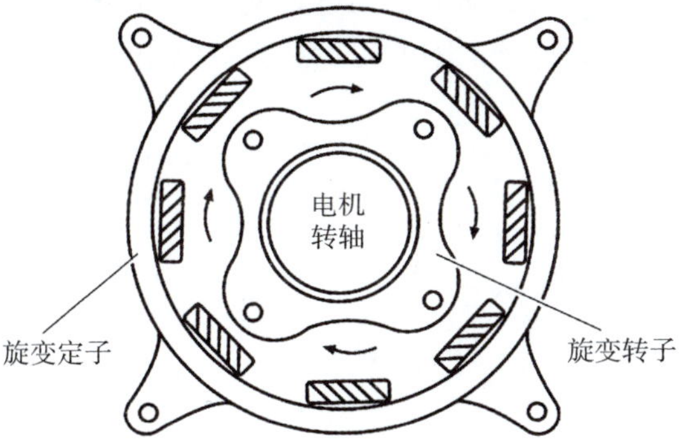

图 3-17　旋转变压器的结构

永磁同步电机的原理

旋变器的原理

由于旋转变压器的转子铁芯并非圆形，正弦/余弦绕组与转子铁芯的气隙大小也不同，因此正弦/余弦绕组中的感应电动势大小不同。因此，电机在工作过程中，正弦/余弦绕组的感应电动势幅值将会随旋转变压器转子的转动而变化，旋转变压器波形如图 3-18 所示。

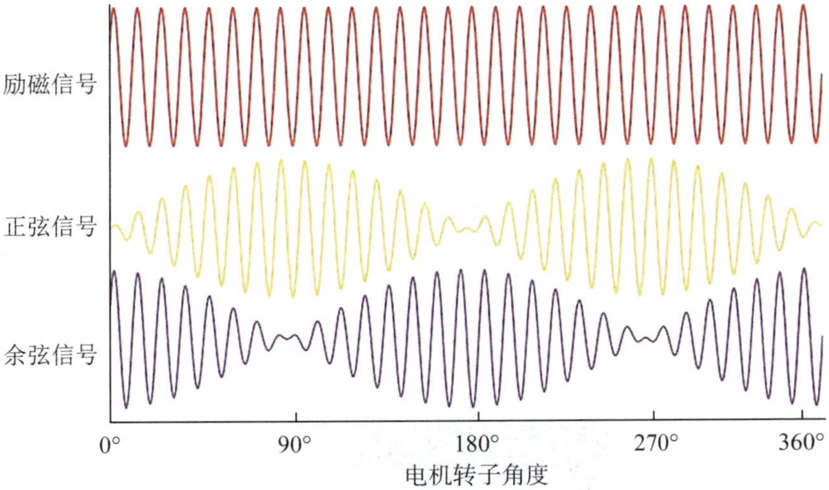

图 3-18　旋转变压器波形

电机控制器根据正弦、余弦包络线波形，可以计算出永磁同步电机的转子位置和转速等。吉利帝豪 EV450 旋转变压器的若干参数如下：

(1) 励磁绕组参考电压：打开点火开关 ON 挡，测量插件端约有 4.7 V 的交流电压。

(2) 正弦绕组阻值：(13.5±1.5) Ω 。

(3) 余弦绕组阻值：(14.5±1.5) Ω 。

(4) 励磁绕组阻值：(9.5±1.5) Ω。

5.温度传感器

驱动电机主要的发热源为定子绕组,温度传感器埋设于定子绕组中。电机控制器根据温度传感器的信号监控驱动电机的实时温度,通过电机冷却装置调节驱动电机的温度,防止定子绕组温度过高。热敏电阻式温度传感器是驱动电机温度检测常用的传感器之一,分正温度系数传感器和负温度系数传感器两种。热敏电阻及温度检测电路如图3-19所示。

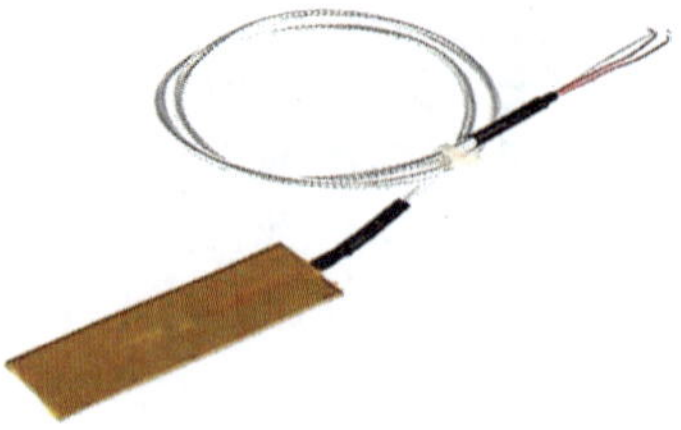

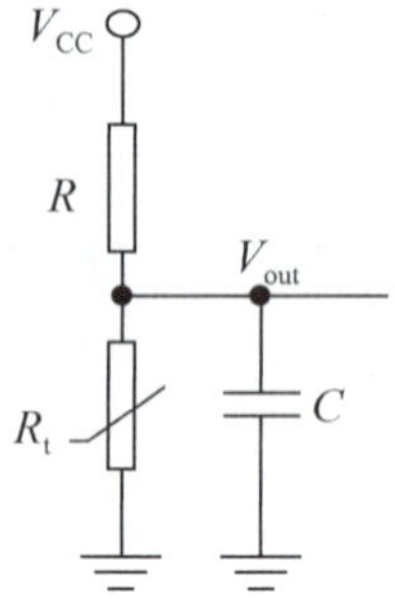

图 3-19 热敏电阻(左)和温度检测电路(右)

吉利帝豪 EV450 驱动电机采用 NTC 103NT-4 型负温度系数传感器,热敏电阻的阻值随着温度升高而减小。其若干性能参数为:

(1)-40 ℃:正常电阻阻值为(241±20) Ω。

(2)20 ℃:正常电阻阻值为(13.6±0.8) Ω。

(3)85 ℃:正常电阻阻值为(1.6±0.1) Ω。

三、案例教学

【案例 1】 驱动电机绝缘检测

1.高压回路断电

(1)操作启动开关,使电源模式至 OFF 状态。

(2)断开蓄电池负极电缆,放置"禁止接通"警示牌。

(3)从车载充电机(OBC)侧断开直流母线,等待 5 min,如图 3-20 所示。

图 3-20 断开直流母线

(4)用万用表检测电机控制器(IPU)正负极电压,标准电压为不高于 5 V,如图 3-21 所示。

图 3-21　测量 IPU 正负极电压

2.目视检查

检查可能影响电动机操作的售后加装装置;检查易于接触或能够看到的系统部件,以查明其是否有明显损坏或存在可能导致故障的情况。

3.检测电机绝缘阻值

(1)按照对角原则,拧松 IPU 盒盖螺栓并打开盒盖,然后拆下直流母线及驱动电机三相线束固定螺栓,如图 3-22 所示。

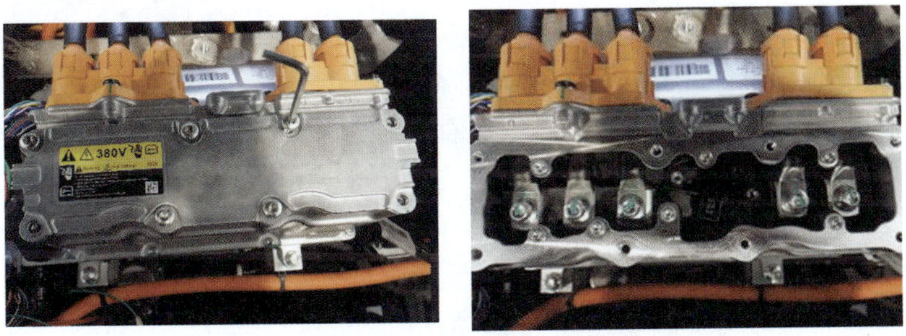

图 3-22　拆下直流母线及三相线束

(2)将高压绝缘检测仪的挡位调至 1000 V。

(3)用绝缘检测仪按照表 3-4 所示测量相应的绝缘电阻,如图 3-23 所示。

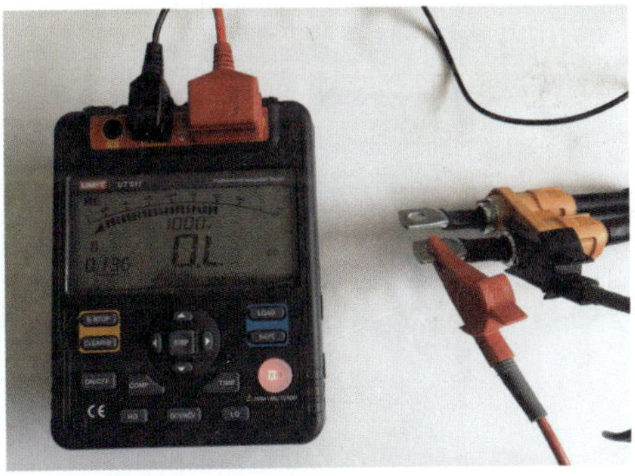

图 3-23　测量相应的绝缘电阻

接地电阻测试仪使用方法

表 3-4　驱动电机绝缘检测

测量位置 A	测量位置 B	被测物理量	标准值
U 相	电机壳体	绝缘电阻	标准电阻：大于 20 MΩ
V 相	电机壳体		
W 相	电机壳体		
直流母线正极	屏蔽层		
直流母线负极	屏蔽层		

(4)根据测量值确认高压线束的绝缘性能是否符合标准。如果不符合标准，应修理或更换相应线束，安装过程与拆卸过程相反。

【案例 2】　驱动电机异响检测

客户描述：在陡坡上起步时，驱动电机发出异响，同时车辆出现抖动。

1.现象分析

引起驱动电机异响、车辆振动的原因有很多，如固定螺栓松动、冷却系统问题、电机清洁问题、旋转变压器故障等。但驱动电机在工作过程中一般伴有轻微的电磁噪声，在极低速输出大扭矩时，电磁噪声会变得更加明显。当遇到此工况时，电机控制器就会降低 IGBT 的变换频率，可能会出现电机异响、强烈振动或转速和输出功率达不到要求的现象，这并不意味着电机控制器的性能或控制存在问题。检测、诊断顺序一般按照先易后难的原则来进行。

2.检测过程

(1)检查电机固定螺栓是否紧固，如图 3-24 所示，步骤如下：

①操作启动开关使电源模式至 OFF 状态。

②举升车辆，检查电机后端盖与悬挂支架连接螺栓是否紧固。

③检查电机前端盖与减速器壳体连接螺栓是否紧固。

如检查结果为“否”，则紧固电机固定螺栓；如检查结果为“是”，则进入下一个检查项目。

(2)检查电机冷却系统，如图 3-25 所示，步骤如下：

①操作启动开关使电源模式至 ON 状态。

②检查冷却管路有无老化、变形、渗漏。

③确认水箱、管路无水垢、堵塞现象。

④确认水泵是否工作正常。

如检查结果为“否”，则优先排除冷却系统故障；如检查结果为“是”，则进入下一个检查项目。

图 3-24　检查电机固定螺栓

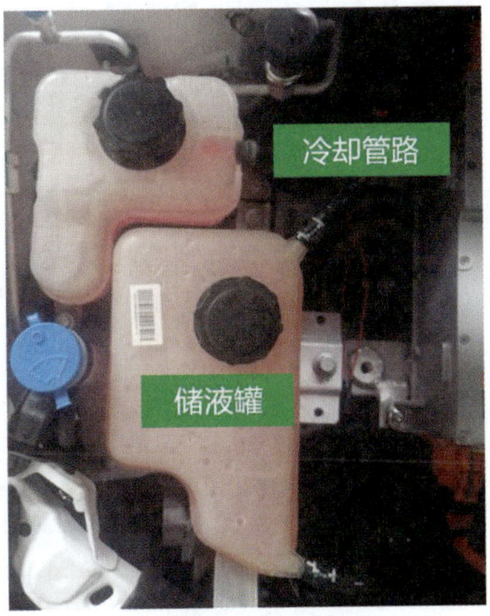

图 3-25　检查冷却系统

(3)检查电机线束连接器,如图 3-26 所示,步骤如下:

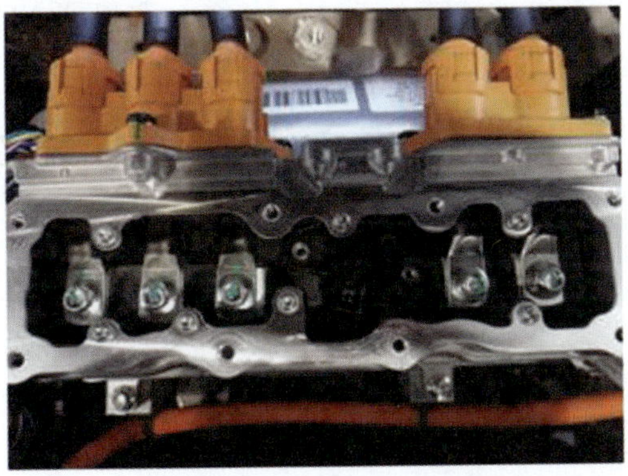

图 3-26　电机线束连接器

①操作启动开关使电源模式至 OFF 状态。

②检查电机低压线束连接器是否插接牢固、无松脱。

③检查电机高压线束连接器是否插接牢固、无松脱。

如检查结果为“否”,则紧固电机线束连接器;如检查结果为“是”,则进入下一个检查项目。

(4)检查驱动电机三相线束紧固力矩,步骤如下:

①操作启动开关使电源模式至 OFF 状态。

②断开蓄电池负极电缆。

③断开直流母线,并测量正负极之间的电压,标准电压为不高于 5 V。

④检查三相线固定螺栓的紧固力矩(电机控制器侧)是否符合标准。

⑤检查三相线固定螺栓的紧固力矩(电机侧)是否符合标准。

⑥检查电机前端盖与减速器壳体的连接螺栓是否紧固。

如检查结果为“否”,则紧固电机三相线束;如检查结果为“是”,则进入下一个检查项目。

(5)前后端盖清理检查的步骤如下:

①拆卸电机。

②用除锈清洗剂清洗端盖,确认端盖无灰尘、无杂物,止口无破损和碰伤。

③用内径千分尺(见图 3-27)测量轴承室有无磨损、甩圈,轴承室尺寸是否合格。

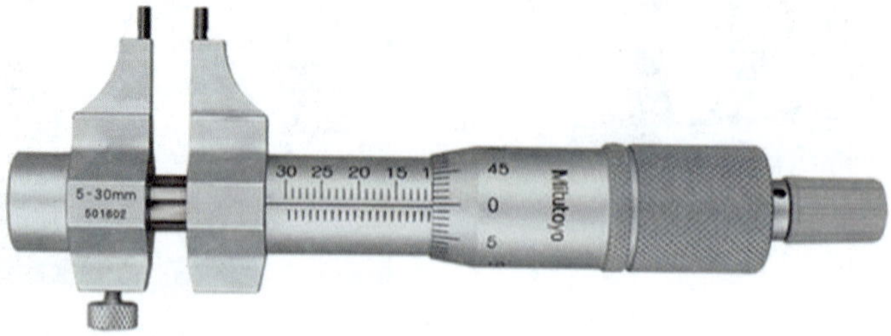

图 3-27　内径千分尺

如检查结果为“否”,则清洗或更换端盖;如检查结果为“是”,则进入下一个检查项目。

(6)清理检查水套壳体的步骤为:

①拆卸电机。

②用除锈清洗剂清洗,水套端面要求无灰尘、无杂物,止口无破损和碰伤。

③用密封检测工装检测壳体有无漏气现象。

④用水道检测工装检测水道是否有堵塞,水道流量是否满足冷却要求。

⑤复测转子动平衡,超出规定数值后,需重新标定动平衡量。

⑥确认故障是否排除。

如结果为“是”,则诊断结束;如结果为“否”,则进入下一个检查项目。

(7)转子清理检查的步骤为:

①拆卸电机。

②用电机专用拆装机拆出转子。

③用胶带清理转子中的灰尘、杂物,用除锈剂清除转子的锈迹。

④检测转子,要求铁芯外径无鼓起、无破损、无剐蹭。

⑤复测转子动平衡,超出规定数值后,需重新标定动平衡量。

⑥确认故障是否排除。

如结果为“是”,则诊断结束;如结果为“否”,则进入下一个检查项目。

(8)定子检测清理检查的步骤为:

①拆卸电机。

②用吸尘器清理定子灰尘,用除锈剂清除定子铁芯的锈迹,要求定子表面无灰尘,定子内圆无剐蹭、无杂物,定子线包无损伤,定子绝缘漆无脆裂等。

③用耐压绝缘表测试耐压和绝缘性能。

④用定子综合测试仪测试电性能。
⑤更换出线端子。
⑥检测温度传感器的绝缘性能。
⑦重新更换三相出线和温度传感器出线的绝缘管、热缩管。
⑧确认故障是否排除。
如结果为“是”,则诊断结束;如结果为“否”,则进入下一个检查项目。
(9)检测旋变定子的步骤为:
①拆卸电机。
②用电阻计检测旋变定子的电阻值。
③用耐压绝缘表测试耐压和绝缘性能。
④重新更换旋变信号线出线绝缘管和端子。
⑤确认故障是否排除。
如结果为“是”,则诊断结束;如结果为“否”,则进入下一个检查项目。
(10)更换前、后轴承的步骤为:
①拆卸电机。
②用拉马拆除旧轴承,用专用压装工装压轴承内圈,更换新轴承,轴承须装配到位。
③轴用轴承挡圈安装到位。
④确认故障是否排除。
如结果为“是”,则诊断结束;如结果为“否”,则更换驱动电机。

工作手册　驱动电机绝缘检测

【任务描述】

有一辆吉利 EV450 电动汽车,踩制动踏板并按下点火开关,仪表点亮正常,“READY”灯无法正常点亮;蓄电池指示灯、系统故障指示灯等点亮且提示“绝缘故障”。作为维修技工,应正确使用诊断仪、示波器、万用表等检测工具,依据维修手册及相关资料排除故障,恢复车辆使用并准确填写诊断报告;按照 7S 操作规范整理场地,经检验合格后,将诊断报告和钥匙交付前台。

一、任务目的

通过实践训练,学生应该能够借助维修手册,掌握驱动电机绝缘故障分析、检测和故障诊断的方法;能够正确使用绝缘检测仪、毫欧表、万用表等检测工具,依据维修手册及相关资料实施故障检测、诊断,并准确填写诊断报告;按照 7S 操作规范整理场地。

二、技能要求

1.能够按照操作规范,正确执行高压电下电操作。

2.能够准确查找维修手册中的相关标准。

3.能够正确使用绝缘检测仪、毫欧表、万用表等检测仪器。

4.能够按照维修标准进行绝缘检测并判断绝缘性能。

5.能够正确使用欧姆表进行电枢检测并判断性能。

6.依据职业操作规范要求,正确进行 7S 管理和操作。

三、安全事项

1.确保学员完全在教师的指导下,在授权的范围内进行操作。

2.绝不可以在不穿戴安全防护用品的前提下,接触任何车辆的高压电部件。

3.学员应充分了解其职责范围,绝不擅自对高压电部件进行任何拆装调整。

4.对高压电动车辆进行功能操作时,必须在确保车辆与场地的安全状态后进行。

5.高压电车辆在脱离教师监控时必须全车落锁,驶离举升工位,并由教师妥善保管钥匙。

6.在任何时候都要注意自身的人身安全防护。

7.车辆不可举升过高,举升到需要的高度时,要确认保险锁销到位。

8.工作中及完成任务后应遵守实训场地的 7S 要求。

四、信息收集

学习任务单	驱动电机绝缘检测	班级:
		姓名:

1.戴绝缘手套从高压分线盒侧断开从分线盒至电机控制器的高压线束,用万用表检测该高压线束正负极电压,标准值:__________ V。

2.按照________原则,首先拧松 IPU 盒盖螺栓并打开盒盖,然后拆下直流母线及驱动电机三相线束固定螺栓。

3.使用绝缘测试仪进行绝缘电阻检测时,绝缘测试仪的检测电压应选择______ V。

4.使用万用表、欧姆表、绝缘测试仪进行检测前,应该先进行____________。

5.按照吉利 EV450 的维修标准,绝缘电阻______________才满足要求。

6.紧固电机控制器侧三相线束及从分线盒至电机控制器的高压线束,具体操作参照下图:

(1)连接三相线束,紧固驱动电机三相线束连接器的三个固定螺栓①,标准力矩(23±3)N·m。

(2)紧固驱动电机三相线束端子的三个固定螺栓②,标准力矩(7±0.5)N·m。

(3)连接线束,紧固分线盒电机控制器高压线束连接器的两个固定螺栓③,标准力矩(23±3)N·m。

(4)紧固分线盒电机控制器高压线端子的两个固定螺栓④,标准力矩(7±0.5)N·m。

续表

7.整理密封垫并安放电机控制器上盖,按对角法则拧紧电机控制器上盖的八个螺钉,标准力矩 4 N·m。

五、制订计划

1.作业计划

序号	作业项目	操作要点

续表

2.设备清单			
序号	设备名称	规格型号	数量
计划审核	审核意见： 年　　月　　日　签字：		

六、任务实施

工作任务单	驱动电机绝缘检测	班级：	
		姓名：	

1.车辆信息记录					
品牌		整车型号		生产年月	
电机型号		电池型号		行驶里程	
车辆识别码					

2.高压回路断电		
作业项目	作业情况	判定
钥匙打到 OFF 挡	已执行□　否□	异常□　正常□
断开蓄电池负极	已执行□　否□	异常□　正常□
断开分线盒侧直流母线并等待 5 分钟	已执行□　否□	异常□　正常□
断开分线盒至电机控制器线束	已执行□　否□	异常□　正常□
用万用表测量从分线盒至电机控制器线束的正负极电压	标准：　　实测：	异常□　正常□

3.目视检查		
检查项目	检查情况	维修措施
有无可能影响电机操作的售后加装项目	有加装□　无加装□	拆除□　维持原貌□

续表

<table>
<tr><td>机舱内外观可视部件</td><td colspan="3">破损□ 变形□ 老化□
松动□ 泄漏□ 正常□</td><td>调整□ 维修□ 更换□</td></tr>
<tr><td colspan="5">4.打开电机控制器并拆卸线束</td></tr>
<tr><td>拆卸 MCU 盒盖</td><td colspan="3">破损□ 变形□ 老化□ 松动□ 泄漏□ 正常□</td><td>调整□ 维修□ 更换□</td></tr>
<tr><td>松开 MCU 侧 U/V/W 三相线</td><td colspan="3">破损□ 变形□ 老化□
松动□ 泄漏□ 正常□</td><td>调整□ 维修□ 更换□</td></tr>
<tr><td>松开 MCU 侧分线盒至 MCU 高压线束</td><td colspan="3">破损□ 变形□ 老化□
松动□ 泄漏□ 正常□</td><td>调整□ 维修□ 更换□</td></tr>
<tr><td colspan="5">5.检测电机绝缘阻值</td></tr>
<tr><td>作业项目</td><td colspan="3">作业情况</td><td>判定</td></tr>
<tr><td>检测 U 相与电机壳体</td><td colspan="3">标准： 实测：</td><td>异常□ 正常□</td></tr>
<tr><td>检测 V 相与电机壳体</td><td colspan="3">标准： 实测：</td><td>异常□ 正常□</td></tr>
<tr><td>检测 W 相与电机壳体</td><td colspan="3">标准： 实测：</td><td>异常□ 正常□</td></tr>
<tr><td>直流母线正极与屏蔽层</td><td colspan="3">标准： 实测：</td><td>异常□ 正常□</td></tr>
<tr><td>直流母线负极与屏蔽层</td><td colspan="3">标准： 实测：</td><td>异常□ 正常□</td></tr>
<tr><td colspan="5">6.安装复原</td></tr>
<tr><td rowspan="2">作业项目</td><td colspan="3">作业情况</td><td rowspan="2">判定</td></tr>
<tr><td>螺栓规格</td><td>力矩标准</td><td>执行情况</td></tr>
<tr><td rowspan="2">连接三相线并紧固</td><td>M6×16</td><td></td><td>已执行□
否□</td><td rowspan="2">异常□ 正常□</td></tr>
<tr><td>M8×16</td><td></td><td>已执行□
否□</td></tr>
<tr><td rowspan="2">连接 MCU 侧分线盒至 MCU 高压线束</td><td>M6×16</td><td></td><td>已执行□
否□</td><td rowspan="2">异常□ 正常□</td></tr>
<tr><td>M8×16</td><td></td><td>已执行□
否□</td></tr>
<tr><td>安装电机控制器上盖</td><td>M4×12</td><td></td><td>已执行□
否□</td><td>异常□ 正常□</td></tr>
<tr><td>连接高压分线盒侧线束插头</td><td colspan="3">已执行□ 否□</td><td>异常□ 正常□</td></tr>
</table>

续表

连接高压分线盒侧直流母线	已执行□　否□	异常□　正常□
连接蓄电池负极线缆	已执行□　否□	异常□　正常□
车辆上电检查确认	已执行□　否□	异常□　正常□

七、职业素养

驱动电机绝缘检测		实习日期：	
姓名：	班级：	学号：	教师签名：
自评：□熟练 □不熟练	互评：□熟练 □不熟练	师评：□合格 □不合格	
日期：	日期：	日期：	

驱动电机绝缘故障　【评分细则】

序号	评分项	得分条件	分值	评分要求	自评	互评	师评
1	安全/7S/态度	□1.能进行工位 7S 操作 □2.能进行设备和工具安全检查 □3.能进行车辆安全防护操作 □4.能进行人员高压安全防护操作 □5.能进行“三不落地”操作	15	未完成一项扣 3 分，扣分不得超过 15 分	□熟练 □不熟练	□熟练 □不熟练	□合格 □不合格
2	专业技能能力	□1.能正确检查车辆的基本状态 □2.能正确拆解设备 □3.能正确运用测量设备 □4.能正确分析设备原理 □5.能正确制定测量流程 □6.能正确找到被测点 □7.能快速完成各点的测量 □8.能正确汇总各测量点的直接阻值 □9.能正确安装设备 □10.能合理提出测量建议	50	未完成一项扣 5 分，扣分不得超过 50 分	□熟练 □不熟练	□熟练 □不熟练	□合格 □不合格
3	工具及设备使用能力	□1.能正确使用维修工具 □2.能正确使用万用表等诊断设备	10	未完成一项扣 5 分，扣分不得超过 10 分	□熟练 □不熟练	□熟练 □不熟练	□合格 □不合格

续表

4	资料及信息查询能力	□1.能正确查询车辆信息 □2.能正确使用维修手册查询资料 □3.能正确记录查询资料的章节及页码 □4.能正确记录检查状态信息	10	未完成一项扣 2.5 分,扣分不得超过 10 分	□熟练 □不熟练	□熟练 □不熟练	□合格 □不合格
5	数据判断和分析能力	□1.能判断各触点万用表阻值是否正确 □2.能正确使用万用表测量阻值	10	未完成一项扣 5 分,扣分不得超过 10 分	□熟练 □不熟练	□熟练 □不熟练	□合格 □不合格
6	表单填写及报告撰写能力	□1.字迹清晰 □2.语句通顺 □3.无错别字 □4.无涂改 □5.无抄袭	5	未完成一项扣 1 分,扣分不得超过 5 分	□熟练 □不熟练	□熟练 □不熟练	□合格 □不合格
总分:							

八、实训总结

自我反思	
自我评价	

任务三　电机控制系统组成与唤醒

【任务描述】

店里来了一辆吉利 EV450 电动汽车，车辆能够正常上高压电和行驶；关闭点火开关，汽车无法充电，且充电口红色故障灯亮。作为一名新能源汽车维修技工，应正确使用诊断仪、示波器、万用表等检测工具，依据维修手册及相关资料排除故障，并准确填写诊断报告；按照 7S 操作规范整理场地，经检验合格后，将诊断报告和钥匙交付前台。

【任务目标】

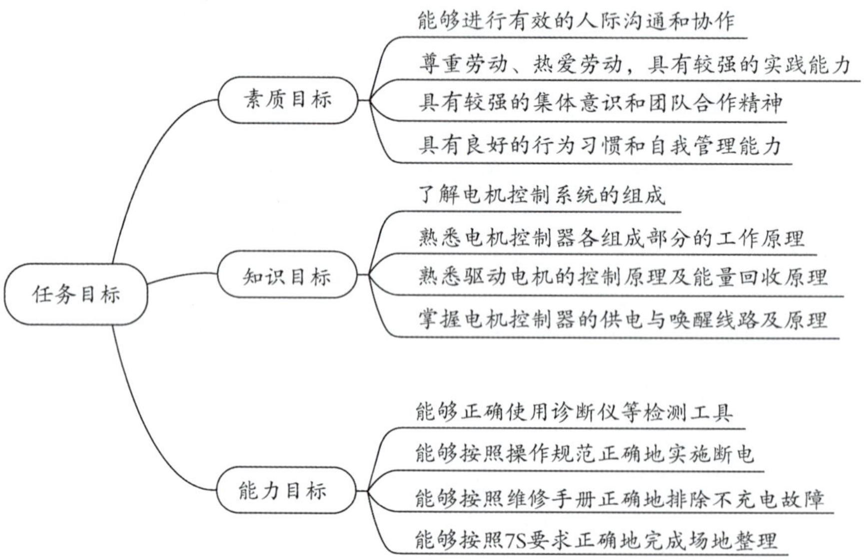

【知识储备】

一、电机控制系统的组成

电机控制系统是电动汽车的三大核心部件之一，是车辆行驶的主要执行机构，其特性决定了车辆的主要性能指标，直接影响车辆的动力性、经济性和用户驾乘感受。电机控制系统一般由电机控制器、驱动电机、高压配电设备、高低压线束和相关传感器等组成。

以吉利帝豪 EV450 为例，电机控制系统的总体组成框图如图 3-28 所示，主要包括主控单元、智能功率模块、电流传感器、DC/DC 转换器等部分。

1.主控单元

主控单元通过 P-CAN 总线建立与整车控制器和其他控制器间的通信，其主要功能如下。

电机控制器结构组成

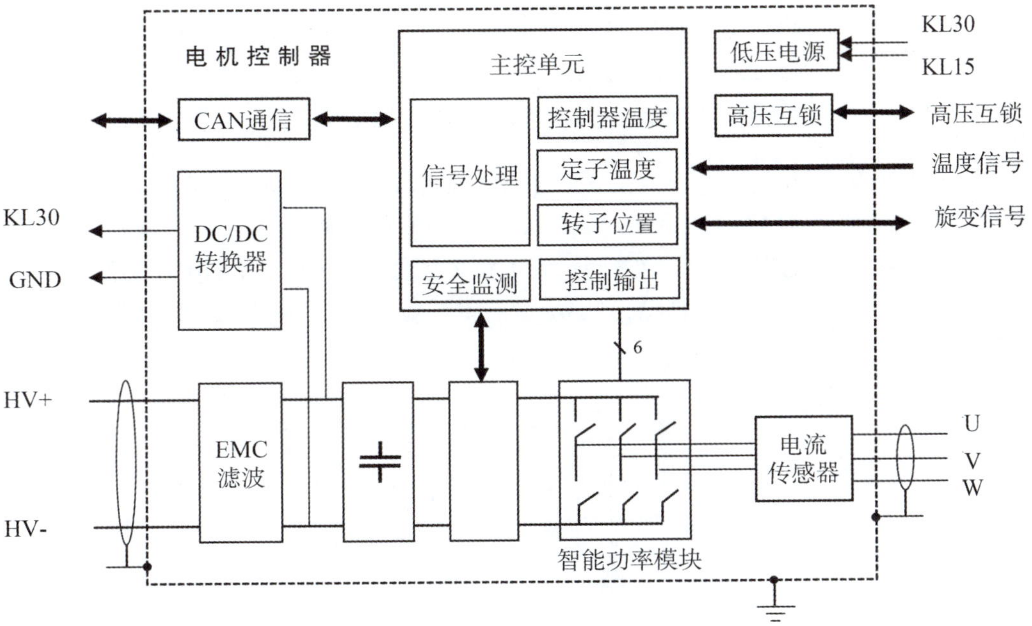

图 3-28　电机控制系统的总体组成框图

(1)信号处理:接收整车控制器发出的各种指令并响应和反馈,生成 U、V、W 三相交流电的 PWM 脉冲控制信号(12 V),通过控制智能控制模块中 IGBT 的导通与截止,实时调整驱动电机的输出,以实现整车的怠速、前行、倒车、加速、减速、能量回收及驻坡等功能。

(2)检测诊断:实时检测电机控制系统的运行参数,如电机温度、控制器温度、旋变信号、高压互锁信号等,并根据运行参数进行诊断分析,当诊断出现异常时,将会激活一个错误代码,通过 P-CAN 总线发送给 VCU。

(3)安全监测:实时检测动力蓄电池直流母线的电压、电流、绝缘电阻等参数,并进行诊断分析,当诊断出现异常时,激活一个错误代码,通过 P-CAN 总线发送给 VCU,保障系统安全运行。

2.DC/DC 转换器

DC/DC 转换器可实现直流高压(动力蓄电池电压)向直流低压(13~14 V)的能量传递。一方面为低压蓄电池(12 V)充电,另一方面为整车的低压电气设备提供电源,如灯光、仪表、雨刮、音响等。

DC/DC 电压变换的工作原理如图 3-29 所示,由开关 S、续流二极管 D、储能电感 L 及

滤波电容 C 等构成，其工作过程是通过调整开关 S 闭合与断开的时间(即 PWM 脉冲占空比)，控制输出电压的大小。

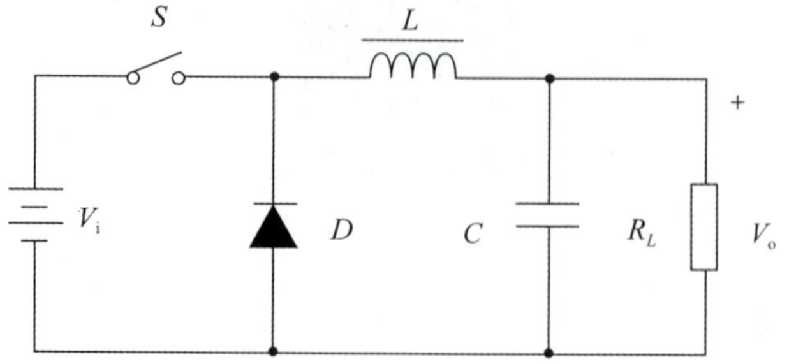

图 3-29　DC/DC 电压变换工作原理

当开关闭合时，电源通过开关 S、电感 L 给负载供电，并将电能储存在电感 L 以及电容 C 中，续流二极管 D 截止，如图 3-30 所示。由于电感 L 中的电流不能突变，在开关接通后电流逐渐增大，输出电压不能立刻达到电源电压值，电感 L 两端的电压为 $(V_i - V_o)$，此时电感 L 由电压 $(V_i - V_o)$ 励磁，电感增加的磁通量为 $(V_i - V_o)T_{on}$，其中 T_{on} 为开关 S 闭合时间。

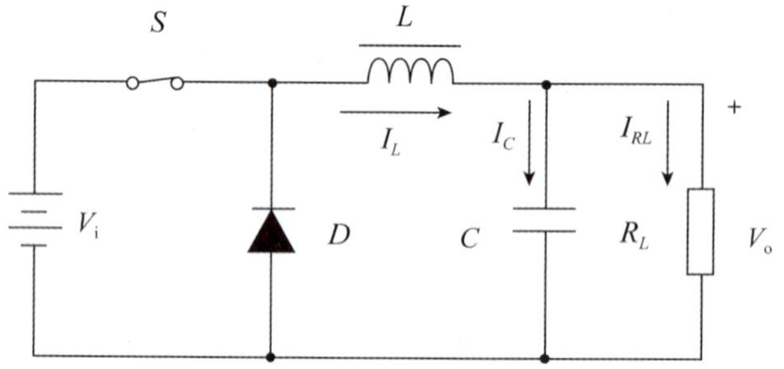

图 3-30　开关 S 闭合时的电流方向

当开关断开时，由于电感 L 中的电流不能突变，电感电流方向保持不变，这时电容处于放电状态，电流方向与开关闭合时相反，负载中的电流也将保持不变。续流二极管 D 正向导通，从而形成闭合回路，开关 S 断开时，电流方向如图 3-31 所示。开关断开时，电感消磁，电感减少的磁通量为 V_oT_{off}，其中 T_{off} 为开关 S 断开时间。

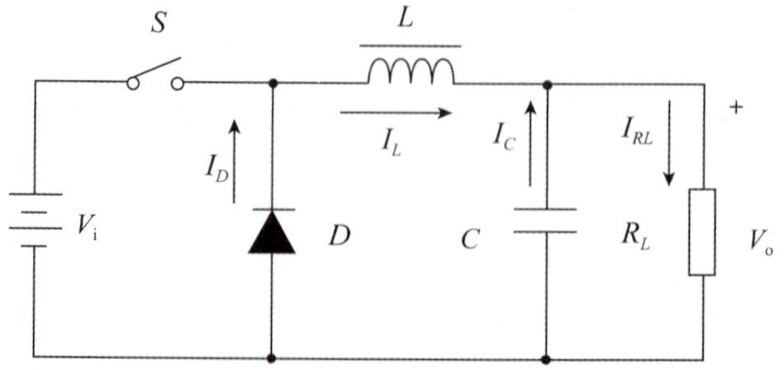

图 3-31　开关 S 断开时的电流方向

DC/DC 正常工作时，根据能量守恒原则，开关闭合状态下线圈增加的磁通量与开关断开状态下线圈减少的磁通量相等，所以有$(V_i-V_o)T_{on}=V_oT_{off}$，即$V_o=T_{on}V_i/(T_{on}+T_{off})=\sigma V_i$，从而实现了从高压直流电压向低压直流电压的转换。其中，$\sigma\leqslant 1$，称为开关 S 的占空比。

3.智能功率模块

智能功率模块又称逆变器，其受主控单元输出的 PWM 脉冲信号控制，由 IGBT 模块将高压直流电转化为 U、V、W 三相高压驱动信号，驱动电机工作。因此，智能功率模块的核心器件是 IGBT。

IGBT 结构原理

（1）IGBT。IGBT 即绝缘栅双极型晶体管，是由双极型晶体管（BJT）和绝缘栅型场效应管（MOS）复合构成的电压驱动型功率半导体器件，如图 3-32 所示，其特点是输入阻抗高、导通压低、载流密度大、开关速度快，广泛应用于变频器、开关电源、照明电路、牵引传动等电子电气领域。IGBT 模块如图 3-33 所示，是由绝缘栅双极型晶体管与续流二极管桥接封装而成，具有安装维修方便、散热稳定等优点。

图 3-32　电压驱动型功率半导体器件

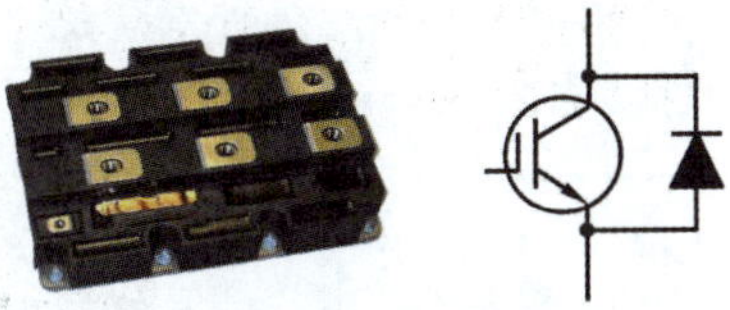

图 3-33　IGBT 模块

IGBT 是电压控制器件，当控制端信号为高电平时，IGBT 处于导通状态，导通电阻约为几毫欧，近似为零。当控制端信号为低电平时，IGBT 处于截止状态，截止电阻为几十至几百兆欧，可以看成无穷大。无论 IGBT 处于导通状态还是截止状态，功耗均近似为零。在控制端脉冲信号的上升沿和下降沿，IGBT 处于截止和导通之间的转换状态，电阻不再是零或无穷大，这时功耗急剧增大。IGBT 的功耗主要产生于脉冲高低电平转换时刻，因此对于电动汽车来说，行驶速度越高，三相交流电的频率越高，电机控制器的发热越厉害。

（2）续流二极管。如果是感性负载，如驱动电机定子线圈，需要为线圈反向连接一个续流二极管。当 IGBT 由导通状态转为截止状态时，其可用来泄放线圈中存储的磁场能。

根据线圈电流与电压的关系 $u=L\frac{\mathrm{d}i}{\mathrm{d}t}$，如果没有续流二极管，那么当 IGBT 由导通状态转为截止状态时，线圈两端会产生非常高的反电动势，导致 IGBT 被反向击穿。线圈反向连接续流二极管后，线圈的反电动势使得续流二极管正向导通并与线圈形成回路，磁场能被续流二极管内阻及线圈电阻消耗。

(3)超级电容。在智能功率模块中，动力蓄电池正负极直流母线之间并联有超级电容，如图 3-34 所示。车辆启动或加速超车时，利用超级电容能够进行大电流放电的特性，可以为驱动电机提供大电流，弥补动力蓄电池不适合大电流放电的不足，从而保持电机电压稳定，提升车辆的动力性能，对动力蓄电池起到一定的保护作用。

超级电容电池的结构与工作原理

超级电容是一个储能元件，为了车辆使用安全，关闭启动开关后需要一个放电回路来泄放超级电容中存储的电能。超级电容及其放电电路如图 3-34 所示。上电时，开关断开；下电时，开关闭合，超级电容通过电阻进行放电，一般可认为 3~5τ 放电结束，其中 $\tau=RC$。因此，执行下高压电操作时，断开低压蓄电池负极后需要一段等待时间来保证超级电容完成放电；同时，需要用万用表检测电机控制器(IPU)侧的动力蓄电池正负极直流母线之间的电压，对超级电容的放电情况进行确认。

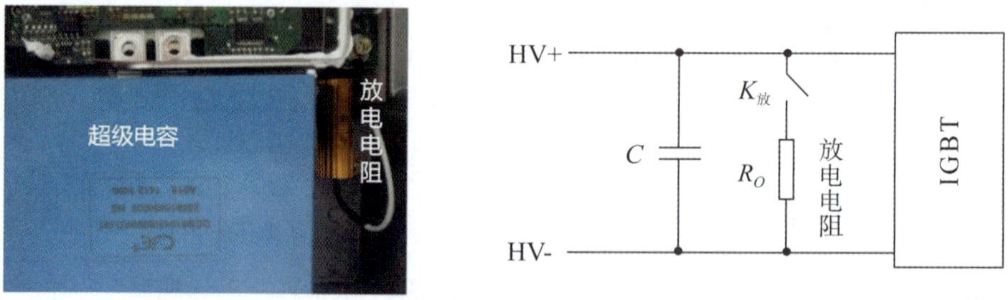

图 3-34　超级电容(左)及其放电电路(右)

(4)上电控制。因为动力蓄电池正负极直流母线之间接有超级电容，所以车辆上电控制中设计有预充电路。电动汽车上电电路如图 3-35 所示。

电容上电压与电流的关系为 $i_c=C\frac{\mathrm{d}u_c}{\mathrm{d}t}$，假如没有预充电阻 R，当动力蓄电池正极接触器 K_+、负极接触器 K_- 闭合时，电容电压变化量 $\mathrm{d}u_c$ 等于动力蓄电池电压，而 K_+、K_- 由断开到闭合的时间变化量 $\mathrm{d}t$ 很短，因此产生很大的上电电流，从而对动力蓄电池产生冲击。

增加预充电路后，上电控制逻辑为：先闭合 K_-，再闭合预充接触器 $K_{预}$，这时动力蓄电池母线电压会经历一个超级电容充电的过程，电压呈逐渐上升趋势，如图3-36所示。当超级电容两端电压上升到动力蓄电池电压的95%时（即充电时间为3τ时的超级电容电压），闭合K_{+}，然后断开$K_{预}$，由此避免了上电电流太大对动力蓄电池造成的冲击。

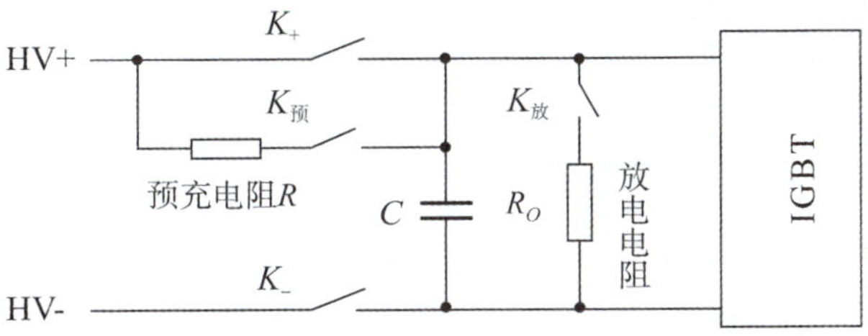

图3-35　电动汽车上电电路

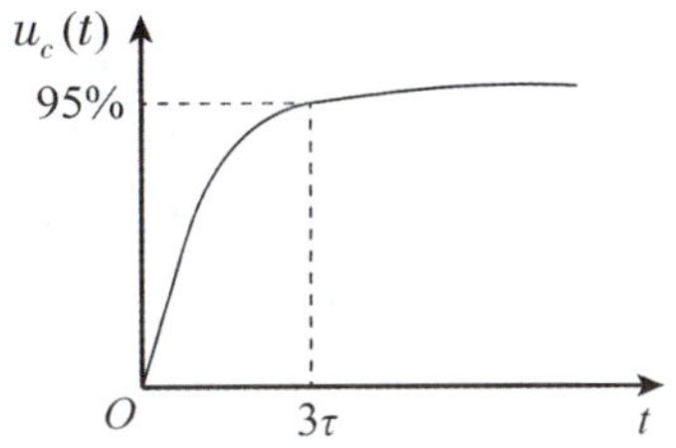

图3-36　电动汽车上电电压变化曲线

4.电流传感器

电流传感器用于在车辆起动、运行、充电等工况下进行电流调节、导通角控制，检测功率变换部件和线路是否存在过流、欠流等故障，以便对相关部件进行控制和保护。常用的电流检测方法有电阻采样法和霍尔传感器法。

（1）电阻采样法。采样电阻又称分流器，电阻采样法利用大功率精密电阻来进行电流采样，通过运放电路输入到检测控制单元，采样电阻及采样电路如图3-37所示。随着精密电阻的发展，温漂越来越小，电阻采样法在汽车工业中的使用比例也越来越大。

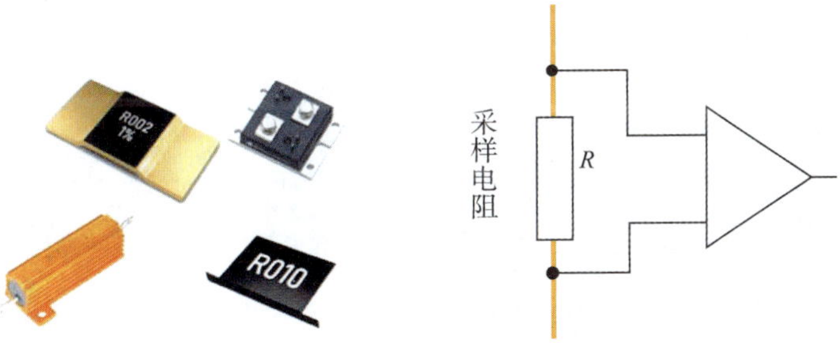

图3-37　采样电阻及采样电路

（2）霍尔传感器法。霍尔传感器法的原理是从霍尔元件控制电流端通入电流I，在霍尔元件平面的法线方向施加磁感应强度为B的磁场，则在垂直于电流I和磁场B方向上，将产生一个电势U_H，称其为霍尔电势，$U_H \propto I \cdot B$，这种现象称为霍尔效应，如图3-38所示。

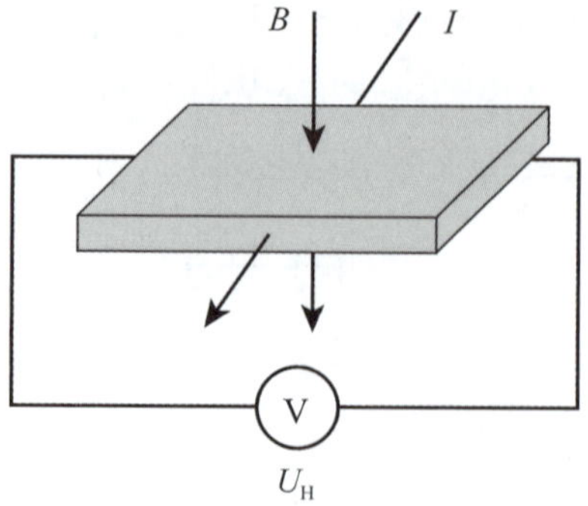

图 3-38　霍尔效应

霍尔传感器的原理如图 3-39 所示，被测量线路电流 I_P 产生的磁场被磁环聚集作用到霍尔元件产生感应电势，驱动功率器件导通，产生补偿电流 I_S 和检测电压。补偿电流 I_S 产生的磁场与被测电流 I_P 产生的磁场相反，抵消了原来的磁场，使霍尔传感器输出逐渐减小。当磁场完全抵消时，I_S 不再增加，这时检测单元通过测量电阻 R_m 的电压得出被测电流大小。

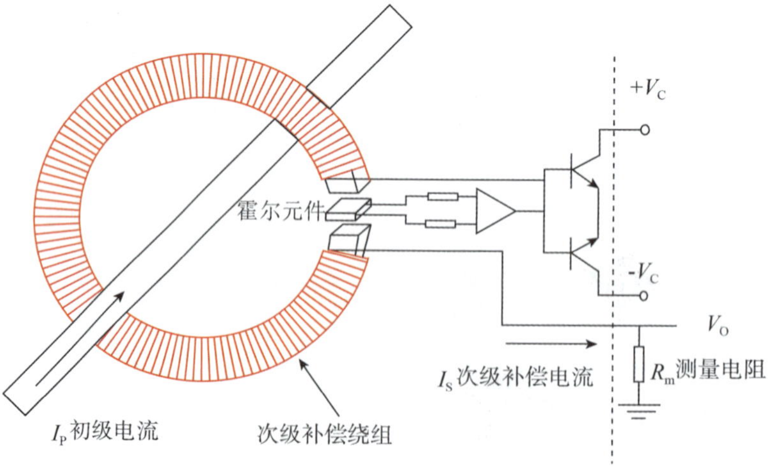

图 3-39　霍尔传感器的原理

霍尔传感器具有能测量大电流、功率耗散小等优点，缺点是测量小电流时要求使用大偏置电压，这会引起误差；易受外部磁场的影响，对静电（ESD）敏感；成本高，体积大。霍尔传感器如图 3-40 所示。

如何选择一种电流检测方式，要根据具体的设计方案来试行，上述两种方法均有其优点和缺点。

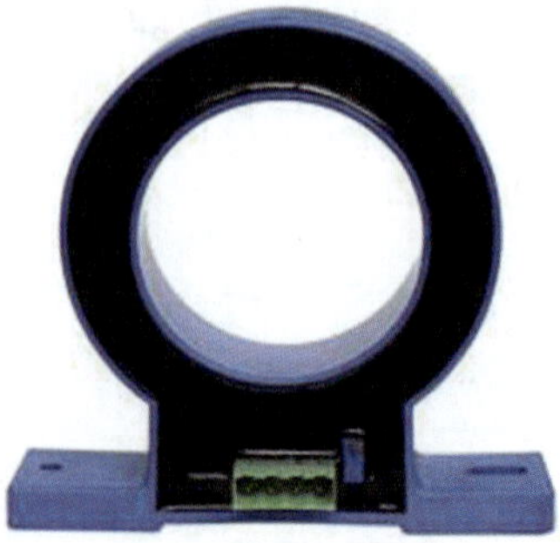

图 3-40　霍尔传感器

二、电机控制系统原理

电机控制系统是整车高压用电的主要设备,其安全性、控制合理性尤为重要。在整车高压上电过程中,VCU 必须查询及接收到电机控制系统性能正常的信息后,才会对高压上电进行控制。如果电机控制系统性能异常,VCU 将启动保护功能,停止高压上电流程,防止发生事故。

1.电机控制系统的工作条件

(1)高压电源输入正常,绝缘电阻满足标准要求,一般大于 20 MΩ。

(2)低压蓄电池电源(12 V)供电正常,不能超出 9~16 V 的电压范围。

(3)与 VCU 通信正常。

(4)电容放电正常。

(5)旋变传感器信号正常。

(6)三相交流输出电路正常,绝缘电阻满足标准要求,一般大于 20 MΩ。

(7)电机及电机控制器温度正常。

(8)电机控制系统的开盖保持开关信号正常。

2.驱动电机控制电路

驱动电机控制电路是将高压直流电转化为驱动电机工作所需要的三相交流电的电路,又称逆变电路,即电机控制系统中的智能功率模块。驱动电机控制电路如图 3-41 所示,其中 IGBT1~IGBT6 是 6 个 MOSFET 功率开关管。

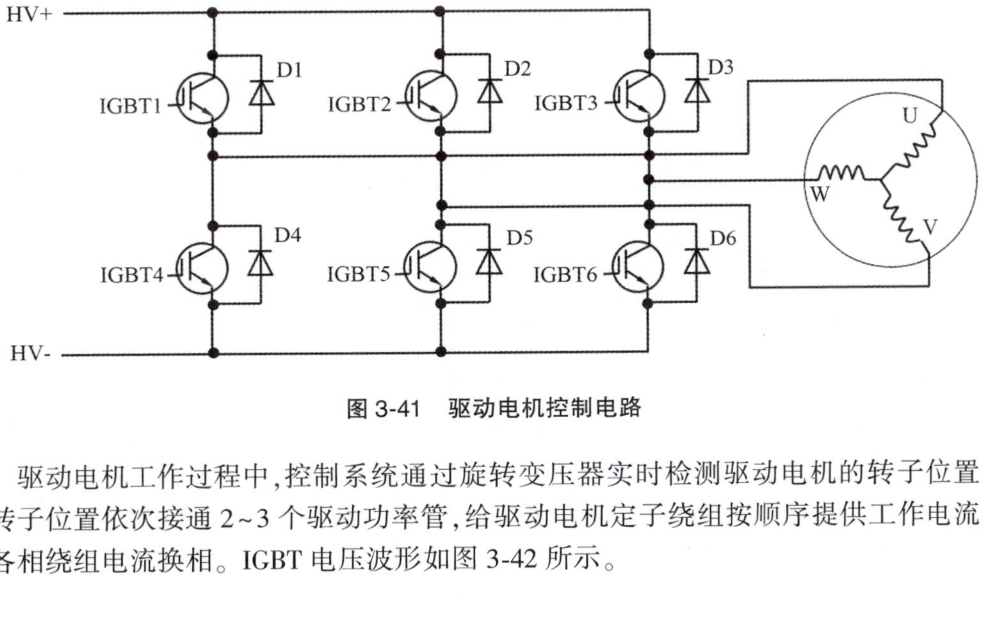

图 3-41　驱动电机控制电路

驱动电机工作过程中,控制系统通过旋转变压器实时检测驱动电机的转子位置,根据转子位置依次接通 2~3 个驱动功率管,给驱动电机定子绕组按顺序提供工作电流,实现各相绕组电流换相。IGBT 电压波形如图 3-42 所示。

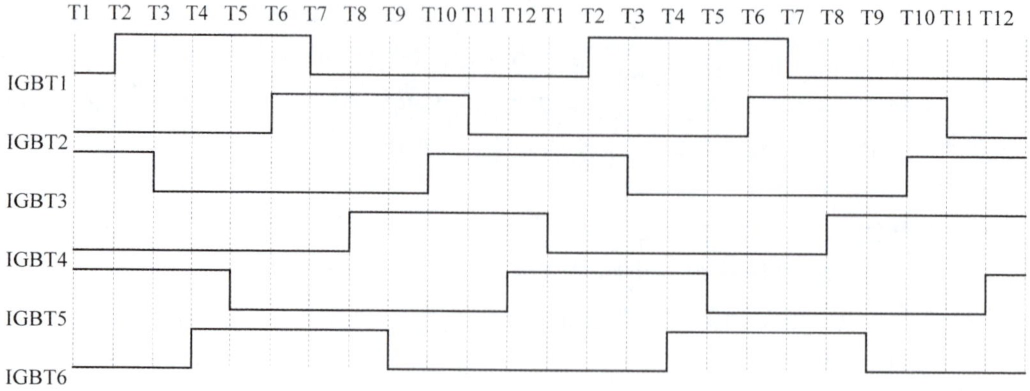

图 3-42　IGBT 电压波形

3.驱动电机控制过程

工作过程中,根据驱动电机转子位置的变化,不同时间段里导通和截止的 IGBT 功率开关管不同,导致流经驱动电机的电流大小及方向不同。由于 IGBT 功率开关管只有导通和截止两种工作状态,因此换相过程中,定子各相绕组在工作气隙内所形成的旋转磁场是跳跃式的,各相绕组电流也是跳跃式的,不同于模拟信号中的正弦交流电,但是总体形状具备正弦交流电的特征。三相定子绕组电流波形如图 3-43 所示,从图中可以看出,U、V、W 三相绕组电流大小相等,相位相差 120°,满足对称性。

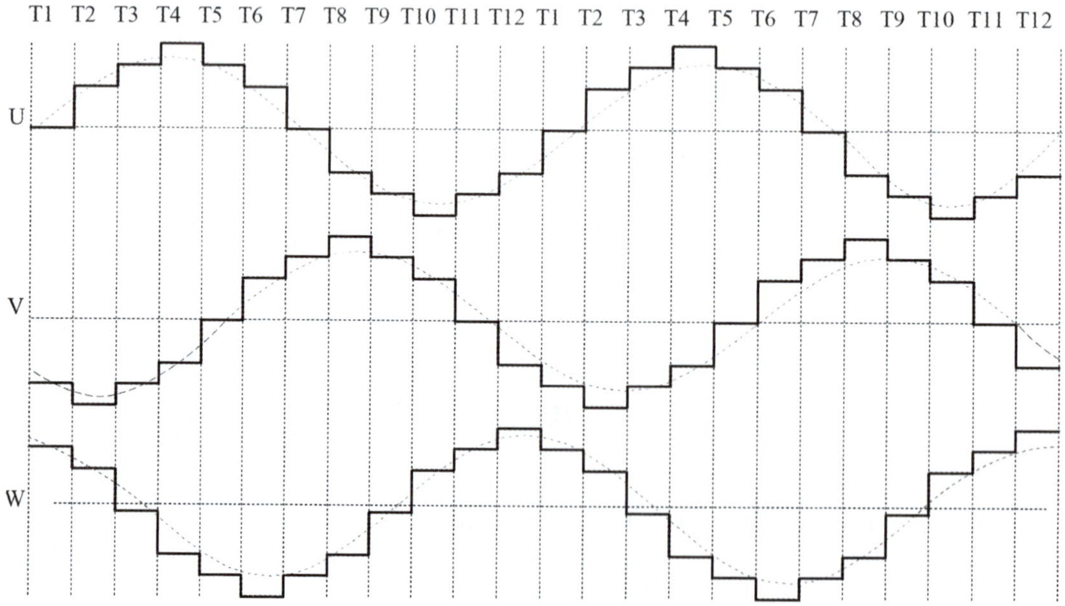

图 3-43　三相定子绕组电流波形

4.制动能量回收

在车辆制动、滑行过程中,电机控制器不再为驱动电机的定子绕组提供三相交流电流。电机转子在车辆行驶惯性的驱动下仍保持旋转,转子上永磁体的磁场切割定子绕组,在定子绕组中产生感应电动势,驱动电机转化为发电机,电机轴上的转矩变成了制动转矩,使电机的转速迅速下降,电机处于再生制动状态。

当驱动电机工作于发电状态时,利用主控单元的控制信号将 IGBT1 ~ ICBT3 关闭,IGBT4 ~ IGBT6 按一定规律进行 PWM 控制。能量回收时 IGBT 控制波形如图 3-44 所示。

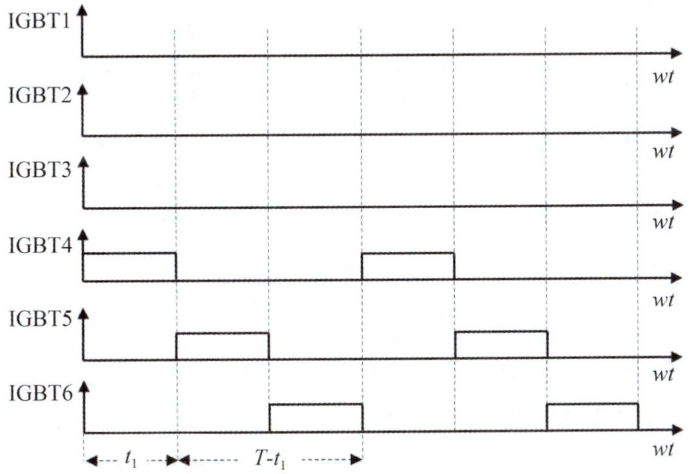

图 3-44 能量回收时 IGBT 控制波形

下半桥的 IGBT4 ~ IGBT6 与上半桥续流二极管构成半控型整流电路。电机再生的电能经续流二极管全波整流后反馈到直流线路,控制器中的超级电容、定子绕组电感形成滤波与泵升电压电路,提升整流后的直流电压,对动力蓄电池进行充电,实现能量回收。为了便于说明问题,在此以 IGBT4 导通和截止时的电流回路为例,取 PWM 的一个脉冲周期 T 进行分析。

(1) IGBT4 导通。IGBT4 导通电流回路如图 3-45 所示,这时,电流流经 U 相→IGBT4→D5→V 相→U 相形成回路,U 相绕组和 V 相绕组进行储能。

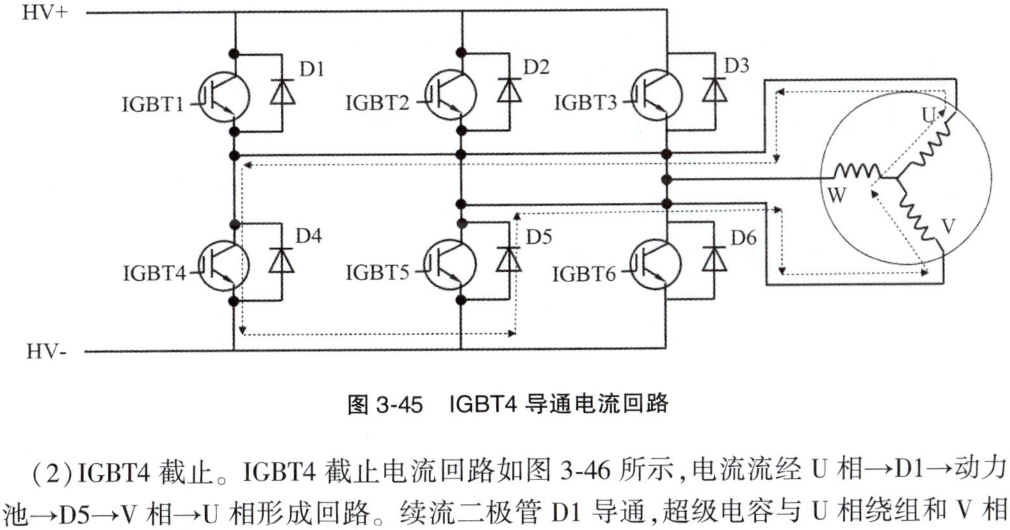

图 3-45 IGBT4 导通电流回路

(2) IGBT4 截止。IGBT4 截止电流回路如图 3-46 所示,电流流经 U 相→D1→动力蓄电池→D5→V 相→U 相形成回路。续流二极管 D1 导通,超级电容与 U 相绕组和 V 相绕组形成滤波与泵升电压电路,并向动力蓄电池进行充电。通过控制 IGBT4 的 PWM 占空比,调整 UAC 电压大小,保证 UAC 电压不超过动力蓄电池允许的最高充电电压。

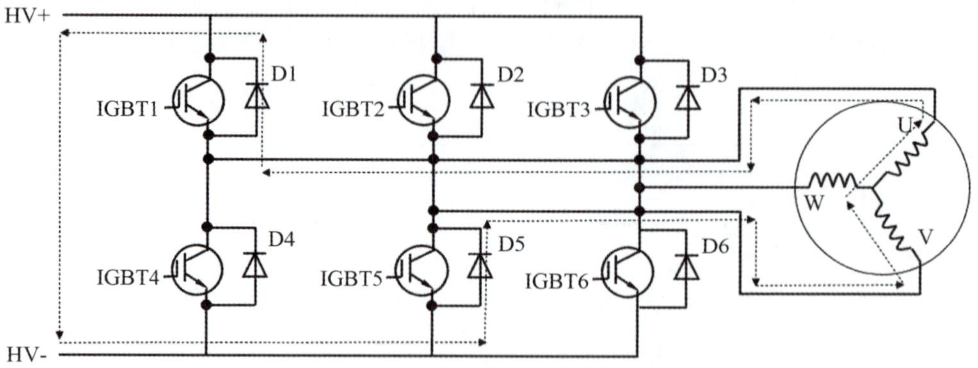

图 3-46　IGBT4 截止电流回路

(3)IGBT5 导通与截止。IGBT5 导通时,电流流经 V 相→IGBT5→D6→W 相→V 相形成回路,V 相绕组和 W 相绕组进行储能。

IGBT5 截止时,电流流经 V 相→D2→动力蓄电池→D6→W 相→V 相形成回路。续流二极管 D2 导通,超级电容与 V 相绕组和 W 相绕组形成滤波与泵升电压电路。

(4)IGBT6 导通与截止。IGBT6 导通时,电流流经 W 相→IGBT6→D4→U 相→W 相形成回路,W 相绕组和 U 相绕组进行储能。

IGBT6 截止时,电流流经 W 相→D3→动力蓄电池→D4→U 相→W 相形成回路。续流二极管 D3 导通,超级电容与 W 相绕组和 U 相绕组形成滤波与泵升电压电路。

5.电机控制系统供电

吉利帝豪 EV450 的电机控制器有两路供电电源:一路为辅助蓄电池正极电源通过保险丝 EF32(7.5 A)接入 IPU 的 BV11/26 端子,为电机控制器提供常火电源,EF32 位于前机舱保险丝继电器盒内;另一路为 IG2 继电器的输出电源通过保险丝 IF18(10 A)接入 IPU 的 BV11/25 端子,为电机控制器提供点火开关电源,IF18 位于室内保险丝继电器盒内。吉利帝豪 EV450 电机控制器供电电路如图 3-47 所示。

吉利 EV 系列电动汽车的电机控制系统 IPU 集成了 MCU 与 DC/DC 转换器,DC/DC 转换器与 MCU 既要参与打开点火开关后的工作及 CAN 通信,还要满足车辆关闭点火开关进行充电时,DC/DC 转换器与 MCU 工作及 CAN 通信的需求,+B 电源的作用就是保证在这两个状态下 IPU 能正常启动和 CAN 通信。如果+B 电源出现故障,将导致 IPU 启动及 CAN 通信失败,致使整车高压上电失败。

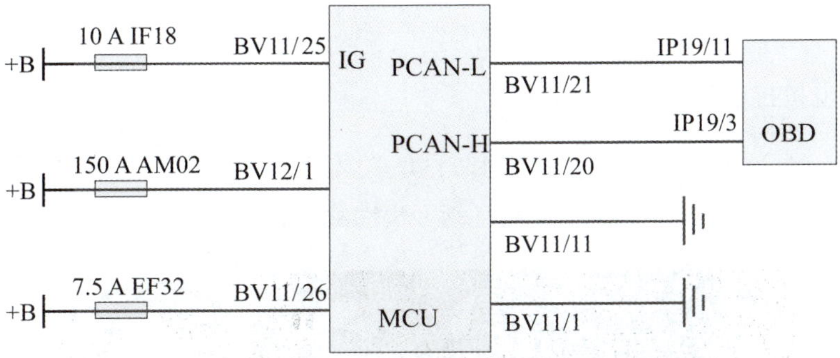

图 3-47　吉利帝豪 EV450 电机控制器供电电路

6.电机控制系统唤醒

车辆在充电过程中禁止移动,连接充电枪后,OBC 启动充电模式并唤醒总线,VCU 被总线唤醒并启动充电模式后,通过专用导线(即 CA66/16 端子)发送幅值为+B 的"Wake up"信号至 IPU 的 BV11/14 端子,IPU 接收到"Wake up"信号后将起动驱动电机禁行模式,并通过 P-CAN 总线将禁行信号发送至 OBC 及 VCU,OBC 和 VCU 接收到驱动电机已被禁行的信号后,才能起动充电模式。如果该禁行信号或禁行信号传输线路出现异常,将导致车辆无法充电,充电口红色故障指示灯被 OBC 激活点亮。IPU 唤醒控制线路的原理图如图 3-48 所示。

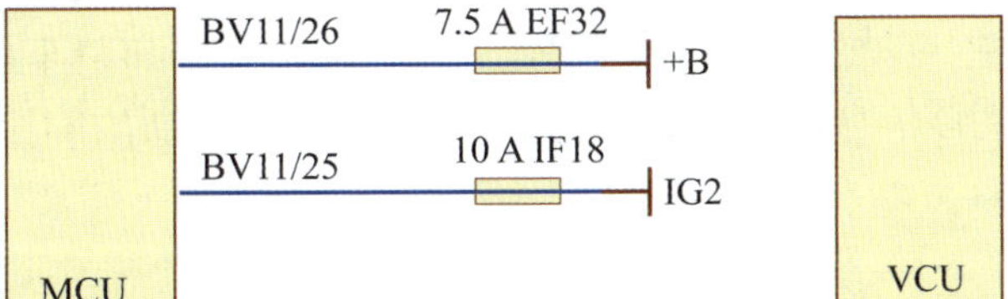

图 3-48　IPU 唤醒控制线路的原理图

当打开点火开关至 ON 挡或连接充电枪时,VCU 通过 CA66/16 端子输出+B 信号至 IPU 的 BV11/14 端子,IPU 检测到此端子上的+B 信号后,激活唤醒。此信号对于 IPU 有两个作用:

(1)打开点火开关至 ON 挡时,IPU 检测到此信号,同时通过 BV11/25 端子检测到点火开关的 IG 信号,MCU 判定点火开关已打开,车辆进入起动运行状态信号,IPU 进入车辆起动运行模式。

(2)连接充电枪至车辆充电口,OBC 和 VCU 启动充电模式,VCU 通过 CA66/16 端子输出+B 电压信号,IPU 检测此信号,如果由于点火开关关闭,IPU 端子 BV11/25 电压为 0 V, IPU 根据这两个信号判定此时点火开关没有打开,于是车辆进入充电模式,IPU 起动车辆禁止运行模式,车辆行驶功能受到限制。

三、案例教学

【案例】电机控制器充电唤醒故障

客户描述：车辆能够正常上高压电和行驶；关闭点火开关后无法充电，且充电口红色故障灯亮，如图 3-49 所示；将点火开关打到 ON 挡能够正常充电。

图 3-49 案例中车辆的仪表信息

1.现象分析

车辆能够正常上高压电和行驶，说明动力蓄电池状态与电池管理系统、驱动电机与电机控制器、整车控制器、CAN 通信线路、高压互锁、高压绝缘、DC/DC 控制、动力合成箱控制器（TCU）、电子稳定控制系统（ESC）、电子驻车系统（EPB）、电子变速杆等检测正常。打开点火开关能够正常充电，说明充电枪连接、车载充电机及通信均正常。

但从车辆使用安全的方面考虑，车辆充电过程中应禁止车辆移动，即电机控制器需要启动禁行模式，并把启动禁行模式信息发送给车载充电机和整车控制器，车载充电机和整车控制器接收到该信息后才能启动充电。因此，初步判断故障原因为电机控制器充电唤醒线路存在故障。

2.原理简介

电机控制器唤醒控制线路如图 3-50 所示。

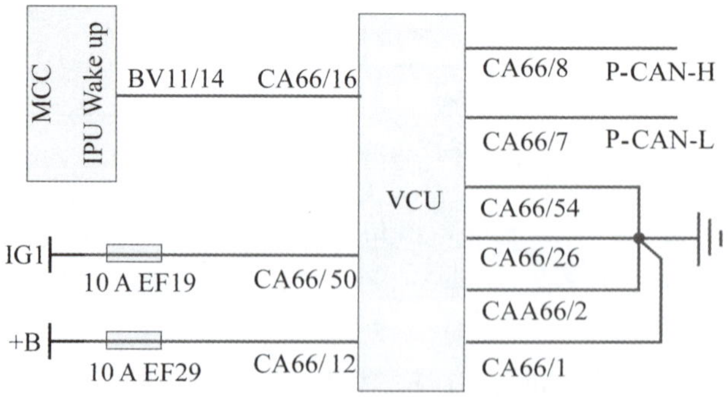

图 3-50 电机控制器唤醒控制线路

连接充电枪后，车载充电机启动充电模式，并唤醒 P-CAN 总线。P-CAN 总线唤醒整车控制器，接收充电模式。从使用安全的角度来说，充电过程中需要禁止车辆移动，这时车辆尚不能充电。整车控制器通过 IPU Wake up 线路唤醒电机控制器，电机控制器启动禁行模式，并通过 P-CAN 发送到车载充电机和整车控制器，车载充电机和整车控制器接收禁行信号后启动充电模式。如果禁行信号或禁行信号线路出现故障，在关闭点火开关进行充电时，电机控制器无法被唤醒，也就无法发送禁行模式，导致车辆无法充电，充电口红色故障指示灯被车载充电机激活。

3.故障诊断过程

(1)连接诊断仪。连接诊断仪到OBD接口，踩制动踏板并保持，打开点火开关，使用诊断仪与VCU、OBC、IPU、BMS等部件通信，均没有故障码。因此，可能的故障为电机控制器唤醒线路故障。

(2)电机控制器唤醒线路检测：①操作启动开关使电源模式至OFF状态；②断开蓄电池负极电缆；③断开电机控制器线束连接器BV11；④断开整车控制器线束连接器CA66；⑤从线束端用万用表测量，按照表3-5所示进行IPU Wake up线束检测。

表3-5 IPU Wake up线束检测

测量位置A	测量位置B	物理量	标准值	检测目的
BV11/14	CA66/16	电阻	标准电阻：<1 Ω	唤醒线路是否正常
BV11/14	车身接地	电阻	标准电阻：>10 kΩ	唤醒线路与打铁之间是否正常

(3)确认测量值是否符合标准，如果不符合标准，则维修或更换线束；如果符合标准，则进一步查找其他原因。

4.故障机理

线路故障导致整车控制器无法通过IPU Wake up线路唤醒电机控制器，电机控制器无法启动禁行模式，导致车载充电机和整车控制器接收不到充电禁行信号，故车辆无法充电。

工作手册　电机控制器充电唤醒故障

【任务描述】

一辆吉利EV450电动汽车，车辆能够正常上高压电和行驶；关闭点火开关无法充电，且充电口红色故障灯亮。作为一名新能源汽车维修技工，应正确使用诊断仪、示波器、万用表等检测工具，依据维修手册及相关资料排除故障，并准确填写诊断报告；按照7S操作规范整理场地，经检验合格后，将诊断报告和钥匙交付前台。

一、任务目的

通过实践训练，学生应该能够借助维修手册，掌握车辆电机控制器充电唤醒分析、检测和故障诊断的方法；能够正确使用诊断仪、示波器、万用表等检测工具，依据维修手册及相关资料实施故障检测、诊断，并准确填写诊断报告；按照7S操作规范整理场地。

电机控制器充电唤醒-1

电机控制器充电唤醒-2

二、技能要求

1.正确使用诊断仪、示波器、绝缘测试仪等检测仪器。

2.能够按照维修手册正确检测、排除电机控制器的充电唤醒故障。

3.能够正确查阅维修资料，识读和分析线路原理图。

4.能够依据故障现象、故障代码等分析故障形成机理。

5.依据职业操作规范要求，正确进行 7S 管理和操作。

三、安全事项

1.确保学员完全在教师的指导下，在授权的范围内进行操作。

2.绝不可以在不穿戴安全防护用品的前提下，接触任何车辆的高压电部件。

3.学员应充分了解其职责范围，绝不擅自对高压电部件进行任何拆装调整。

4.对高压电动车辆进行功能操作时，必须在确保车辆与场地的安全状态后进行。

5.高压电车辆在脱离教师监控时必须全车落锁，驶离举升工位并由教师妥善保管钥匙。

6.在任何时候都要注意自身的人身安全防护。

7.车辆不可举升过高，举升到需要的高度时，要确认保险锁销到位。

8.工作中及完成任务后应遵守实训场地的 7S 要求。

四、信息收集

<table>
<tr><td rowspan="2">学习任务单</td><td rowspan="2">电机控制器充电唤醒故障</td><td>班级：</td></tr>
<tr><td>姓名：</td></tr>
<tr><td colspan="3">1.驱动电机控制系统是电动汽车的三大核心部件之一，是车辆行驶的主要执行机构，其特性决定了车辆的主要性能指标，直接影响车辆的动力性、经济性和用户驾乘感受。驱动电机控制系统一般由________、________、________、________和________等组成。
2.驱动电机控制系统的总体组成框图如下图所示，主要包括________、________、________、________、________转换器等部分。</td></tr>
</table>

续表

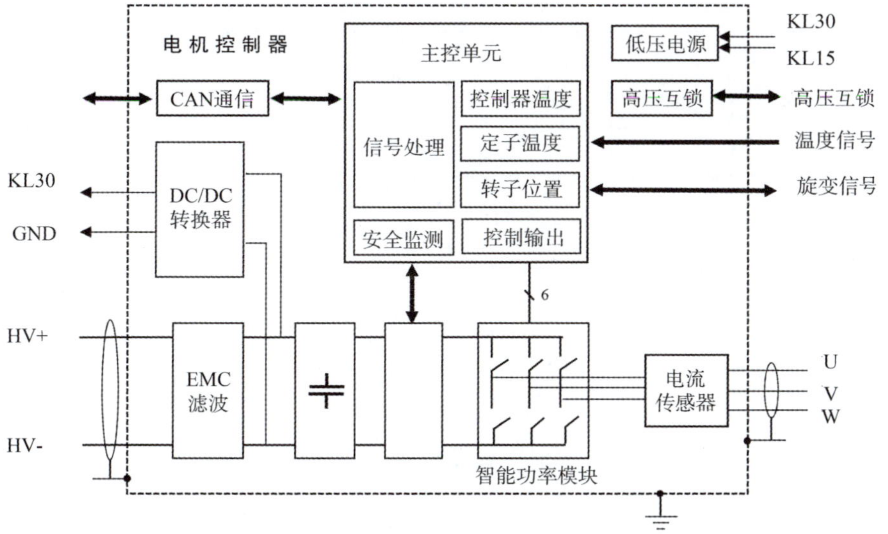

3.主控单元通过________建立与整车控制器和其他控制期间的通信,其主要功能有________、________、________。

4.DC/DC 转换器实现从________向________的能量传递,一方面为低压蓄电池(12 V)充电;另一方面为整车低压电气设备提供电源,如灯光、仪表、雨刮、音响等。

5.智能功率模块又称________,接受主控单元输出的________信号控制,由 IGBT 模块将________转化为________驱动信号,驱动电机工作。

6.下图是 IPU 唤醒控制线路,在充电过程中,VCU 通过端子________发送幅值为+B 的________信号至 IPU,IPU 接收到________信号后将启动________模式,并通过________将________发送至 OBC 及 VCU,OBC 和 VCU 接收到该信号后,才能启动充电模式。如果该信号及其传输线路出现异常,将导致车辆无法充电,充电口红色故障指示灯被 OBC 激活点亮。

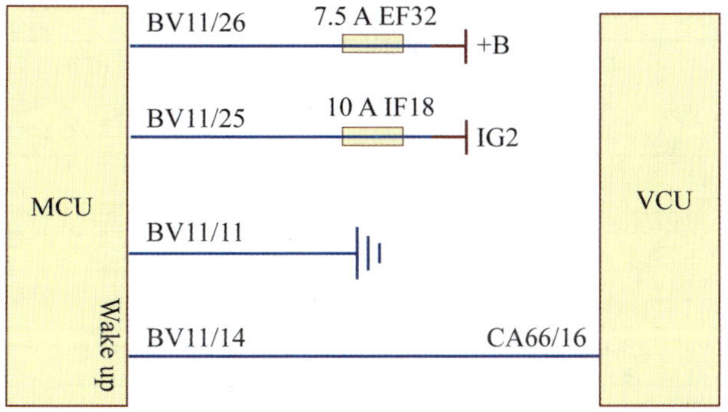

五、制订计划

1.作业计划

序号	作业项目	操作要点

2.设备清单

序号	设备名称	规格型号	数量
计划审核	审核意见： 年　　月　　日　签字：		

六、任务实施

工作任务单	电机控制器充电唤醒故障	班级：
		姓名：

1.车辆信息记录

品牌		整车型号		生产年月	
电机型号		动力电池容量		行驶里程	
车辆识别码					

2.车辆基本检查

检查项目	检查情况	
辅助蓄电池电压		异常□　正常□
高压部件安装及连接器连接情况		异常□　正常□

续表

膨胀水箱液位			异常□　正常□
3.故障现象判定			
诊断项目	诊断内容		
确认故障现象			
4.读取与本故障相关的主要故障代码			
诊断项目	诊断内容		
相关故障代码描述			
5.分析故障范围			
诊断项目	诊断内容		
故障范围描述			
6.故障诊断过程记录			
步骤	诊断对象及检测项目	测量结果分析	
7.故障诊断结论			
确认故障点			

续表

故障机理分析	
提出维修建议	

七、职业素养

<table>
<tr><td colspan="2">电机控制器充电唤醒故障</td><td colspan="2">实习日期：</td></tr>
<tr><td>姓名：</td><td>班级：</td><td>学号：</td><td rowspan="3">教师签名：</td></tr>
<tr><td>自评：□熟练 □不熟练</td><td>互评：□熟练 □不熟练</td><td>师评：□合格 □不合格</td></tr>
<tr><td>日期：</td><td>日期：</td><td>日期：</td></tr>
</table>

电机控制器充电唤醒故障 【评分细则】

序号	评分项	得分条件	分值	评分要求	自评	互评	师评
1	安全/7S/态度	□1.能进行工位7S操作 □2.能进行设备和工具安全检查 □3.能进行车辆安全防护操作 □4.能进行人员高压安全防护操作 □5.能进行“三不落地”操作	15	未完成一项扣3分，扣分不得超过15分	□熟练 □不熟练	□熟练 □不熟练	□合格 □不合格
2	专业技能能力	□1.能正确检查车辆的基本状态 □2.能正确检查电机控制器的充电唤醒故障 □3.能正确使用故障检测设备 □4.能正确读取故障码及数据流信息 □5.能正确分析故障原因 □6.能正确制定检测流程 □7.能正确使用检测设备执行检测 □8.能正确找到故障点 □9.能正确分析故障机理 □10.能合理提出维修建议	50	未完成一项扣5分，扣分不得超过50分	□熟练 □不熟练	□熟练 □不熟练	□合格 □不合格

续表

3	工具及设备使用能力	□1.能正确使用维修工具 □2.能正确使用充电装置 □3.能正确使用万用表、诊断仪、示波器等诊断设备 □4.爱惜工具,能做到轻拿轻放	10	未完成一项扣2.5分,扣分不得超过10分	□熟练 □不熟练	□熟练 □不熟练	□合格 □不合格
4	资料及信息查询能力	□1.能正确查询车辆信息 □2.能正确使用维修手册查询资料 □3.能正确记录查询资料的章节及页码 □4.能正确记录检查状态信息	10	未完成一项扣2.5分,扣分不得超过10分	□熟练 □不熟练	□熟练 □不熟练	□合格 □不合格
5	数据判断和分析能力	□1.能判断电机控制器充电唤醒故障仪表状态 □2.能判断仪表指示灯状态 □3.能判断故障代码 □4.能判断数据流 □5.能分析诊断仪器的检测结果	10	未完成一项扣2分,扣分不得超过10分	□熟练 □不熟练	□熟练 □不熟练	□合格 □不合格
6	表单填写及报告撰写能力	□1.字迹清晰 □2.语句通顺 □3.无错别字 □4.无涂改 □5.无抄袭	5	未完成一项扣1分,扣分不得超过5分	□熟练 □不熟练	□熟练 □不熟练	□合格 □不合格
总分:							

八、实训总结

自我反思	
自我评价	

任务四　电驱动系统故障案例

【任务描述】

一辆吉利 EV450 电动汽车,行驶过程中出现以下现象:踩下加速踏板,车辆速度无法上升,仪表出现符号等。作为一名新能源汽车维修技工,应正确使用诊断仪、示波器、万用表等检测工具,依据维修手册及相关资料排除故障,并准确填写诊断报告;按照 7S 操作规范整理场地,经检验合格后,将诊断报告和钥匙交付前台。

【任务目标】

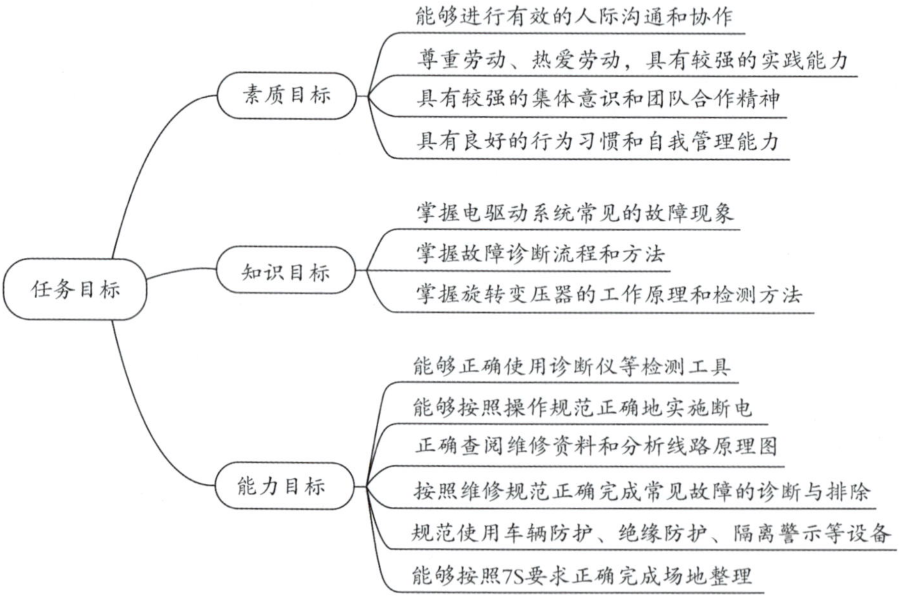

【知识储备】

一、驱动电机系统常见故障现象

以吉利帝豪 EV450 为例,驱动电机系统常见的、稳定的故障现象有以下三种:

故障现象一:踩制动踏板,打开点火开关,“READY”灯正常点亮,挂入 D 挡或 R 挡,松开制动踏板,踩加速踏板,车辆无法正常运行。

故障现象二:踩制动踏板,打开点火开关,“READY”灯无法点亮,并伴有其他故障指示灯。

故障现象三:踩制动踏板,打开点火开关,“READY”灯正常点亮,挂入 D 挡或 R 挡,车辆正常行驶,但关闭点火开关无法正常充电。

二、完成任务的基本要求

1.相关知识

(1)动力蓄电池的认知和检测。

(2)动力蓄电池组的认知和检测。

(3)BMS 的认知和检测。

(4)VCU 的认知和检测。

(5)MCU 的认知和检测。

(6)车辆充电控制系统的认知和检测。

(7)CAN 及 LIN 总线数据通信的认知和检测。

(8)高压互锁线路的结构和原理。

(9)高压系统绝缘的监测和检测。

(10)整车热管理系统的认知和检测。

2.相关技能

(1)绝缘防护以及隔离警示设备、用品的规范使用。

(2)万用表、示波器、诊断仪器、绝缘表等常见设备的使用。

(3)维修资料的查阅,线路原理图的识读和分析。

(4)常见故障的诊断与排除。

(5)7S 管理和操作。

三、案例教学

【案例 1】驱动电机温度传感器故障

客户描述:踩下加速踏板,车辆速度无法上升,仪表出现符号。仪表信息如图3-51所示。

图 3-51　本案例的仪表信息

1.现象分析

踩制动踏板数次后并保持,打开点火开关,仪表上“READY”灯正常点亮;仪表上出现符号,说明驱动电机功率受限;此时可听见机舱内电子水泵的高速运转声,但冷却风扇不运转;挂入 D 挡进行道路测试,车辆最高速度只能达到 6 km/h。

引起限功率行驶的主要原因有:电机温度传感器信号、动力蓄电池 SOC 过低(SOC≤30%)或单体电池电压欠压、MCU 自身故障等。该案例中,不存在动力蓄电池 SOC 过低的问题,动力蓄电池故障指示灯未亮,说明 BMS 电源、通信、内部自检正常,因此可以排除动力蓄电池 SOC 过低(SOC≤30%)或单体电池电压、低压欠压等原因。因此,故障很有可能是电机温度传感器信号、MCU 自身故障等导致的。

2.原理简介

吉利帝豪 EV450 的电机温度检测电路如图 3-52 所示。吉利 EV450 设置了两个温度传感器用来检测电机定子绕组温度。MCU 内部为两个温度传感器提供约+5 V 电源电压,温度检测信号分别从 R1+、R2+反馈到 MCU;R1-、R2-分别为两个传感器的接地信号,在 MCU 内部形成回路。为提高车辆使用的可靠性,如果一个温度传感器出现故障,MCU 将使用另一个温度传感器来取代,以保障车辆的正常使用;如果两个温度传感器都出现故障,将启动整车限功率保护。

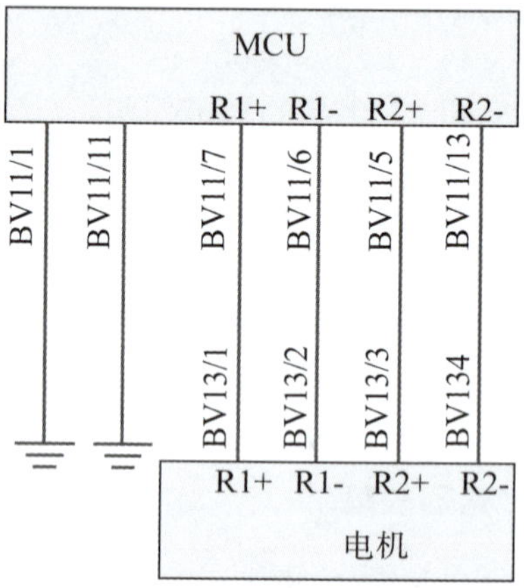

图 3-52　EV450 的电机温度检测电路

正常情况下,测量 R1+、R2+端子与搭铁之间的电压,应该为 0~5 V;测量 R1-、R2-端子与搭铁之间的电压,应该为 0 V;当传感器烧坏或相关线路断路时,测量 R1+、R2+端子与搭铁之间的电压,其电压接近 5 V。

3.故障诊断过程

(1)连接诊断仪。连接诊断仪到 OBD 接口,踩制动踏板并保持,打开点火开关,使用诊断仪与 VCU、MCU 通信,读取故障代码,分别如表 3-6 和表 3-7 所示。

表 3-6　案例 1 的 VCU 故障代码

故障代码	代码说明
P1C3304	电机控制器故障等级 1(降功率)

表 3-7 案例 1 的 MCU 故障代码

故障代码	代码说明
P0A2D00	定子温度最小值小于阈值
P0A2C00	定子温度最大值超过阈值
P0A2B00	定子温度过温

(2)故障代码分析。故障代码不仅将故障指向电机温度传感器,而且说明电机温度传感器输出电压异常。通过诊断仪的数据流查看功能读取电机温度数值,相关数据流见表 3-8,数据流也表明了电机温度异常。因此,可能的故障可以进一步确定为:①电机传感器故障;②电机传感器线路故障;③MCU 自身故障。

表 3-8 案例 1 的相关数据流

名称	数值	单位
母线电压	343	V
滤波后的母线电压	343	V
母线电流	2	A
滤波后的母线电流	2	A
定子温度	<-40	℃

(3)温度传感器检测。吉利帝豪 EV450 的电机温度传感器采用负温度系数传感器,阻值随温度升高而降低。-40 ℃时,正常电阻阻值为(241±20) Ω;20 ℃时,正常电阻阻值为(13.6±0.8) Ω,85 ℃时,正常电阻阻值为(1.6±0.1) Ω。温度传感器检测步骤如下:

①操作启动开关使电源模式至 OFF 状态。

②断开蓄电池负极电缆。

③断开 BV13 接插件,测量温度传感器电阻。

④从插座端用万用表按表 3-9 所示对温度传感器 R1、R2 与车身的连接情况进行测量。

表 3-9 案例 1 的温度传感器 R1、R2 测量参数

测量位置 A	测量位置 B	物理量	标准值	检测目的
BV13/1	车身接地	电阻	标准电阻:>10 kΩ	R1+、R1-与车身之间连接是否正常
BV13/2	车身接地			
BV13/3	车身接地	电阻	标准电阻:>10 kΩ	R2+、R2-与车身之间连接是否正常
BV13/4	车身接地			

根据测量值判断温度传感器 R1 和 R2 是否符合标准,是否在驱动电机内部出现与车身连接故障。如果不符合标准,则更换驱动电机;如果符合标准,则进行传感器线路检测。

(4)温度传感器 R1 线路检测。温度传感器有 R1+、R1-两条信号线,其中 R1-是信

号地线,正常情况下与打铁线连接;R1+是温度传感器的信号输出。温度传感器 R1 线路检测的步骤如下:

①操作启动开关使电源模式至 OFF 状态。

②断开蓄电池负极电缆。

③断开驱动电机线束连接器 BV13。

④断开电机控制器线束连接器 BV11。

⑤从线束端用万用表按表 3-10 所示对温度传感器 R1 的连接线路进行测量。

表 3-10　案例 1 的温度传感器 R1 的测量参数

测量位置 A	测量位置 B	物理量	标准值	检测目的
BV13/1	BV11/7	电阻	标准电阻:<1 Ω	R1+、R1-信号线是否正常
BV13/2	BV11/6			
BV13/1	BV13/2	电阻	标准电阻:>10 kΩ	R1+、R1-之间是否正常
BV13/1	车身接地	电阻	标准电阻:>10 kΩ	R1+、R1-与车身之间是否正常
BV13/2	车身接地			

⑥确认是否符合测量标准,并确定故障点。如果不符合标准,则维修或更换线束;如果测量值符合标准,则对温度传感器 R2 的连接线束进行测量。

(5)温度传感器 R2 线路检测。温度传感器 R2 的信号线与温度传感器 R1 相同,其检测步骤如下:

①操作启动开关使电源模式至 OFF 状态。

②断开蓄电池负极电缆。

③断开驱动电机线束连接器 BV13。

④断开电机控制器线束连接器 BV11。

⑤从线束端用万用表按表 3-11 所示对温度传感器 R2 的连接线路进行测量。

表 3-11　案例 1 的温度传感器 R2 的测量参数

测量位置 A	测量位置 B	物理量	标准值	检测目的
BV13/3	BV11/5	电阻	标准电阻:<1 Ω	R2+、R2-信号线是否正常
BV13/4	BV11/13			
BV13/3	BV13/4	电阻	标准电阻:>10 kΩ	R2+、R2-之间连接是否正常
BV13/3	车身接地	电阻	标准电阻:>10 kΩ	R2+、R2-与车身之间连接是否正常
BV13/4	车身接地			

⑥确认是否符合测量标准,并确定故障点。如果不符合标准,则维修或更换线束;如果测量值符合标准,则更换电机控制器。

4.故障机理

驱动电机温度传感器信号故障导致系统启动保护功能,从而使车辆功率受限。

【案例 2】驱动电机位置传感器故障

客户描述：踩制动踏板并保持，打开点火开关上电启动车辆时，仪表无故障现象，“READY”灯亮，能够上高压电。挂入 D 挡，踩加速踏板，电子驻车制动系统（EPB）解锁正常，但车辆不运行，有时感觉车辆蠕动一下，同时系统故障指示灯亮，“READY”灯熄灭，高压电下电。

然后，关闭点火开关，踩制动踏板并保持，打开点火开关后，“READY”灯无法正常点亮，整车已无法上电，系统故障指示灯亮，蓄电池指示灯亮，仪表再无其他信号显示，挡位无法切换至 D 挡或 R 挡。本案例的仪表信息如图 3-53 所示。

图 3-53　本案例的仪表信息

1.现象分析

结合以上现象分析，第一次打开点火开关可以正常上电，说明动力系统 MCU、VCU、OBC、BMS 内数据信号、高压互锁、动力蓄电池状态、高压绝缘、DC/DC 控制、驱动电机控制等都检测正常。在换挡加速时车辆不运行，或者有时车辆蠕动了一下后马上停止，说明 MCU 已正常对驱动电机进行驱动，驱动电机开始运转，但无法持续。第二次打开点火开关，系统故障指示灯亮，又说明系统存在故障。

综上分析，该故障是发生在驱动电机运转后，因此可能存在以下故障：

（1）驱动电机高压（U、V、W）相线中缺一相。

（2）驱动电机位置传感器正弦或余弦信号线路故障。

由于驱动电机高压（U、V、W）三相出现缺相故障的概率较小，所以首先需要检测和分析电机位置传感器的正弦或余弦信号。

2.原理简介

驱动电机转子位置传感器输出的正弦/余弦信号幅值随驱动电机转子的旋转而变化，如图 3-54 所示。

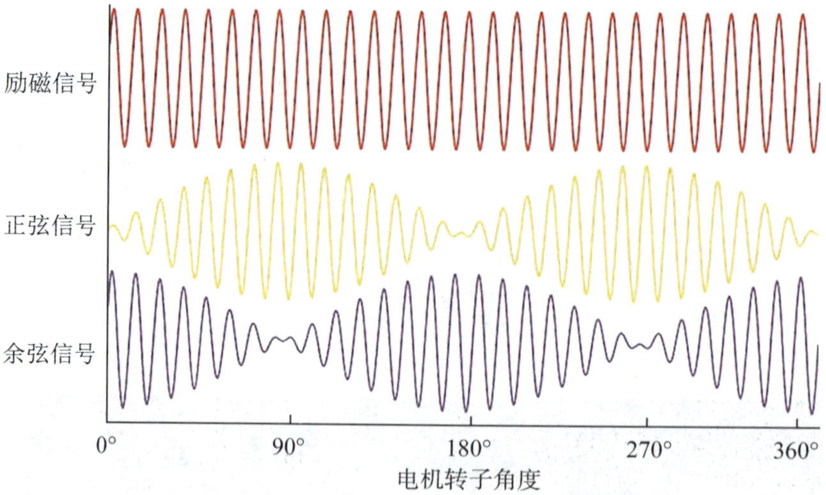

图 3-54　位置传感器的正弦/余弦信号

这个正弦/余弦信号用来精确测量驱动电机的转子转角。MCU 根据正弦/余弦信号幅值的变化确定驱动电机三相交流电的初相位,并根据驾驶需求,对驱动电机进行相应控制。如果正弦/余弦信号异常,MCU 将无法判断当前转子的位置,从而无法控制 IGBT1～IGBT6 的导通时间,致使驱动电机无法运行。驱动电机位置传感器线路原理图如图 3-55 所示。

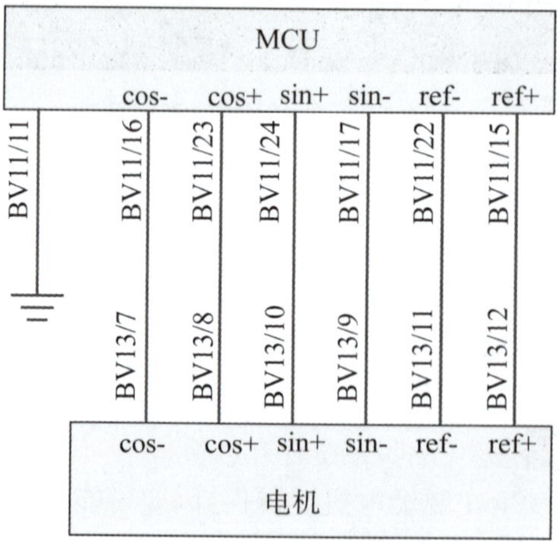

图 3-55　驱动电机位置传感器线路原理图

注意:MCU 在被点火信号唤醒后会进行自检,包含电机位置传感器的励磁、正弦和余弦信号。如果励磁出现故障,正弦和余弦信号都将不会产生,MCU 会同时检测不到正弦和余弦信号,此时会通过 CAN 总线发出 MCU 异常信号,整车高压禁止上电,系统故障指示灯亮,这和当前的现象不符。

3.故障诊断过程

(1)连接诊断仪。连接诊断仪到 OBD 接口,踩制动踏板并保持,打开点火开关,使用诊断仪与 VCU、MCU 通信,读取故障代码,分别如表 3-12 和表 3-13 所示。

表 3-12 案例 2 的 VCU 故障代码

故障代码	代码说明
P1C3404	电机控制器故障等级 2(关闭输出)
P1C5104	IPU 执行关闭命令超时(上下电)

表 3-13 案例 2 的 MCU 故障代码

故障代码	代码说明
P171100	信号失配错误
P0C5200	正弦/余弦输入信号低于电压阈值
P171400	锁相错误

(2)故障代码分析。

P1C3404——电机控制器故障等级 2 (关闭输出):在 VCU 中读取到此故障代码,说明 MCU 内部有严重故障代码,导致 MCU 需要关闭其驱动输出。MCU 启动保护功能且关闭输出后,通过 P-CAN 发送数据至 VCU,告知 VCU 当前 MCU 所处的状态,VCU 接收到此信号后生成故障代码。

P171100——信号失配错误:在 VCU 中读取到此故障代码,说明在车辆上电或运行过程中,MCU 检测到的正弦和余弦信号与自身内部存储的信号不匹配。所谓“信号匹配”,首先要确保励磁信号正常,如果励磁出现异常无信号输出、正弦和余弦输入信号对地短路及线路电阻过大,都将导致正弦和余弦信号过低,MCU 检测到正弦和余弦输入信号与自身内部存储的信号图谱不符,随即产生此故障代码。

P0C5200——正弦/余弦输入信号低于电压阈值。如果励磁线圈无信号输出以及正弦和余弦输入信号对地短路或线路电阻过大,将导致正弦和余弦信号过低,MCU 检测到正弦和余弦输入信号低于自身内部存储的最低信号,随即产生此故障代码。

P171400——锁相错误: MCU 控制驱动电机运转,首先要通过正弦和余弦输入信号判断当前驱动电机的转子位置,从而和内部所存储的位置、转速、电流、电压、温度等图谱比对,然后控制内部 IGBT 的导通与截止,输出三相交流电至驱动电机定子,使电机运转。如果在上电及运行过程中,MCU 接收到的正弦和余弦输入信号都异常,将导致 MCU 无法识别和获知转子位置,即无法确定初始相位顺序,因此无法控制 ICBT 的导通与截止,导致三相电无法输出,随即产生此故障代码。

结合故障现象以及 VCU、MCU 读出的故障代码,说明电机位置传感器的正弦、余弦信号存在故障。

(3)旋转变压器检测。旋转变压器检测的步骤如下：

①操作启动开关使电源模式至 OFF 状态。

②断开蓄电池负极电缆。

③断开车载充电机直流母线。

④断开 BV13 接插件，从插座端用万用表按表 3-14 所示测量旋转变压器的线圈阻值。

表 3-14 案例 2 的旋转变压器线圈阻值测量

测量位置 A	测量位置 B	物理量	标准值	检测目的
BV13/7	BV13/8	电阻	标准电阻：(14.5±1.5) Ω	旋转变压器是否完好
BV13/9	BV13/10		标准电阻：(13.5±1.5) Ω	
BV13/11	BV13/12		标准电阻：(9.5±1.5) Ω	

如果上述测量参数不符合要求，则更换驱动电机或者旋转变压器。如果上述测量参数符合要求，则测量余弦信号、正弦信号、励磁线路是否存在断路、虚接、短路问题。

(4)余弦线圈线路测量。余弦线圈线路测量的步骤如下：

①操作启动开关使电源模式至 OFF 状态。

②断开蓄电池负极电缆。

③断开车载充电机直流母线。

④断开 BV11、B13 接插件，从线束端用万用表按表 3-15 所示测量余弦信号线路是否存在断路、虚接、短路问题。

表 3-15 案例 2 的余弦信号线路测量参数

测量位置 A	测量位置 B	物理量	标准值	检测目的
BV13/7	BV11/16	电阻	标准电阻：<1 Ω	COS+、COS−信号线是否正常
BV13/8	BV11/23			
BV13/7	BV13/8	电阻	标准电阻：>10 kΩ	COS+、COS−之间是否正常
BV13/7	车身接地	电阻	标准电阻：>10 kΩ	COS+、COS−与车身之间是否正常
BV13/8	车身接地			

如果上述测量参数不符合要求，则维修或更换线束。如果上述测量参数符合要求，则测量正弦信号线路是否存在断路、虚接、短路问题。

(5)正弦线圈线路测量。正弦线圈线路测量的步骤如下：

①操作启动开关使电源模式至 OFF 状态。

②断开蓄电池负极电缆。

③断开车载充电机直流母线。

④断开 BV11、B13 接插件，从线束端用万用表按表 3-16 所示测量正弦信号线路是否存在断路、虚接、短路问题。

表 3-16　案例 2 的正弦信号线路测量参数

测量位置 A	测量位置 B	物理量	标准值	检测目的
BV13/10	BV11/24	电阻	标准电阻:<1 Ω	SIN+、SIN-信号线是否正常
BV13/9	BV11/17			
BV13/9	BV13/10	电阻	标准电阻:>10 kΩ	SIN+、SIN-之间是否正常
BV13/9	车身接地	电阻	标准电阻:>10 kΩ	SIN+、SIN-与车身之间是否正常
BV13/10	车身接地			

如果上述测量参数不符合要求,则维修或更换线束。如果上述测量参数符合要求,则测量励磁信号线路是否存在断路、虚接、短路问题。

(6)励磁线圈线路测量。励磁线圈线路测量的步骤如下:

①操作启动开关使电源模式至 OFF 状态。

②断开蓄电池负极电缆。

③断开车载充电机直流母线。

④断开 BV11、B13 接插件,从线束端用万用表按表 3-17 所示测量励磁信号线路是否存在断路、虚接、短路问题。

表 3-17　案例 2 的励磁信号线路测量参数

测量位置 A	测量位置 B	物理量	标准值	检测目的
BV13/11	BV11/22	电阻	标准电阻:<1 Ω	REF+、REF-信号线是否正常
BV13/12	BV11/15			
BV13/11	BV13/12	电阻	标准电阻:>10 kΩ	REF+、REF-之间是否正常
BV13/11	车身接地	电阻	标准电阻:>10 kΩ	REF+、REF-与车身之间是否正常
BV13/12	车身接地			

如果上述测量参数不符合要求,则维修或更换线束。如果上述测量参数符合要求,则更换电机控制器,确认故障是否排除。

4.故障机理

如果励磁信号正常,而正弦和余弦信号有一个异常,由于这时车辆处于静止状态,MCU 可能检测不到存在的故障,因此不会影响车辆高压上电。但如果挂 D 挡或 R 挡运行车辆,由于 MCU 接收不到驱动电机运转时位置传感器返回的正弦或余弦位置信号,因此 MCU 无法对 ICBT 的导通/截止时间进行控制,车辆无法行驶,同时生成和存储故障代码。关闭点火开关后再次打开,MCU 和 VCU 通过第一次电机驱动运行,已经确认正弦和余弦信号异常,且已生成故障代码,因此会启动保护功能,禁止高压上电,系统故障指示灯亮。

【案例 3】 电机控制器供电故障

客户描述：踩制动踏板并保持，打开点火开关上电启动车辆时，“READY”灯不亮，无法上高压电。同时，蓄电池指示灯、系统故障指示灯、电子驻车制动系统（EPB）指示灯、减速器故障指示灯等点亮；挡位能够切换到 N 挡、P 挡，但是无法切换到 D 挡和 R 挡。案例 3 的仪表信息如图 3-56 所示。

图 3-56　案例 3 的仪表信息

1.现象分析

结合以上现象，动力蓄电池故障指示灯未点亮，说明 BMS 电源、通信、内部自检正常；VCU、MCU、ABS、高压互锁、高压绝缘等属于整车系统检测和控制范畴，都会导致系统故障指示灯点亮。仪表右侧故障提醒警告灯、EPB 故障警告灯、减速器故障指示灯点亮，说明驱动系统有故障。其中，驱动系统包含驱动电机及 MCU、TCU、ABS、ESC、EPB、电子变速杆。如果 TCU、ABS 、ESC、EPB、电子变速杆出现故障，将严重影响行车安全，车辆将禁止切换任何挡位，同时保持 P 位，EPB 不会解锁。

该案例的挡位可以切换至 N 位或 P 位，说明 TCU、ABS、ESC、EPB、电子变速杆正常。因此，故障应该为 MCU 故障造成仪表上的故障提醒警告灯、EPB 故障警告灯、减速器故障指示灯点亮，同时导致 VCU、BMS 禁止上高压，DC/DC 转换器禁止启动，仪表上蓄电池指示灯点亮，制动真空泵没有启动工作。因此，这一现象可能由以下一项或多项造成：

（1）MCU 电源供电故障。

（2）MCU 的 P-CAN 通信故障。

（3）MCU 自身故障。

2.原理简介

吉利帝豪 EV450 的电机控制器电源线路如图 3-57 所示。它有两路供电电源：一路为辅助蓄电池正极通过保险丝 EF32（7.5 A）提供常火电源，另一路为 IG2 继电器输出通过保险丝 IF18（10 A）提供点火开关电源。

如果+B 电源出现故障，将导致 MCU 启动及 CAN 通信失败，使整车上高压电失败；如果 IG2 电源出现故障，MCU 通过 P-CAN 接收和判断点火开关状态，同时利用+B 电源作为功率电源供电。

3.故障诊断过程

（1）连接诊断仪。连接诊断仪到 OBD 接口，踩制动踏板并保持，打开点火开关，使用诊断仪与 VCU、MCU 通信。

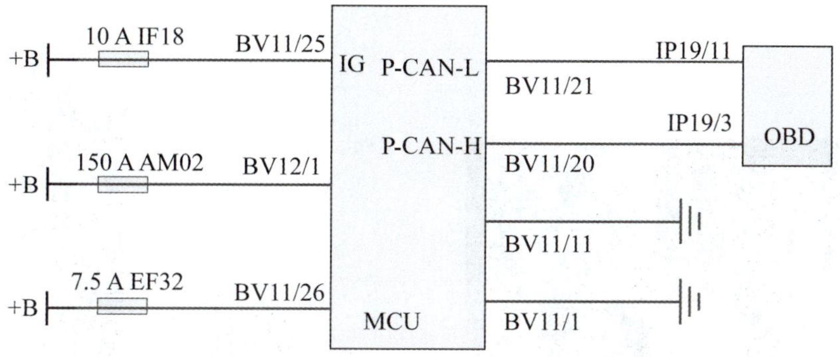

图 3-57 EV450 的电机控制器电源线路

读取 MCU 故障码,诊断仪显示:“测试设备与汽车电脑不能通信! 1.确认点火开关是否打开;2.检查测试主线是否连接好;3.检查车辆电瓶是否有电;4.确认车辆是否配备此系统;5.确认诊断设备上的 VCI 是否是绿勾;6.尝试用 USB 线连接诊断设备和 VCI;7.记录好日志并上传,并详细填写问题说明。”读取 VCU 故障代码,如表 3-18 所示。

(2)故障代码分析。诊断仪和 MCU 无法通信,但与 VCU 通信正常。诊断仪显示“U011087:与电机控制器通信丢失”,说明 MCU 通信异常,可能的故障有:①MCU 供电线路(包括搭铁线路)故障;②MCU 的 P-CAN 总线故障;③MCU 自身故障。

表 3-18 案例 3 的 VCU 故障代码

故障代码	代码说明
U011087	与电机控制器通信丢失
P1C6F04	PCU 3 级故障
P1C3C96	TCS 报故障
P1C4296	车速信号警告故障

“P1C6F04:PCU 3 级故障”和“P1C3C96:TCS 报故障” 进一步证明 MCU 可能出现故障,因为 MCU、TCS、ESC 等属于整车驱动控制系统,如果 MCU 无法通信,则 VCU 判断驱动控制系统条件 MCU 信号缺失,故通过 V-CAN 总线发送故障信号至组合仪表,仪表点亮对应的代表驱动系统性能的故障提醒警告灯、EPB 故障警告灯、减速器故障指示灯。

(3)检查蓄电池电压。检查蓄电池电压的步骤为:

①操作启动开关使电源模式至 OFF 状态。

②用万用表测量蓄电池电压,如图 3-58 所示,标准电压为 11~14 V。

③确认测量值是否符合标准。如果不符合,更换蓄电池或为蓄电池充电;如果蓄电池电压符合标准,则进一步检查 EF32、IF18、AM02 保险丝。

(4)检查保险丝。检查保险丝的步骤如下:

①操作启动开关使电源模式至 OFF 状态。

②用万用表按照表 3-19 中所示的顺序进行保险丝检测,如图 3-59 所示。

图 3-58　测量蓄电池电压

图 3-59　保险丝检测

表 3-19　保险丝检测

保险丝	额定容量	测量条件	物理量	标准值	检测目的
EF32	7.5 A	拔下	电阻	标准电阻：<1 Ω	保险丝是否正常
IF18	10 A				
AM02	150 A				

③确认测量值是否符合标准。如果不符合，更换额定容量的保险丝；如果保险丝符合标准，则进一步检查电机控制器的电源电压。

(5)电机控制器电源线路检测。电机控制器电源线路检测的步骤如下：

①操作启动开关使电源模式至 OFF 状态。

②断开电机控制器线束连接器 BV11。

③操作启动开关使电源模式至 ON 状态。

④从线束端用万用表测量，按照表 3-20 所示进行电机控制器电源线束的检测。

表 3-20　电机控制器电源线束检测

测量位置 A	测量位置 B	物理量	标准值	检测目的
BV11/25	车身接地	电压	标准电压：11～14 V	电源正极线路是否正常
BV11/26	车身接地			
BV11/11	车身接地	电阻	标准电阻：<1 Ω	电源打铁线路是否正常
BV11/1	车身接地			

⑤确认测量值是否符合标准。如果不符合，维修或更换线束；如果测量值符合标准，则进一步检查 DC/DC 转换器与蓄电池之间的线路。

(6)检查 DC/DC 转换器与蓄电池之间的线路。检查 DC/DC 转换器与蓄电池之间的线路的步骤如下：

①操作启动开关使电源模式至 OFF 状态。

②断开蓄电池负极电缆。

③断开电机控制器线束连接器 BV12。

④断开蓄电池正极电缆。

⑤用万用表测量电机控制器线束连接器 BV12 端子 1 和蓄电池正极电缆之间的电阻,标准电阻为小于 1 Ω。

⑥确认测量值是否符合标准。如果不符合,维修或更换线束;如果测量值符合标准,则故障确定为电机控制器损坏,需更换电机控制器。

4.故障机理分析

MCU 电源线路存在故障,造成 MCU 无法启动运行及传输信号,使得 VCU 无法正常接收 MCU 发送的故障、温度等信号;另外,MCU 无法接收 VCU 发送的整车控制指令,VCU 启动整车保护功能,导致整车高压系统不上电。

【案例 4】 电机控制器 P-CAN 通信故障

客户描述:踩制动踏板并保持,打开点火开关上电启动车辆时,“READY”灯不亮,无法上高压电。同时,蓄电池指示灯、系统故障指示灯、电子驻车制动系统(EPB)指示灯、减速器故障指示灯等点亮;挡位能够切换到 N 挡、P 挡,但是无法切换到 D 挡和 R 挡。案例 4 的仪表信息如图 3-60 所示。

图 3-60 案例 4 的仪表信息

1.现象分析

从客户描述可以看出,电机控制器 P-CAN 通信故障与前面案例 3 中的供电故障相同,这可能是由于以下一项或多项造成:

(1)MCU 电源供电故障。

(2)MCU 的 P-CAN 通信故障

(3)MCU 自身故障。

2.原理简介

吉利帝豪 EV450 的电机控制器通信线路如图 3-61 所示。电机控制器通过 P-CAN 对外发送和接收信号,主要连接单元有驾驶模式开关、整车控制器(VCU)、车载充电机(OBC)、电池管理系统(BMS)、动力合成控制器(TCU)、远程监控系统(T-BOX)、驾驶模式开关、诊断接口(OBD)等。

如果电机控制器的 P-CAN 总线发生故障,将导致其无法接收和发送任何信息,导致整车启动保护模式,高压无法上电,车辆不能行驶,这种故障与电机控制器不能工作的影响相同。

3.故障诊断过程

(1)连接诊断仪。连接诊断仪到OBD接口,踩制动踏板并保持,打开点火开关,使用诊断仪与VCU、MCU通信。VCU故障代码以及连接MCU的诊断仪显示与前面案例3的供电故障相同。因此,可能的故障有:

①MCU供电线路(包括搭铁线路)故障。

②MCU的P-CAN总线故障。

③MCU自身故障。

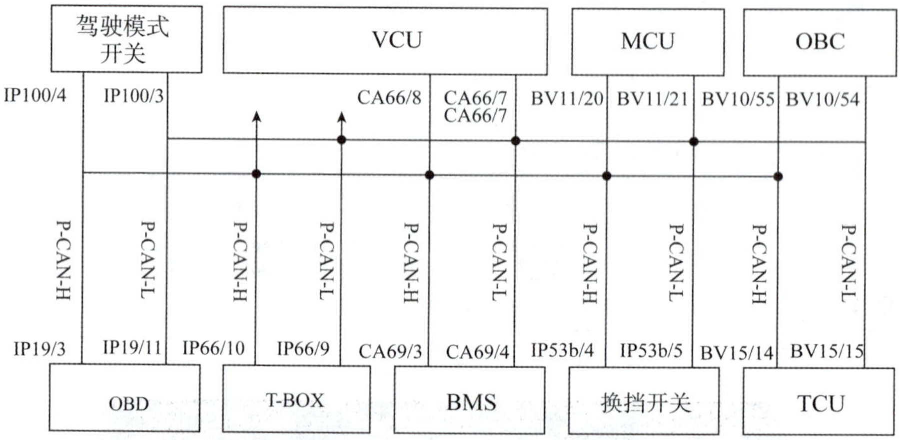

图3-61 吉利EV450的电机控制器通信线路

(2)按照前面案例3的诊断过程对电机控制器的供电电源进行检测,确认故障是否排除;如果故障仍然存在,则检测电机控制器通信线路。

(3)电机控制器通信线路检测的步骤如下:

①操作启动开关使电源模式至OFF状态。

②断开电机控制器线束连接器BV11。

③操作启动开关使电源模式至ON状态。

④从线束端用双踪示波器按照表3-21所示测量电机控制器的P-CAN信号波形。P-CAN标准波形如图3-62所示,电机控制器P-CAN-L的断路波形如图3-63所示。如果波形异常,则进入⑤通过电阻检测进行确认。

表3-21 电机控制器(MCU)P-CAN信号波形

测量位置A	测量位置B	物理量	标准值	检测目的
BV11/20	车身接地	波形	标准值:2.5~3.5 V矩形脉冲	CAN信号是否正常
BV11/21	车身接地		标准值:1.5~2.5 V矩形脉冲	

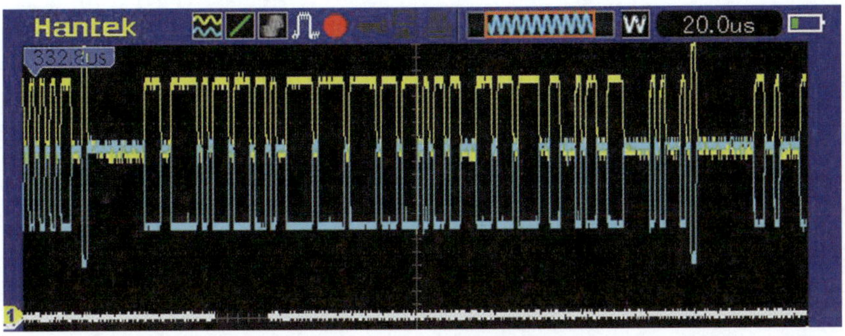

图 3-62　P-CAN 的标准波形

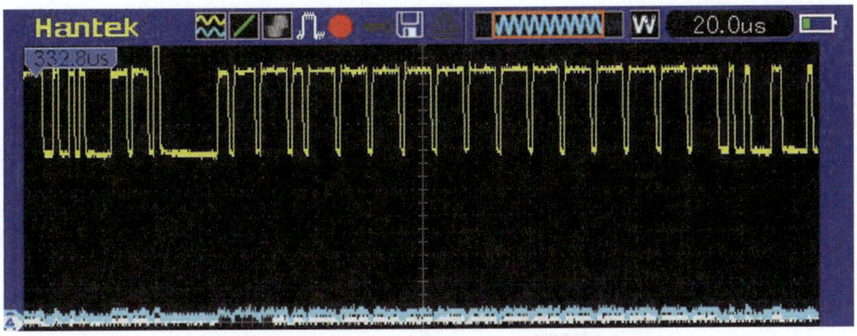

图 3-63　电机控制器 P-CAN-L 的断路波形

⑤操作启动开关使电源模式至 OFF 状态。

⑥从线束端用万用表按照表 3-22 所示测量电机控制器至诊断接口的通信线路。

⑦确认测量值是否符合标准。如果不符合标准，则维修或更换线束；如果符合标准，则进行 P-CAN 网络完整性检测。

表 3-22　电机控制器至诊断接口的通信线路

测量位置 A	测量位置 B	物理量	标准值	检测目的
BV11/20	IP19/3	电阻	标准电阻：<1 Ω	通信线路是否正常
BV11/21	IP19/11			
BV11/21	车身接地	电阻	标准电阻：>10 kΩ	通信线路与搭铁之间是否正常
BV11/20	车身接地			
BV11/21	+B	电阻	标准电阻：>10 kΩ	通信线路与+B 之间是否正常
BV11/20	+B			

（4）P-CAN 网络完整性检测的步骤如下：

①操作启动开关使电源模式至 OFF 状态。

②从线束端用万用表测量终端接口 IP19 的端子 3 和端子 11 之间的电阻值，标准电阻为 55～67.5 Ω。

③确认测量值是否符合标准。如果不符合标准,优先排除 P-CAN 网络不完整故障;如果符合标准,则更换电机控制器。

4.故障机理

电机控制器的 P-CAN 通信线路存在故障,造成其无法启动运行和传输信号,使整车控制器无法正常接收到电机控制器的反馈信息及其运行状态(如启动运行、禁止运行、内部故障信号、IGBT 温度等状态信号),从而无法确认整车控制的工作状态。整车控制器启动整车保护功能,导致整车高压系统不上电。

工作手册1 驱动电机位置传感器故障

【任务描述】

踩制动踏板并保持,打开点火开关上电启动车辆时,仪表无故障现象,“READY”灯亮,能够上高压电。挂入 D 挡,踩加速踏板,电子驻车制动系统解锁正常,但车辆不运行,有时感觉车辆蠕动一下,同时系统故障指示灯亮,“READY”灯熄灭,高压电下电。然后,关闭点火开关,踩制动踏板并保持,打开点火开关后,“READY”灯无法正常点亮,整车已无法上电,系统故障指示灯亮,蓄电池指示灯亮,仪表再无其他信号显示,挡位无法切换至 D 挡或 R 挡。作为一名新能源汽车维修技工,应正确使用诊断仪、示波器、万用表等检测工具,依据维修手册及相关资料排除故障,并准确填写诊断报告;按照 7S 操作规范整理场地,经检验合格后,将诊断报告和钥匙交付前台。

一、任务目的

通过实践训练,学生应该能够借助维修手册,掌握车辆驱动电机位置传感器故障分析、检测和故障诊断的方法;能够正确使用诊断仪、示波器、万用表等检测工具,依据维修手册及相关资料实施故障检测、诊断,并准确填写诊断报告;按照 7S 操作规范整理场地。

二、技能要求

1.正确使用诊断仪、示波器、绝缘测试仪等检测仪器。

2.能够按照维修手册正确地检测、排除驱动电机位置传感器故障。

3.能够正确查阅维修资料，识读和分析线路原理图。

4.能够依据故障现象、故障代码等分析故障形成机理。

5.依据职业操作规范要求，正确进行 7S 管理和操作。

三、安全事项

1.确保学员完全在教师的指导下，在授权的范围内进行操作。

2.绝不可以在不穿戴安全防护用品的前提下，接触任何车辆的高压电部件。

3.学员应充分了解其职责范围，绝不擅自对高压电部件进行任何拆装调整。

4.对高压电动车辆进行功能操作时必须在确保车辆与场地的安全状态后进行。

5.高压电车辆在脱离教师监控时必须全车落锁，驶离举升工位并由教师妥善保管钥匙。

6.在任何时候注意自身的人身安全防护。

7.车辆不可举升过高，举升到需要高度时，要确认保险锁销到位。

8.工作中及完成任务后应遵守实训场地 7S 要求。

四、信息收集

驱动电机位置传感器故障	学习任务单	班级：
		姓名：

1.旋转变压器由____和____两个部分构成。

2.旋转变压器定子由______、______和______构成。

3.旋转变压器励磁绕组信号是________________信号，而正弦和余弦绕组的信号幅值是__________，电机控制器通过检测__________________来计算当前电机转子位置。

4.转子由____________________构成，转子安装在电机的________上，随电机的__________同步旋转。在旋转过程中，通过改变____________实现定子信号的改变。

5.吉利帝豪 EV450 的旋转变压器，正弦绕组阻值为______________，余弦绕组阻值为____________，励磁绕组阻值为________________。

6.下图是吉利 EV450 旋转变压器线路图。在正常情况下，打开点火开关 ON 挡，用示波器检测励磁绕组两端波形为____V 的__________波形，检测正弦绕组和余弦绕组两端波形为______________波形。

续表

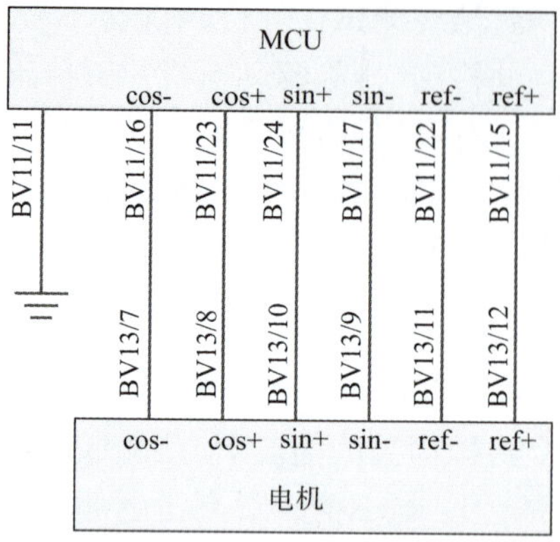

7.如果励磁绕组出现断路,车辆______(能/否)上高压电,仪表上____(是/否)出现系统故障指示灯点亮;如果正弦或余弦绕组出现断路,车辆______(能/否)上高压电,仪表上____(是/否)出现系统故障指示灯点亮。

五、制订计划

1.作业计划

序号	作业项目	操作要点

2.设备清单

序号	设备名称	规格型号	数量
计划审核	审核意见: 年　　月　　日　签字:		

六、任务实施

<table>
<tr><td colspan="2">工作任务单</td><td colspan="2">驱动电机位置传感器故障</td><td colspan="2">班级：
姓名：</td></tr>
<tr><td colspan="6">1.车辆信息记录</td></tr>
<tr><td>品牌</td><td></td><td>整车型号</td><td></td><td>生产年月</td><td></td></tr>
<tr><td>电机型号</td><td></td><td>动力电池容量</td><td></td><td>行驶里程</td><td></td></tr>
<tr><td>车辆识别码</td><td colspan="5"></td></tr>
<tr><td colspan="6">2.车辆基本检查</td></tr>
<tr><td>检查项目</td><td colspan="5">检查情况</td></tr>
<tr><td>辅助蓄电池电压</td><td colspan="3"></td><td colspan="2">异常□　正常□</td></tr>
<tr><td>高压部件安装
及连接器连接情况</td><td colspan="3"></td><td colspan="2">异常□　正常□</td></tr>
<tr><td>膨胀水箱液位</td><td colspan="3"></td><td colspan="2">异常□　正常□</td></tr>
<tr><td colspan="6">3.故障现象判定</td></tr>
<tr><td>诊断项目</td><td colspan="5">诊断内容</td></tr>
<tr><td>确认故障现象</td><td colspan="5"></td></tr>
<tr><td colspan="6">4.读取与本故障相关的主要故障代码</td></tr>
<tr><td>诊断项目</td><td colspan="5">诊断内容</td></tr>
<tr><td rowspan="5">相关故障代码描述</td><td rowspan="2">VCU</td><td colspan="4"></td></tr>
<tr><td colspan="4"></td></tr>
<tr><td rowspan="3">MCU</td><td colspan="4"></td></tr>
<tr><td colspan="4"></td></tr>
<tr><td colspan="4"></td></tr>
<tr><td colspan="6">5.分析故障范围</td></tr>
<tr><td>诊断项目</td><td colspan="5">诊断内容</td></tr>
<tr><td>故障范围描述</td><td colspan="5"></td></tr>
</table>

续表

6.故障诊断过程记录		
步骤	诊断对象 及检测项目	测量结果分析
7.故障诊断结论		
确认故障点		
故障机理分析		
提出维修建议		

七、职业素养

驱动电机位置传感器故障		实习日期：	
姓名：	班级：	学号：	教师签名：
自评：□熟练 □不熟练	互评：□熟练 □不熟练	师评：□合格 □不合格	
日期：	日期：	日期：	

驱动电机位置传感器故障　【评分细则】

序号	评分项	得分条件	分值	评分要求	自评	互评	师评
1	安全/7S/态度	□1.能进行工位7S操作 □2.能进行设备和工具安全检查 □3.能进行车辆安全防护操作 □4.能进行人员高压安全防护操作 □5.能进行“三不落地”操作	15	未完成一项扣3分，扣分不得超过15分	□熟练 □不熟练	□熟练 □不熟练	□合格 □不合格
2	专业技能能力	□1.能正确检查车辆的基本状态 □2.能正确检查驱动电机位置传感器故障现象 □3.能正确使用故障检测设备 □4.能正确读取故障码及数据流信息 □5.能正确分析故障原因 □6.能正确制定检测流程 □7.能正确使用检测设备执行检测 □8.能正确找到故障点 □9.能正确分析故障机理 □10.能合理提出维修建议	50	未完成一项扣5分，扣分不得超过50分	□熟练 □不熟练	□熟练 □不熟练	□合格 □不合格
3	工具及设备使用能力	□1.能正确使用维修工具 □2.能正确使用充电装置 □3.能正确使用万用表、诊断仪、示波器等诊断设备 □4.爱惜工具，能做到轻拿轻放	10	未完成一项扣2.5分，扣分不得超过10分	□熟练 □不熟练	□熟练 □不熟练	□合格 □不合格
4	资料及信息查询能力	□1.能正确查询车辆信息 □2.能正确使用维修手册查询资料 □3.能正确记录查询资料的章节及页码 □4.能正确记录检查状态信息	10	未完成一项扣2.5分，扣分不得超过10分	□熟练 □不熟练	□熟练 □不熟练	□合格 □不合格

续表

5	数据判断和分析能力	□1.能判断驱动电机位置传感器故障仪表状态 □2.能判断仪表指示灯状态 □3.能判断故障代码 □4.能判断数据流 □5.能分析诊断仪的检测结果	10	未完成一项扣2分，扣分不得超过10分	□熟练 □不熟练	□熟练 □不熟练	□合格 □不合格
6	表单填写及报告撰写能力	□1.字迹清晰 □2.语句通顺 □3.无错别字 □4.无涂改 □5.无抄袭	5	未完成一项扣1分，扣分不得超过5分	□熟练 □不熟练	□熟练 □不熟练	□合格 □不合格
总分：							

八、实训总结

自我反思	
自我评价	

工作手册 2　电机控制器 P-CAN 通信故障

【任务描述】

踩制动踏板并保持，打开点火开关上电启动车辆时，“READY”灯不亮，无法上高压电。同时，蓄电池指示灯、系统故障指示灯、电子驻车制动系统指示灯、减速器故障指示灯等点亮；挡位能够切换到 N 挡、P 挡，但是无法切换到 D 挡和 R 挡。作为一名新能源汽车维修技工，应正确使用诊断仪、示波器、万用表等检测工具，依据维修手册及相关资料排除故障，并准确填写诊断报告；按照 7S 操作规范整理场地，经检验合格后，将诊断报告和钥匙交付前台。

一、任务目的

通过实践训练，学生应该能够借助维修手册，掌握车辆电机控制器 P-CAN 通信故障分析、检测和故障诊断的方法；能够正确使用诊断仪、示波器、万用表等检测工具，依据维修手册及相关资料实施故障检测、诊断，并准确填写诊断报告；按照 7S 操作规范整理场地。

二、技能要求

1.正确使用诊断仪、示波器、绝缘测试仪等检测仪器。

2.能够按照维修手册，正确检测排除电机控制器 P-CAN 通信故障。

3.能够正确查阅维修资料，识读和分析线路原理图。

4.能够依据故障现象、故障代码等分析故障形成机理。

5.依据职业操作规范要求，正确进行 7S 管理和操作。

三、安全事项

1.确保学员完全在教师的指导下，在授权的范围内进行操作。

2.绝不可以在不穿戴安全防护用品的前提下，接触任何车辆的高压电部件。

3.学员应充分了解其职责范围，绝不擅自对高压电部件进行任何拆装调整。

4.对高压电动车辆进行功能操作时，必须在确保车辆与场地的安全状态后进行。

5.高压电车辆在脱离教师监控时必须全车落锁，驶离举升工位并由教师妥善保管钥匙。

6.在任何时候都要注意自身的人身安全防护。

7.车辆不可举升过高，举升到需要的高度时，要确认保险锁销到位。

8.工作中及完成任务后应遵守实训场地的 7S 要求。

四、信息收集

学习任务单	电机控制器 P-CAN 通信故障	班级：
		姓名：

1.下图为 P-CAN 信号波形，P-CAN-H 为______V 至______V 的________ 波形，而 P-CAN-L 为______ V 至______ V 的________ 波形。当 P-CAN-H 为正脉冲时，P-CAN-L 为________。

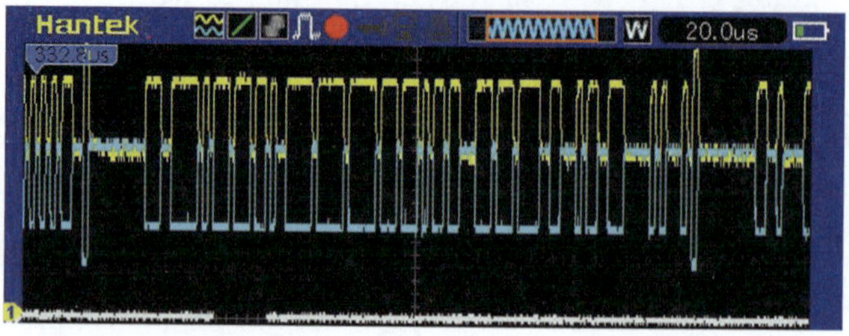

2.下图所示是吉利帝豪 EV450 的电机控制器通信线路，P-CAN 连接的主要部件有哪些？请列举出来，并解释英文缩写的中文名称。

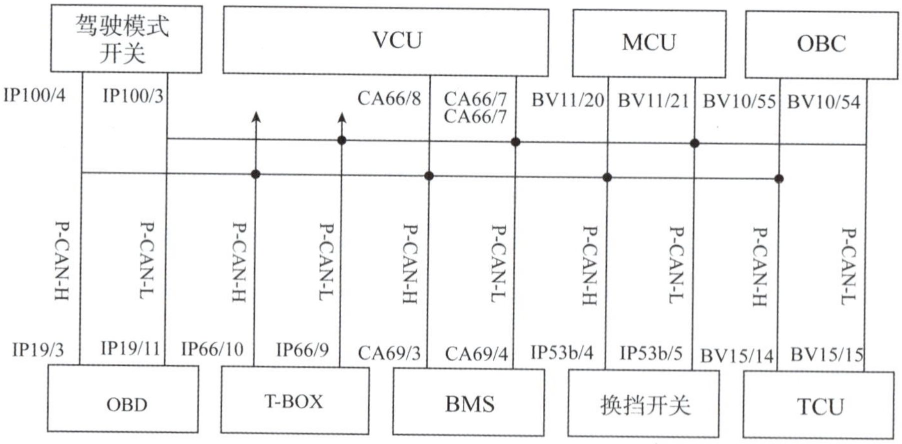

五、制订计划

1.作业计划

序号	作业项目	操作要点

续表

2.设备清单			
序号	设备名称	规格型号	数量
计划审核	审核意见： 年　　月　　日　签字：		

六、任务实施

工作任务单	驱动电机位置传感器故障	班级：
		姓名：

1.车辆信息记录					
品牌		整车型号		生产年月	
电机型号		动力电池容量		行驶里程	
车辆识别码					

2.车辆基本检查		
检查项目	检查情况	
辅助蓄电池电压		异常□　正常□
高压部件安装 及连接器连接情况		异常□　正常□
膨胀水箱液位		异常□　正常□

3.故障现象判定	
诊断项目	诊断内容
确认故障现象	

续表

4.读取与本故障相关的主要故障代码	
诊断项目	诊断内容
相关故障代码描述	
5.记录与本故障相关的主要数据流	
诊断项目	诊断内容
相关数据流描述	
6.分析故障范围	
诊断项目	诊断内容
故障范围描述	

7.故障诊断过程记录

步骤	诊断对象 及检测项目	测量结果分析

续表

8.故障诊断结论	
确认故障点	
故障机理分析	
提出维修建议	

七、职业素养

电机控制器 P-CAN 通信故障		实习日期：	
姓名：	班级：	学号：	教师签名：
自评：□熟练 □不熟练	互评：□熟练 □不熟练	师评：□合格 □不合格	
日期：	日期：	日期：	

电机控制器 P-CAN 通信故障 【评分细则】

序号	评分项	得分条件	分值	评分要求	自评	互评	师评
1	安全/7S/态度	□1.能进行工位 7S 操作 □2.能进行设备和工具安全检查 □3.能进行车辆安全防护操作 □4.能进行人员高压安全防护操作 □5.能进行“三不落地”操作	15	未完成一项扣 3 分，扣分不得超过 15 分	□熟练 □不熟练	□熟练 □不熟练	□合格 □不合格

续表

2	专业技能能力	□1.能正确检查车辆基本状态 □2.能正确检查电机控制器 P-CAN 通信故障现象 □3.能正确使用故障检测设备 □4.能正确读取故障码及数据流信息 □5.能正确分析故障原因 □6.能正确制定检测流程 □7.能正确使用检测设备执行检测 □8.能正确找到故障点 □9.能正确分析故障机理 □10.能合理提出维修建议	50	未完成一项扣 5 分,扣分不得超过 50 分	□熟练 □不熟练	□熟练 □不熟练	□合格 □不合格
3	工具及设备使用能力	□1.能正确使用维修工具 □2.能正确使用充电装置 □3.能正确使用万用表、诊断仪、示波器等诊断设备 □4.爱惜工具,能做到轻拿轻放	10	未完成一项扣 2.5 分,扣分不得超过 10 分	□熟练 □不熟练	□熟练 □不熟练	□合格 □不合格
4	资料及信息查询能力	□1.能正确查询车辆信息 □2.能正确使用维修手册查询资料 □3.能正确记录查询资料章节及页码 □4.能正确记录检查状态信息	10	未完成一项扣 2.5 分,扣分不得超过 10 分	□熟练 □不熟练	□熟练 □不熟练	□合格 □不合格
5	数据判断和分析能力	□1.能判断电机控制器 P-CAN 通信故障仪表状态 □2.能判断仪表指示灯的状态 □3.能判断故障代码 □4.能判断数据流 □5.能分析诊断仪的检测结果	10	未完成一项扣 2 分,扣分不得超过 10 分	□熟练 □不熟练	□熟练 □不熟练	□合格 □不合格
6	表单填写及报告撰写能力	□1.字迹清晰 □2.语句通顺 □3.无错别字 □4.无涂改 □5.无抄袭	5	未完成一项扣 1 分,扣分不得超过 5 分	□熟练 □不熟练	□熟练 □不熟练	□合格 □不合格
总分:							

八、实训总结

自我反思	
自我评价	

项目四
充电系统检修

【工作情景】

电动汽车充电方式分为交流充电和直流充电。交流充电又称慢充充电，充电设备的输出电压为220 V单相交流电或者380 V三相交流电，由车载充电机转化为高压直流电。直流充电桩输出高压直流电，输出电流不经过车载充电机而直接进入动力蓄电池，具有充电速度快的特点，因此又称“快充充电”。电动汽车无法充电是售后服务企业经常遇到的典型故障案例。面对这类故障，我们该如何解决呢？

【学习目标】

通过学习本项目，应该达到以下目标：①了解交流充电系统和直流充电系统的基本构成；②掌握充电端口相关端子的定义及其蕴含的国家标准；③能够根据不充电的故障现象正确分析可能的故障原因；④对充电系统实施正确的参数检测和故障诊断。

任务一　慢充电系统检测与故障诊断

【任务描述】

一辆吉利 EV450,踩制动踏板并保持,打开点火开关上电启动车辆时,仪表无故障现象,系统运行指示灯“READY”正常点亮,并且汽车能够正常行驶。但用交流充电桩为车辆充电时,连接充电枪后仪表没有显示充电枪连接符号,剩余电量的 SOC 显示条不断闪烁,车辆无法正常充电。作为一名新能源汽车维修技工,应正确使用诊断仪、示波器、万用表等检测工具,依据维修手册及相关资料排除故障,并准确填写诊断报告;按照 7S 操作规范整理场地,经检验合格后,将诊断报告和钥匙交付前台。

【任务目标】

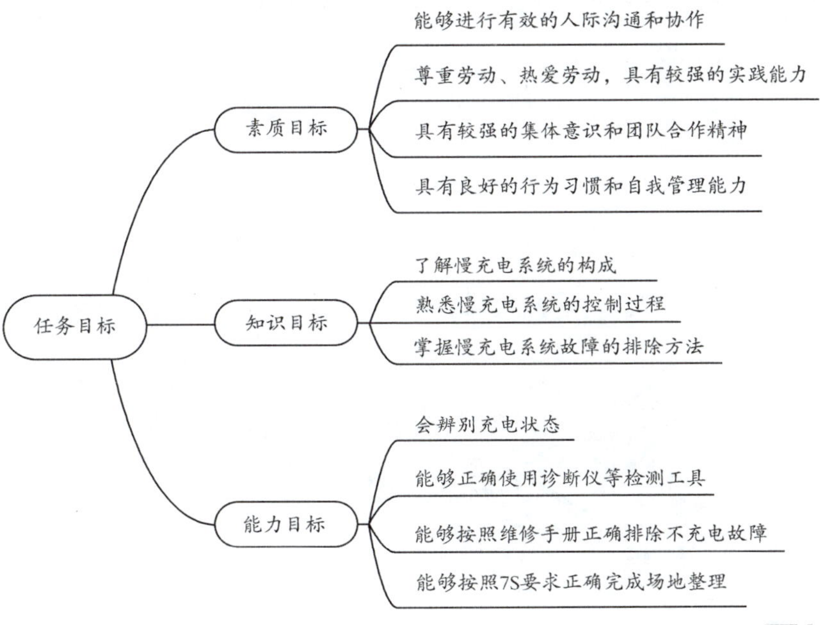

【知识储备】

充电系统是新能源汽车的能源补给系统,可为保障车辆持续行驶提供动力能源。充电方法分为交流充电(俗称“慢充”)和直流充电(俗称“快充”)两种方式。交流充电设备有交流充电桩、随车充电装置,直流充电设备为直流充电桩。

认知充电系统

一、慢充电系统的构成

慢充电系统使用 220 V 单相交流电，通过整流、滤波、升压等变换，将交流电变换为高压直流电给动力蓄电池供电。慢充电系统的主要部件包括供电设备(慢充充电桩、充电线等)、慢充接口、车内高压线束、高压配电盒、车载充电机、动力蓄电池及其管理系统等，如图 4-1 所示。

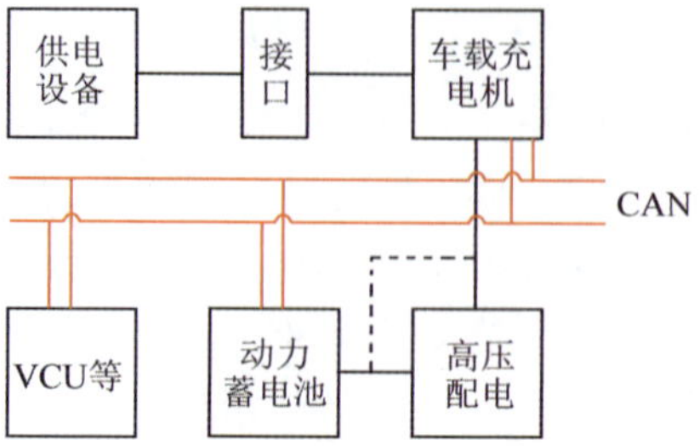

图 4-1　典型慢充电系统的组成

吉利帝豪 EV450 慢充电系统由以下部件组成：车载充电机、交流充电口(带高压线束)。低压充电系统由集成电机控制器、12 V 蓄电池等部件组成。吉利帝豪 EV450 充电系统的部件位置如图 4-2 所示。

图 4-2　吉利帝豪 EV450 充电系统的部件位置

1.车载充电机

吉利帝豪 EV450 车载充电机如图 4-3 所示。将交流充电桩提供的交流电通过整流、滤波、升压转换成动力蓄电池充电所需的稳定的高压直流电，为动力蓄电池充电。车载充电机可通过 CAN 网络实现与电池管理系统、整车控制器、仪表等部件的通信，并获取动力蓄电池的相关参数，判断连接状态是否正确；上传充电机的工作状态、工作参数和故障警告信息，接受启动充电或停止充电控制命令；同时具有过压、过流、过温、欠压等多种保护功能。吉利帝豪 EV450 车载充电机的规格参数如表 4-1 所示。

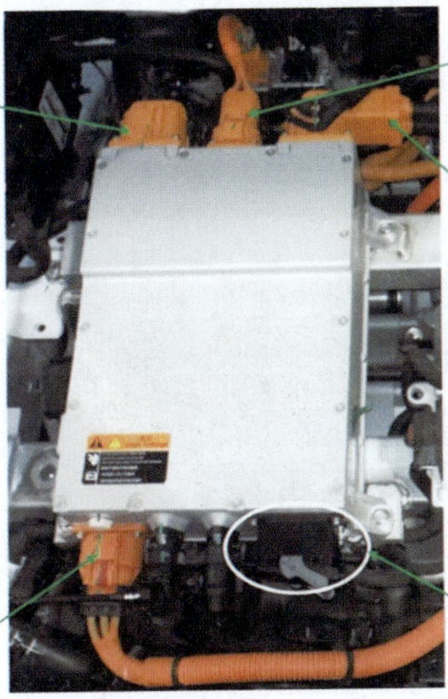

图 4-3　吉利帝豪 EV450 的车载充电机

表 4-1　吉利帝豪 EV450 车载充电机的规格参数

项目	参数	单位
输入电压	90~264	V
输入频率	50±1	Hz
输入最大电流	16	A
输出电压	直流 200~450	V
输出最大功率	6.6	kW
输出最大电流	32	A
效率	≥93%	-
重量	10.5	kg
工作温度	-40~80	℃
冷却液类型	50% 的水+50% 的乙二醇	-
冷却液流量要求	2~6	L/min

2.交流充电端口

交流充电端口如图 4-4 所示，交流充电端口设计有温度传感器、充电口盖状态开关、充电状态指示灯、照明灯等。

二、慢充电系统控制过程

1.慢充电系统控制原理

当车辆处于交流充电模式时，能量传递路线如图 4-5 所示。连接充电枪后，车载充电机检测交流充电接口的 CC、CP 信号(交流连接确认、控制连接确认),确认连接无误后,通过P-CAN网络唤醒 VCU,VCU 唤醒 BMS,BMS 向车载充电机发送指令充电,同时闭合主继电器,动力蓄电池开始充电,如图 4-6 所示。

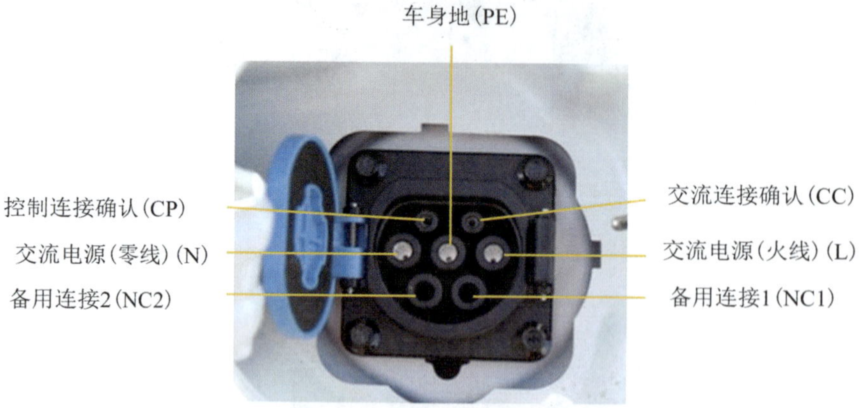

图 4-4 慢充充电口针脚标识

图 4-5 交流充电流量传递路线

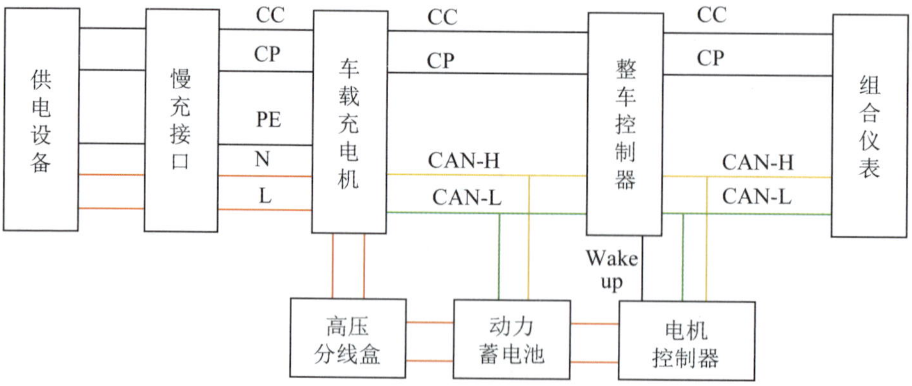

图 4-6 慢速充电系统原理图

2.充电模式启动

在电动汽车和供电设备建立电气连接后,如图 4-7 所示,车载充电机通过测量导引单元中定义的检测点 3(CC)与搭铁之间的电阻(电压)判断当前充电设备的额定容量和连接状态。在此过程中,充电导引单元同时对充电连接信号 CP 进行检测。

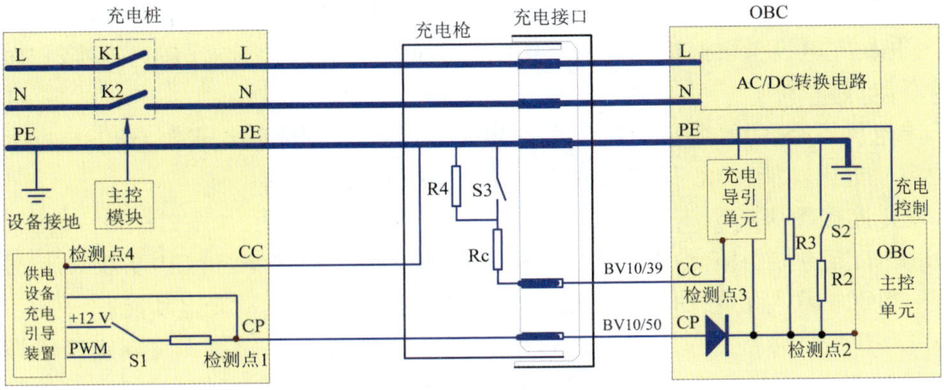

图 4-7　慢充系统电气连接电路

未连接充电枪时，OBC 充电导引单元输出 10.5 V 左右的直流电压至充电枪 CC 线路。假设充电设备的额定容量为 10 A，按下充电枪锁止开关（这时 S3 断开），将充电枪插入慢充接口，检测点 3 的 CC 信号经充电枪内部电阻 Rc、R4 与搭铁接通。因此，检测点 3 的电压被电阻 R4 和 Rc 拉低至 1.7 V 左右；释放充电枪锁止开关（这时 S3 闭合），R4 被充电枪内部开关 S3 短接，该点电压被进一步拉低至 0.8 V 左右。

检测点 3 的电压降为 0.8 V 左右时，充电导引单元确认充电设备和车辆已连接，OBC 被激活，OBC 通过 P-CAN 总线唤醒 VCU、BMS，并发送车辆进入充电模式及充电枪已连接的信息至 VCU、BMS。VCU 接收到该信息后唤醒激活 V-CAN，通过 V-CAN 向组合仪表及 BCM 发送车辆进入充电模式以及充电枪已连接的信号，组合仪表激活充电线连接指示灯。

充电导引单元通过检测点 3 的电压判断 Rc 阻值，并由此判断当前充电设备的额定电流容量。根据国家标准《电动汽车传导充电系统》（GB/T 18487.1—2015），Rc 阻值与额定充电电流的关系见表 4-2。如果此电压信号不符（即电阻不符），OBC 无法被激活，车辆无法进入充电模式，组合仪表上无任何信息显示。

表 4-2　Rc 阻值与额定充电电流的关系

Rc	R4	额定充电电流	备注
1.5 kΩ	1.8 kΩ	10 A	随车充电盒
680 kΩ	2.7 kΩ	16 A	3.3 kW 充电桩
220 kΩ	3.3 kΩ	32 A	7 kW 充电桩
100 kΩ	3.3 kΩ	63 A	三相交流充电桩

注：电阻 Rc 和 R4 的精度为±3%。

3.充电设备启动

充电设备输出+12 V 电压到 CP 线路，充电枪完成物理连接后，检测点 1、检测点 3 的电压被 OBC 内部充电导引单元中的电阻 R3 拉低至 9.0 V，如图 4-7 所示。如果 OBC 检测到 CP 线路上检测点 2 的电压为 9.0 V，则判定充电设备与车辆已连接，OBC 进入准备阶段。同时，充电设备根据检测点 1 的 9.0 V 电压判断充电设备与车辆已连接，充电设备进入准备阶段。

如果电压不符，OBC 和充电设备可判知充电设备和车辆连接异常，OBC 与充电设备均不再启动充电功能，OBC 保存故障信号并生成故障代码存储。

4.慢充连接确认

OBC 中，充电导引单元在 CC 和 CP 信号检测中，CC（0.8 V）和 CP（9.0 V）信号都必须正常，OBC 才确认充电设备、充电枪和车辆完全连接，才能启动充电功能。

如果 CC 信号异常，则 OBC 无法被激活，同时 OBC 导引单元将无法判定充电设备容量和连接状态，将不启动充电模式，也不发送充电连接指示灯点亮信号，仪表上的充电连接指示灯保持熄灭（不亮）状态，在此过程中，OBC 可能产生故障代码并存储。

如果 CP 信号异常，则 OBC 和充电设备将无法判定连接状态，也无法控制充电过程，只是启动预充电模式，但充电功能不会启动，即 OBC 无电流输出，同时 OBC 可能保存故障信号并生成故障代码存储。

5.数据配置

当 CC 和 CP 信号完全正常后，OBC 启动充电模式，并将此信号发送至 VCU、BMS、DC/DC 转换器、MCU、组合仪表、BCM 等。BMS 对低压供电、蓄电池温度、SOC 值、单体蓄电池电压等进行自检，对主负、主正、预充接触器进行连带检测。若自检正常，则通过 P-CAN总线将系统正常信号发送至总线网络；若自检异常，则系统停止充电启动流程，生成故障代码。

OBC、VCU、BMS、DC/DC 转换器、P-CAN 总线等被激活后，各系统进入数据配置阶段。BMS 向 OBC 发送最高允许充电电压、最大允许充电电流、慢充系统标称总能量、慢充系统荷电状态、动力蓄电池组温度等参数，向 VCU、空调控制器发送预热或冷却启动信号。

车辆启动充电禁行功能后，VCU 通过 IPU Wake up 信号线发送高电平至 IPU，IPU 接收到该信号后启动驱动电机禁行模式，并通过 P-CAN 总线将禁行模式信号发送至 OBC 及 VCU，OBC 和 VCU 接收到该信号后才会启动充电模式。如果该禁行信号出现异常，将导致车辆无法充电，充电口红色故障指示灯被 OBC 激活点亮。图 4-8 所示为 IPU 唤醒控制线路原理图。

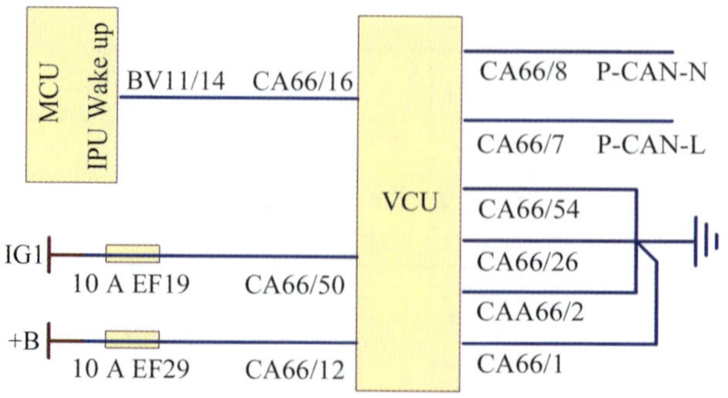

图 4-8　IPU 唤醒控制线路原理图

在此期间，OBC 对充电口温度实施检测，如果充电口温度高于上限，则充电口红色故障指示灯亮，停止充电。充电口温度检测线路如图 4-9 所示。

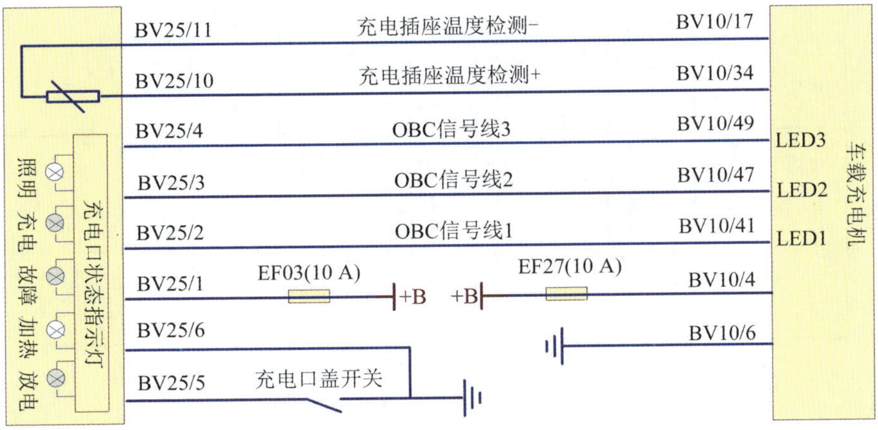

图 4-9　充电口温度检测线路

6.充电功能启动

在 CP 线路上 9 V 电压的保持过程中，容量设定、系统唤醒、自检及数据配置等需要在规定时间内完成，如果信号异常或无信号持续的时间大于规定时间，则充电功能将不启动。

如果信号正常，则充电设备内部的开关 S1 切换至 PWM 端，如图 4-10 所示。充电设备输出幅值为 12 V 的双极性 PWM 脉冲信号，但该脉冲由 OBC 内部电阻 R3 拉低为 -12~9 V 的双极性 PWM 脉冲，检测点 1 的 CP 信号如图 4-11 所示。脉冲信号占空比与供电设备可提供的最大连续电流值具有相关性，根据国家标准《电动汽车传导充电系统》(GB/T 18487. 1—2015)，CP 占空比与最大充电电流的关系见表 4-3。

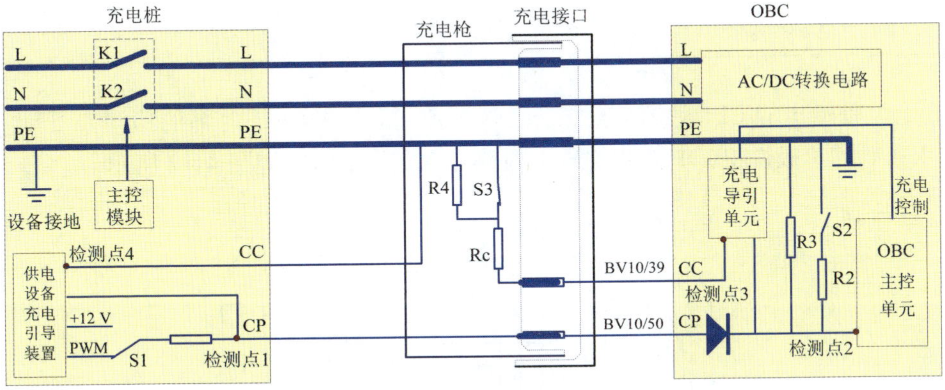

图 4-10　慢充电系统控制过程

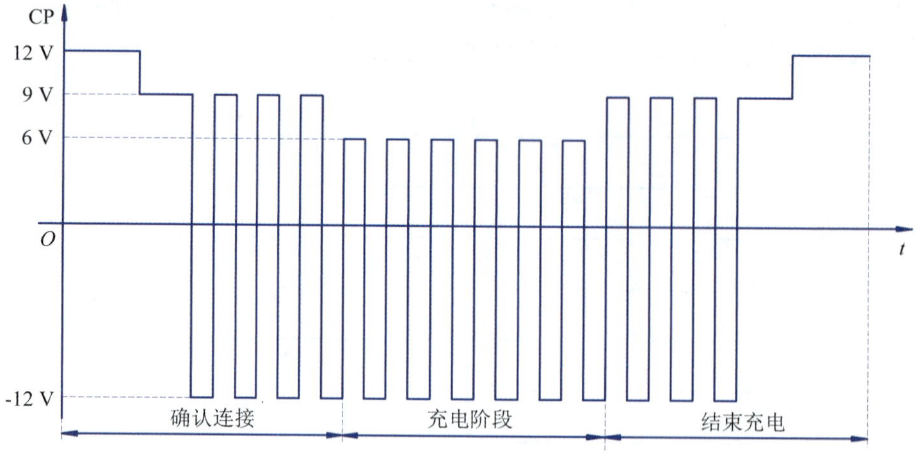

图 4-11　检测点 1 的信号变化

表 4-3　CP 占空比与最大充电电流的关系

CP 占空比 δ	最大充电电流
$\delta<3\%$	不允许充电
$3\%\leqslant\delta\leqslant7\%$	5%表示需要通信且需要充电
$7\%<\delta<8\%$	不允许充电
$8\%\leqslant\delta<10\%$	$I_{max}=6$ A
$10\%\leqslant\delta\leqslant85\%$	$I_{max}=(\delta\times100)\times0.6$ A
$85\%<\delta\leqslant90\%$	$I_{max}=(\delta\times100-64)\times2.5$ A 且 $I_{max}\leqslant63$ A
$90\%<\delta\leqslant97\%$	预留
$\delta\geqslant97\%$	未定义

充电设备输出的 CP 脉冲信号经二极管整流，输入到 OBC 内部的检测点 2 时，转化为 0~9.0 V 的单极性 PWM 脉冲信号。检测点 2 的 CP 信号如图 4-12 所示。

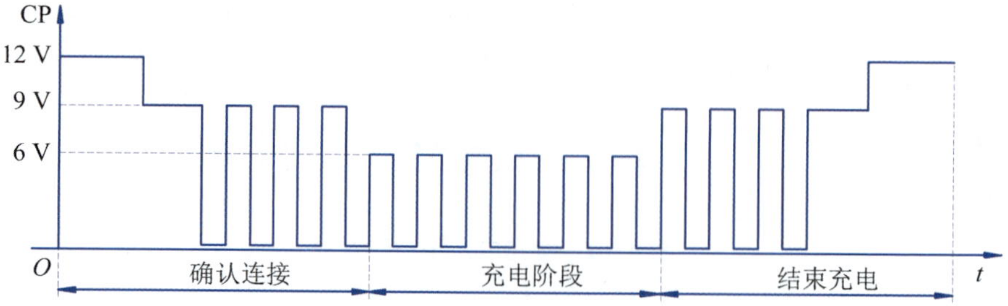

图 4-12　检测点 2 的信号变化

在上述过程中，OBC 实时检测检测点 3 的 CC 信号和检测点 2 的 CP 信号，并实时对自身及车辆其他相关系统进行自检。自检无误后，闭合 OBC 内部开关 S2，如图 4-13 所示。这时，检测点 1 和检测点 2 的 CP 信号被进一步拉低到-12~6 V 和 0~6 V，分别如图 4-11 和图 4-12 所示。

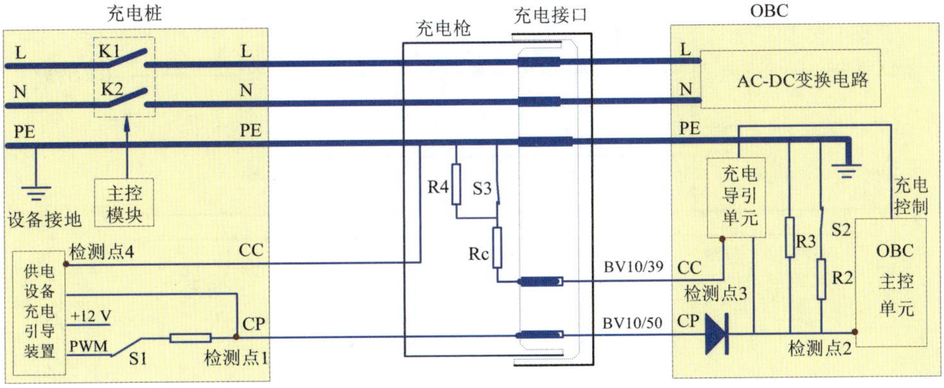

图 4-13　慢充电系统控制电路

充电设备检测到检测点 1 的 CP 信号降为-12~6 V 脉冲时，交流供电电路的 K1、K2 闭合，OBC 向 BMS 发送时间同步信号、最高输出电压、最低输出电压、最大输出电流等信息，以上信息确认无误后，BMS 向 OBC 发送准备就绪信息，车辆开始充电。在充电过程中出现异常时，OBC 断开 S2 并形成相应的故障代码；检测点 1 的 CP 信号恢复到-12~9 V，充电设备检测到 CP 变化后，S1 开关转接到+12 V，车辆停止充电。

7.充电枪锁止

为防止车辆充电过程中充电枪丢失，车辆具有充电枪锁的功能，充电枪锁的线路原理图如图 4-14 所示。BMS 控制主正、主负接触器吸合后，OBC 输出直流高压电为动力蓄电池充电。同时，将控制充电枪锁止电机进行锁止。充电枪锁反馈状态信号至 OBC，此时充电枪无法拔出。充电枪的控制逻辑如图 4-15 所示。

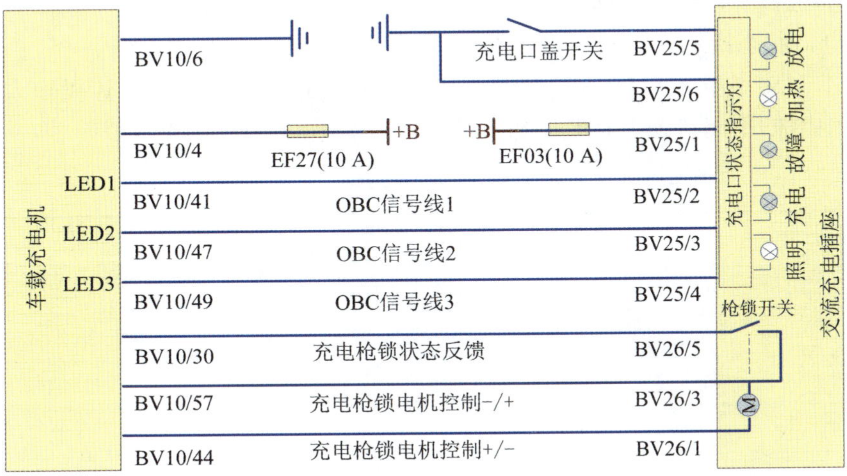

图 4-14　充电枪锁的线路原理图

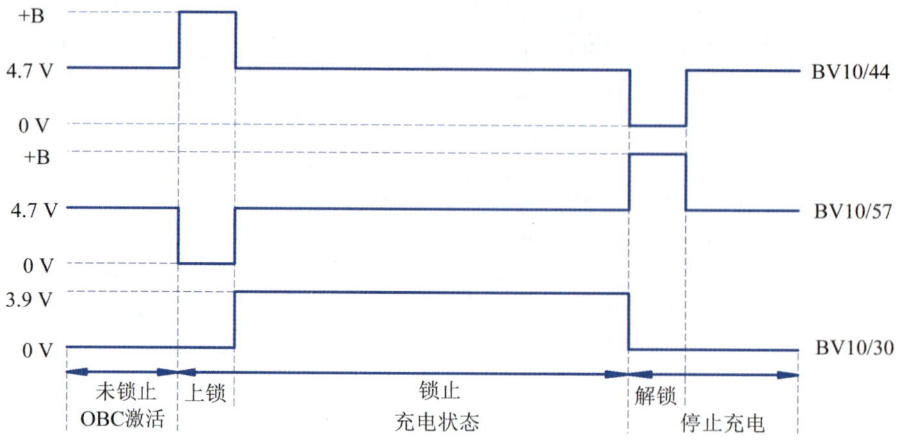

图 4-15　充电枪的控制逻辑

OBC 激活后，分别从端子 BV10/57 和 BV10/44 输出一个 4.7 V 左右的参考电压。这时，充电枪锁开关为常开状态，充电枪锁状态反馈信号为 0 V；OBC 启动充电功能后，OBC 输出一个+B 的脉冲电压至 OBC 端子 BV10/44(+)，而 BV10/57(-)下拉至 0 V，充电枪锁止电机正转，触发充电枪锁的锁止机构，充电枪被锁止，锁止机构触发开关闭合。控制电机的脉冲电压消失后，4.7 V 参考电压进入反馈线路，被 OBC 内部下拉电阻拉低至 3.9 V 左右，OBC 检测到 3.9 V 左右的电压时，即确认充电枪已锁止。

启动开锁功能时，OBC 内部输出一个+B 的脉冲电压至 OBC 端子 BV10/57(+)，BV10/44(-)下拉至 0 V，充电枪锁止电机反转，触发充电枪锁的锁止机构，充电枪被解锁，锁止机构触发开关打开。控制电机脉冲电压消失后，4.7 V 参考电压无法进入反馈线路，被 OBC 内部下拉电阻拉低至 0 V 左右，OBC 检测到 0 V 左右的电压时，即确认充电枪已解锁。

充电枪可以通过车辆遥控器开锁键进行解锁，如果电动解锁失效，可通过机舱左前照灯附近的机械解锁拉索解锁。

8.充电口状态指示灯控制

吉利 EV450 的充电口状态指示灯如表 4-4 所示，这些指示灯可以让操作人员快速掌握车辆充电时的不同状态。充电口状态指示灯控制电路如图 4-14 所示。

表 4-4　充电口状态指示灯

序号	状态指示灯	颜色
1	充电照明指示灯	白色
2	充电状态指示灯	绿色
3	充电故障指示灯	红色
4	放电指示灯	蓝色
5	充电加热指示灯	黄色

充电口状态指示灯是 OBC 根据充电过程中的不同状态，通过 OBC 信号线 1、OBC 信号线 2、OBC 信号线 3 向位于交流充电插座内部的充电状态指示灯控制器发送三位二进制编码，编码信号如表 4-5 所示。充电状态指示灯控制器对三位二进制编码进行译码后，根据译码信号对各充电状态指示灯进行控制。为了节约电能，在工作 2 min 后如果没有其他操作，充电状态指示灯控制器会进入休眠状态，指示灯熄灭。

表 4-5　交流充电口状态指示灯的编码信号

状态对象	编码			检测电压		
引脚	BV25/2	BV25/3	BV25/4	BV25/2	BV25/3	BV25/4
白色	0	0	1	0	0	10.8 V
绿色(闪烁)	0	1	0	0	11.5 V	0
红色	1	0	1	10.6 V	0	10.6 V
蓝色	1	1	0	11.5 V	11.5 V	0
黄色	—	—	—	—	—	—

对于充电照明指示灯，还有一种控制方式是通过充电口盖机械开关进行控制：打开交流充电口盖板后，机械开关闭合，充电照明指示灯控制线路和搭铁线路接通，交流内部充电状态指示灯控制器检测到原来线路上的+12 V 左右的参考电压被拉低为 0 V，即判知车辆慢充接口盖打开，随即点亮充电照明指示灯（白色）进行照明。3 min 后，如果没有其他操作，充电状态指示灯控制器会进入休眠，指示灯熄灭。

三、案例教学

【案例 1】CC 信号异常导致车辆无法充电

客户描述：踩制动踏板并保持，打开点火开关上电启动车辆时，吉利 EV450 仪表无故障现象，系统运行指示灯“READY”正常点亮，并且车辆能够正常行驶。但用交流充电桩为车辆充电时，连接充电枪后仪表没有显示充电枪连接符号，剩余电量的 SOC 显示条不断闪烁，车辆无法正常充电，如图 4-16 所示。

图 4-16　车辆仪表显示情况

1.现象分析

整车能够正常上高压电行驶且仪表无故障信息显示，说明整车控制器、动力蓄电池及管理系统、驱动电机及电机控制器、车载充电机、组合仪表等部件及其通信都工作正常。

连接充电桩为车辆充电,仪表上没有显示充电枪连接指示灯,说明在充电过程中,OBC 没有检测到充电设备连接车辆充电接口。据此判断,OBC 没有接收到正确的 CC 信号或者对 CC 信号没有做出正常的反应,导致该故障的可能原因如下:

(1)充电枪 CC 线路故障。

(2)充电枪锁止开关故障。

(3)OBC 至车辆充电接口之间的 CC 线路故障。

2.原理简介

充电枪连接电路如图 4-17 所示,在充电枪连接到车辆交流充电口的过程中,车辆接口端的 CC 信号会发生如下变化:

(1)不插枪时,CC 信号为充电机充电导引装置的输出电压,一般为 10.71 V。

(2)按下 S3 开关(断开),插上充电枪,CC 信号通过充电枪内部的 RC 和 R4 与搭铁接通,导致线路(检测点 3)电压下降,其电平信号为 1.71 V 左右。

(3)接着松开 S3 开关(闭合),CC 信号通过充电枪内部的 RC 和 S3 与搭铁接通,导致线路(检测点 3)电压进一步下降,其电平信号为 0.77 V 左右。充电导引装置接收到 0.77 V左右的电压时,即确认连接电缆和车辆已连接。

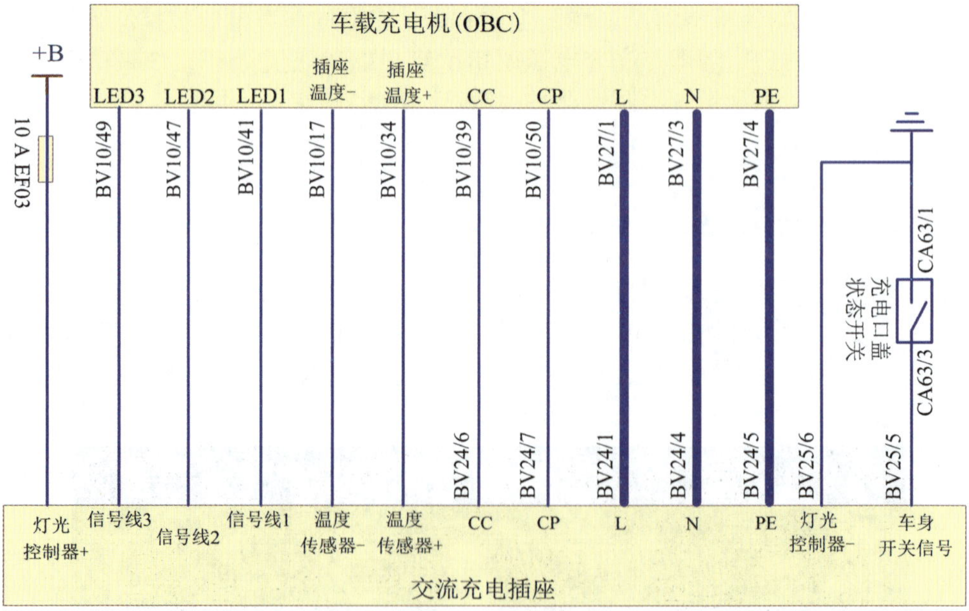

图 4-17 充电枪连接电路

3.故障诊断过程

(1)故障代码。连接诊断仪到 OBD 接口,踩制动踏板并保持,打开点火开关,读取车载充电机 OBC 内的故障代码和数据流。可能读取不到相关故障代码,也可能读取到一个或多个相关故障代码。结合故障现象,进一步验证故障代码与故障现象的关联性。断开车辆充电连接,执行读码、清码、再读码操作。本故障案例中没有相关故障码,下一步需要读取 OBC 数据流。

(2)数据流分析。读取车载充电机 OBC 数据,主要确认表 4-6 车载充电机 OBC 主要数据流列表中的"充电枪 CC 状态"。

表 4-6　车载充电机 OBC 主要数据流列表

名称	状态
充电枪 CC 状态	未连接
充电机 CP 连接状态	未连接

据此,进一步确认故障部位为充电导引线路 CC 信号,下一步需要对车辆 CC 引线进行检查。

(3)CC 电压测量的步骤如下:

①操作启动开关使电源模式至 OFF 状态。

②测量状态分为"不连接充电枪""连接充电枪并按下枪端开关"和"释放枪端开关"三种情况。

③用万用表按表 4-7 所示测量相关线束电压。如果测量参数不符合要求,则说明相应线路存在故障,并进一步采用电阻测量法检测 CC 线束。

表 4-7　CC 线束电压测量

<table>
<tr><th>测量位置 A</th><th>测量位置 B</th><th>物理量</th><th>标准值</th><th>检测条件</th></tr>
<tr><td>BV10/39</td><td>PE</td><td rowspan="3">电压</td><td rowspan="3">标准电压:11.7 V</td><td rowspan="3">不连接充电枪</td></tr>
<tr><td>BV24/6</td><td>PE</td></tr>
<tr><td>交流端口 CC 端</td><td>PE</td></tr>
<tr><td>BV10/39</td><td>PE</td><td rowspan="2">电压</td><td rowspan="2">标准电压:1.7 V</td><td rowspan="2">连接充电枪并按下枪端开关</td></tr>
<tr><td>BV24/6</td><td>PE</td></tr>
<tr><td>BV10/39</td><td>PE</td><td rowspan="2">电压</td><td rowspan="2">标准电压:0.77 V</td><td rowspan="2">连接充电枪并释放枪端开关</td></tr>
<tr><td>BV24/6</td><td>PE</td></tr>
</table>

(4)CC 线路电阻检测的步骤如下:

①操作启动开关使电源模式至 OFF 状态。

②断开蓄电池负极电缆。

③断开车载充电机 BV10、BV24 接插件。

④从线束端用万用表按表 4-8 所示测量相关线束阻值。

表 4-8　CC 线束阻值测量

测量位置 A	测量位置 B	物理量	标准值	检测条件
BV10/39	PE	电阻	标准电阻:∞	断开 BV10
BV10/39	BV24/6	电阻	标准电阻:<1 Ω	断开 BV10、BV24
BV24/6	充电端口 CC			
BV24/6	PE	电阻	标准电阻:∞	
充电端口 CC	PE			

如果上述测量参数不符合要求,则更换线束。如果上述测量参数符合要求,则进一步排查充电设备的 CC 线束及车载充电机。

4.故障机理

车辆车载充电机至充电口座引线断路故障,会造成车载充电机无法接收充电口座的充电连接信号,无法确认充电枪连接状态,造成车载充电机无法启动,最终导致车辆无法充电。

【案例 2】CP 信号异常导致车辆无法充电

客户描述:踩制动踏板并保持,打开点火开关上电启动车辆时,吉利 EV450 仪表无故障现象,系统运行指示灯"READY"正常点亮,并且车辆能够正常行驶。但用交流充电桩为车辆充电时,充电枪连接指示灯正常,但充电指示灯未点亮,充电端口绿色指示灯未点亮,充电枪无法锁止,车辆无法正常充电,如图 4-18 所示。

图 4-18　本案例的故障现象

1.现象分析

整车能够正常上高压电行驶且仪表无故障信息显示,说明整车控制器、动力蓄电池及管理系统、驱动电机及电机控制器、车载充电机、组合仪表等部件及其通信都工作正常。

仪表上显示充电枪连接指示灯正常点亮但充电指示灯未点亮,说明车辆充电连接中系统检测出充电枪连接到车载充电机,但未确认进入充电状态,此时可能是充电导引程序未运行成功、充电系统有其他严重故障或蓄电池电量已达到设定的 SOC 值而停止充电功能。另外,充电口绿色充电状态指示灯未正常点亮且交流充电插座电子锁无动作,说明整车未进入充电状态。由此可确定,故障只发生在慢充系统工作过程中。

2.原理简介

充电枪连接电路如图 4-17 所示,从图中可以看出:OBC 通过 BV10/50 端子与交流充电插座 CP 端子之间的线路来进行充电设备与车载充电机之间 CP 信号的传递。

(1)充电枪连接后,充电设备输出至 CP 线路上的+12 V 电压被 OBC 内部电阻 R3 拉低至 9 V 并保持,因此 CP 线路上电压下降为 9 V。OBC 内部监测 CP 线路上检测点 2 的电压,如果检测到检测点 2 的电压为 9 V,则 OBC 判定充电设备与车辆已连接,车载充电机进入准备阶段。

(2)当供电设备判断自身无故障时,充电设备内部的开关 S1 切换至 PWM 端,充电设备输出幅值约为 12 V 的双极性且占空比可调的 PWM 信号,占空比与供电设备可提供的最大连续电流值具有相关性。PWM 信号被 OBC 内部的二极管和电阻 R3 拉低至幅值约为+9 V 的单极性 PWM 信号并保持。

(3)当车载充电机通过检测点 2 的波形信号判断供电设备自检通过后,会进行自身自检,自检通过后控制 S2 开关闭合,此时由于 R2 和 R3 并联,导致线路搭铁电阻减小,因此单极性的 PWM 信号被拉低至幅值约为+6 V 的单极性 PWM 信号,OBC 将这时检测点 2 的信号与内部所存储的信号幅值进行比对,同时再次自检系统内 BMS、DC/DC 转换器/MCU、VCU、BCM 等状态,如果状态正常,OBC 发送充电功能启动信号,BMS 接通主负、主正继电器,同时 BMS 根据动力蓄电池温度信号发送动力蓄电池热管理信号(预热、预热/充电、充电)需求至空调控制器。

(4)最后,供电设备控制继电器 K1 和 K2 闭合,接通交流供电回路。如果该信号出现异常,则会造成慢充系统无法正常充电。

3.故障诊断过程

(1)读取故障代码。连接诊断仪到 OBD 接口,踩制动踏板并保持,打开点火开关,读取车载充电机 OBC 内的故障代码和数据流。可能读不到相关故障代码。也可能读取一个或多个相关故障代码。应结合故障现象,进一步验证故障代码与故障现象的关联性,断开车辆充电连接,执行读码、清码、再读码操作。本故障案例中没有相关故障码,下一步读取车载充电机 OBC 数据流。

(2)数据流分析。读取车载充电机 OBC 中的数据流信息,主要确认表 4-9 中的“充电机 CP 连接状态”,此时出现异常,显示“未连接”。由此可进一步确定故障部位为 CP 引线。

表 4-9 车载充电机 OBC 的主要数据流列表

名称	状态
充电枪 CC 状态	已连接
充电机 CP 连接状态	未连接
充电允许指令	允许充电

(3)CP 信号测量的步骤如下:

①操作启动开关使电源模式至 OFF 状态。

②连接充电枪到车辆交流充电端口，测量状态分按下枪端开关和释放枪端开关两种情况。

③用双踪示波器按照表 4-10 所示进行 CP 信号测量。

表 4-10　CP 信号测量

测量位置 A	测量位置 B	物理量	标准值	检测条件
BV10/50	PE	波形	标准波形：-12 V 至 +10 V 矩形脉冲	按下枪端开关
BV24/7	PE			
BV10/50	PE	波形	标准波形：幅值为 -12 V 至 +6 V 的矩形脉冲	释放枪端开关
BV24/7	PE			

(4) CP 线路电阻测量的步骤如下：

①操作启动开关使电源模式至 OFF 状态。

②断开蓄电池负极电缆。

③断开车载充电机 BV10、BV24 接插件。

④从线束端用万用表按表 4-11 所示测量相关线束阻值。

表 4-11　CP 线束阻值测量

测量位置 A	测量位置 B	物理量	标准值	检测条件
BV10/50	PE	电阻	标准电阻：∞	断开 BV10
BV10/50	BV24/7	电阻	标准电阻：<1 Ω	断开 BV10、BV24
BV24/7	充电端口 CP			
BV24/7	PE	电阻	标准电阻：∞	
充电端口 CP	PE			

如果上述测量参数不符合要求，则更换或维修相关线束；如果上述测量参数符合要求，则进一步排查充电设备的 CP 线束。

4.故障机理

车辆交流充电口至车载充电机之间的 CP 引线故障，会导致无法完成充电引导程序，造成车载充电机无法正常工作，充电口指示灯显示异常，充电枪无法锁止，仪表上的充电指示灯不亮，导致车辆不能进行充电。

【案例 3】充电插座温度传感器信号故障

客户描述：充电枪连接至车辆慢充接口，释放充电枪锁止开关，充电枪无法锁止，充电口红色指示灯始终点亮。观察仪表，充电连接指示灯点亮，充电指示灯未点亮。打开点火开关，动力蓄电池 SOC 显示条不闪动，系统故障灯点亮，仪表显示如图4-19所示，车辆无法充电。车辆执行高压上电，“READY”灯点亮，并且车辆行驶正常，仪表板

未显示故障信息。

1.现象分析

整车高压上电行驶正常且无故障信息，说明整车控制器、车载充电机、组合仪表等都工作正常。仪表上显示充电连接指示灯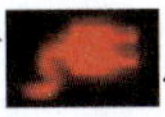点亮，但充电指示灯未点亮，充电口绿色充电状态指示灯未正常点亮，交流充电插座电子锁无锁止声音，说明车辆充电连接正常，但整车未进入充电状态。由此可推断，故障只发生在慢充系统工作过程中，可以推断出故障由以下的一项或多项造成：

(1)充电设备故障。

(2)充电连接及确认 CP 线路故障。

(3)车载充电机 OBC 内部故障。

(4)交流充电插座温度传感器线路故障。

(5)充电设备与车辆交流充电口之间线路故障。

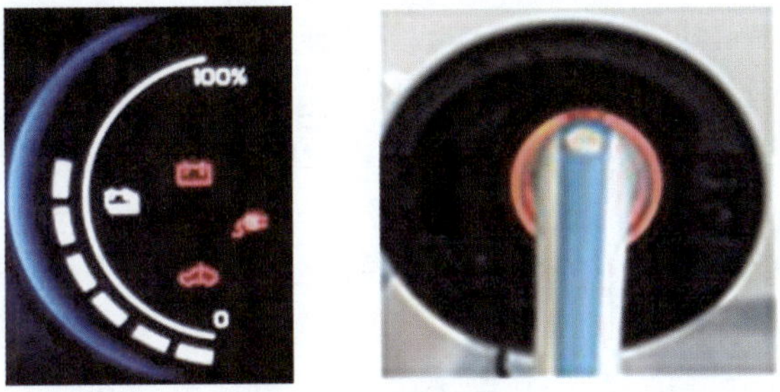

图 4-19　故障现象

2.原理分析

吉利 EV450 充电口温度检测线路如图 4-20 所示，可以看出 OBC 通过其 BV10/17 端子为交流充电插座温度传感器提供搭铁，通过 OBC 的 BV10/34 端子的电压变化来判断交流充电插座的温度。如果该信号出现异常，则会造成慢充系统无法正常充电，充电口绿色充电状态指示灯始终不会点亮，而充电口红色充电故障灯点亮。

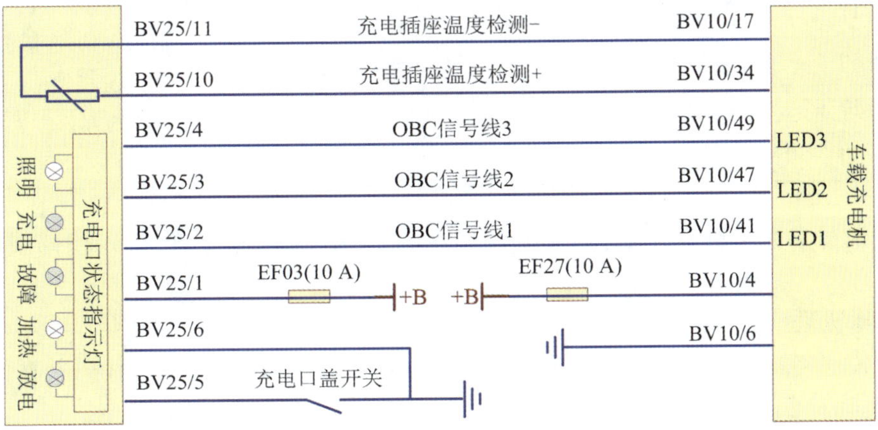

图 4-20　充电口温度检测线路

3.故障诊断过程

(1)故障代码。连接诊断仪到OBD接口,踩制动踏板并保持,打开点火开关,读取车载充电机OBC内故障代码和数据流,在连接诊断仪后,可能读取到表4-12中所示的一个或多个故障代码,此时应结合当前现象,进一步验证故障代码与故障现象的关联性,断开车辆充电连接,执行读码、清码、再读码操作。

表4-12　故障代码信息

故障代码	代码说明
P1A8698	温度过高关机
P1A8898	交流插座过温关机
P1A8998	热敏电阻失效故障

(2)故障码分析。在充电过程中,车载充电机通过交流插座温度检测线实时监控交流插座的温度,如果在充电过程中监测温度高于预设最高值,则充电机停止充电,形成故障信息并生成故障码P1A8898、P1A8698;如果充电开始前识别到温度值为最大值或最小值且保持不变,则充电机不执行充电操作并生成故障码P1A8998。

通过故障现象和故障代码信息,分析造成故障的可能原因为:①充电口温度过高;②温度传感器本身故障;③温度信号引线故障;④车载充电机自身故障。

(3)温度传感器线路检测的步骤如下:

①操作启动开关使电源模式至OFF状态。

②断开蓄电池负极电缆。

③断开车载充电机BV10接插件,连接或断开交流充电端口BV25接插件。

④从线束端按照表4-13所示进行温度传感器线束检测。

表4-13　温度传感器线束检测

<table>
<tr><th>测量位置A</th><th>测量位置B</th><th>物理量</th><th>标准值</th><th>检测条件</th></tr>
<tr><td>BV10/17</td><td>车身打铁</td><td rowspan="4">电阻</td><td>标准电阻:<1 Ω</td><td rowspan="2">断开BV10,连接BV25</td></tr>
<tr><td>BV10/30</td><td>车身打铁</td><td>标准电阻:10~15 Ω</td></tr>
<tr><td>BV10/17</td><td>BV25/11</td><td>标准电阻:<1 Ω</td><td rowspan="2">断开BV10和BV25</td></tr>
<tr><td>BV10/30</td><td>BV25/10</td><td>标准电阻:<1 Ω</td></tr>
</table>

如果测量参数不符合要求,则更换线束;如果测量参数符合要求,则检修或更换充电机。

4.故障机理

温度传感器线路故障能够导致充电口温度检测异常,OBC生成故障代码并存储,同时通过CAN线发送故障码上报整车控制器、动力蓄电池控制模块等,禁止充电。

工作手册1　CC信号异常导致车辆无法充电故障

【任务描述】

踩制动踏板并保持，打开点火开关并上电启动车辆时，某辆吉利EV450的仪表无故障现象，系统运行指示灯“READY”正常点亮，并能够正常行驶。但用交流充电桩为车辆充电时，连接充电枪后仪表没有显示充电枪连接符号，剩余电量的SOC显示条不断闪烁，车辆无法正常充电。作为一名新能源汽车维修技工，应正确使用诊断仪、示波器、万用表等检测工具，依据维修手册及相关资料排除故障，并准确填写诊断报告；按照7S操作规范整理场地，经检验合格后，将诊断报告和钥匙交付前台。

一、任务目的

通过实践训练，学生应该能够借助维修手册，掌握CC信号异常所导致的故障分析、检测和故障诊断的方法；能够正确使用诊断仪、示波器、万用表等检测工具，依据维修手册及相关资料实施故障检测、诊断，并准确填写诊断报告；按照7S操作规范整理场地。

二、技能要求

1.正确使用诊断仪、示波器、绝缘测试仪等检测仪器。

2.能够按照维修手册正确检测并排除车辆无法充电的故障。

3.能够正确查阅维修资料，识读和分析线路原理图。

4.能够依据故障现象、故障代码等分析故障形成机理。

5.依据职业操作规范要求，正确进行7S管理和操作。

三、安全事项

1.确保学员完全在教师的指导下，在授权的范围内进行操作。

2.绝不可以在不穿戴安全防护用品的前提下，接触任何车辆的高压电部件。

3.学员应充分了解其职责范围，绝不擅自对高压电部件进行任何拆装调整。

4.对高压电动车辆进行功能操作时，必须在确保车辆与场地的安全状态后进行。

5.高压电车辆在脱离教师监控时必须全车落锁，驶离举升工位并由教师妥善保管钥匙。

6.在任何时候都要注意自身的人身安全防护。

7.车辆不可举升过高，举升到需要的高度时，要确认保险锁销到位。

8.工作中及完成任务后应遵守实训场地的7S要求。

四、信息收集

CC 故障导致无法充电	学习任务单	班级：
		姓名：

1.吉利帝豪 EV450 充电系统部件位置如下图所示：①________、②________、③________、④________、⑤________。

2.下图为慢充系统电气连接电路，请在表中填写枪端 Rc 电阻与最大充电电流的关系。

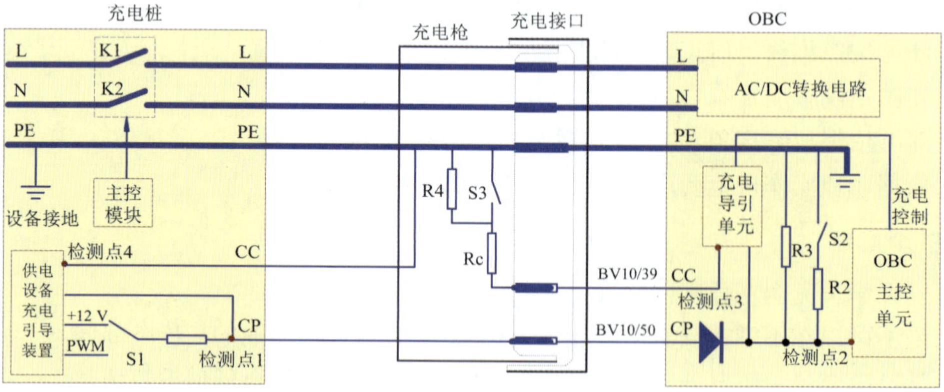

Rc	R4	额定电流	备注
1.5 kΩ	1.8 kΩ		随车充电盒
680 kΩ	2.7 kΩ		3.3 kW 充电桩
220 kΩ	3.3 kΩ		7 kW 充电桩
100 kΩ	3.3 kΩ		三相交流充电桩

续表

假设充电设备的额定容量为 10 A(充电设备为随车充电盒),在插枪过程中,车上的慢充接口 CC(BV10/39 端子)对地电压的变化过程是________V→________V→________V。当充电导引单元检测到检测点 3 的电压变化为________V 时,才会闭合 S2 开关。如果 OBC 检测不到 CC 的上述变化或者电压变化不符合标准范围,则仪表不会显示________________符号,因此车辆不会启动充电。 OBC 的充电导引单元通过检测________阻值判断当前充电设备的额定电流容量,如果将充电枪中该电阻更换为阻值更小的电阻,充电时会发生______________________________。

五、制订计划

1.作业计划

序号	作业项目	操作要点

2. 设备清单

序号	设备名称	规格型号	数量
计划审核	审核意见: 年　　月　　日　签字:		

六、任务实施

工作任务单	CC 故障导致无法充电	班级： 姓名：

1.车辆信息记录					
品牌		整车型号		生产年月	
电机型号		动力电池容量		行驶里程	
车辆识别码					

2.车辆基本检查		
检查项目	检查情况	
辅助蓄电池电压		异常□　正常□
高压部件安装及连接器连接情况		异常□　正常□
膨胀水箱液位		异常□　正常□

3.故障现象判定	
诊断项目	诊断内容
确认故障现象	

4.读取与本故障相关的主要故障代码	
诊断项目	诊断内容
相关故障代码描述	

5.记录与本故障相关的主要数据流	
诊断项目	诊断内容
相关数据流描述	

6.分析故障范围	
诊断项目	诊断内容
故障范围描述	

续表

7.故障诊断过程记录		
步骤	诊断对象及检测项目	测量结果分析

8.故障诊断结论	
确认故障点	
故障机理分析	
提出维修建议	

七、职业素养

CC 故障导致无法充电		实习日期：	
姓名：	班级：	学号：	教师签名：
自评：□熟练□不熟练	互评：□熟练□不熟练	师评：□合格□不合格	
日期：	日期：	日期：	

CC 故障导致无法充电【评分细则】

序号	评分项	得分条件	分值	评分要求	自评	互评	师评
1	安全/7S/态度	□1.能进行工位 7S 操作 □2.能进行设备和工具安全检查 □3.能进行车辆安全防护操作 □4.能进行人员高压安全防护操作 □5.能进行“三不落地”操作	15	未完成一项扣 3 分，扣分不得超过 15 分	□熟练 □不熟练	□熟练 □不熟练	□合格 □不合格
2	专业技能能力	□1.能正确检查车辆基本状态 □2.能正确检查 CC 故障现象 □3.能正确使用故障检测设备 □4.能正确读取故障码及数据流信息 □5.能正确分析故障原因 □6.能正确制定检测流程 □7.能正确使用检测设备执行检测 □8.能正确找到故障点 □9.能正确分析故障机理 □10.能合理提出维修建议	50	未完成一项扣 5 分，扣分不得超过 50 分	□熟练 □不熟练	□熟练 □不熟练	□合格 □不合格

续表

3	工具及设备使用能力	□1.能正确使用维修工具 □2.能正确使用充电装置 □3.能正确使用万用表、诊断仪、示波器等诊断设备 □4.爱惜工具，能做到轻拿轻放	10	未完成一项扣2.5分，扣分不得超过10分	□熟练 □不熟练	□熟练 □不熟练	□合格 □不合格
4	资料及信息查询能力	□1.能正确查询车辆信息 □2.能正确使用维修手册查询资料 □3.能正确记录查询资料的章节及页码 □4.能正确记录检查状态信息	10	未完成一项扣2.5分，扣分不得超过10分	□熟练 □不熟练	□熟练 □不熟练	□合格 □不合格
5	数据判断和分析能力	□1.能判断CC故障仪表状态 □2.能判断仪表指示灯状态 □3.能判断故障代码 □4.能判断数据流 □5.能分析诊断仪器检测结果	10	未完成一项扣2分，扣分不得超过10分	□熟练 □不熟练	□熟练 □不熟练	□合格 □不合格
6	表单填写及报告撰写能力	□1.字迹清晰 □2.语句通顺 □3.无错别字 □4.无涂改 □5.无抄袭	5	未完成一项扣1分，扣分不得超过5分	□熟练 □不熟练	□熟练 □不熟练	□合格 □不合格
总分：							

八、实训总结

自我反思	
自我评价	

工作手册2　CP信号异常导致车辆无法充电故障

【任务描述】

踩制动踏板并保持，打开点火开关上电启动车辆时，吉利 EV450 的仪表无故障现象，系统运行指示灯“READY”正常点亮，并能够正常行驶。用交流充电桩为车辆充电时，充电枪连接指示灯正常，但充电指示灯未点亮，充电端口绿色指示灯未点亮，充电枪无法锁止，车辆无法正常充电。作为一名新能源汽车维修技工，应正确使用诊断仪、示波器、万用表等检测工具，依据维修手册及相关资料排除故障，并准确填写诊断报告；按照 7S 操作规范整理场地，经检验合格后，将诊断报告和钥匙交付前台。

一、任务目的

通过实践训练，学生应该能够借助维修手册，掌握 CP 故障导致无法充电的故障分析、检测和故障诊断的方法；能够正确使用诊断仪、示波器、万用表等检测工具，依据维修手册及相关资料实施故障检测、诊断，并准确填写诊断报告；按照 7S 操作规范整理场地。

二、技能要求

1.能够正确使用诊断仪、示波器、绝缘测试仪等检测仪器。

2.能够按照维修手册正确检测排除 CP 故障。

3.能够正确查阅维修资料，识读和分析线路原理图。

4.能够依据故障现象、故障代码等分析故障形成机理。

5.依据职业操作规范要求，正确进行 7S 管理和操作。

三、安全事项

1.确保学员完全在教师的指导下，在授权的范围内进行操作。

2.绝不可以在不穿戴安全防护用品的前提下，接触任何车辆的高压电部件。

3.学员应充分了解其职责范围，绝不擅自对高压电部件进行任何拆装调整。

4.对高压电动车辆进行功能操作时，必须在确保车辆与场地的安全状态后进行。

5.高压电车辆在脱离教师监控时必须全车落锁，驶离举升工位并由教师妥善保管钥匙。

6.在任何时候都要注意自身的人身安全防护。

7.车辆不可举升过高，举升到需要的高度时，要确认保险锁销到位。

8.工作中及完成任务后应遵守实训场地的 7S 要求。

四、信息收集

CP 故障导致无法充电	学习任务单	班级：
		姓名：

1.下图为慢充系统电气连接电路，请在表中填写 CP 脉冲占空比与最大充电电流的关系。

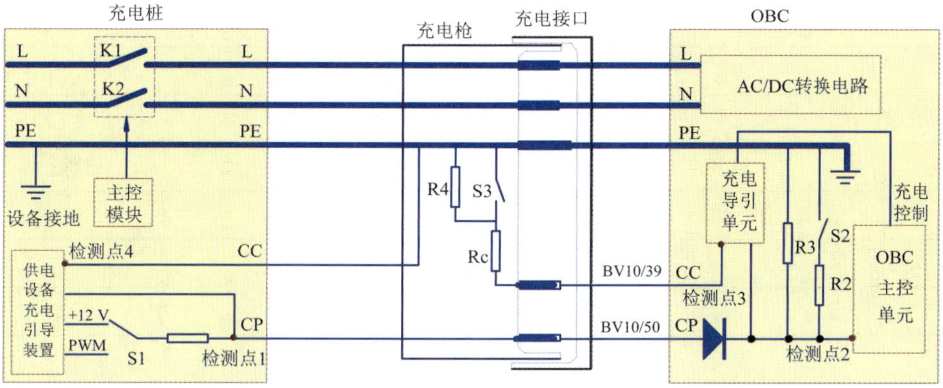

CP 占空比 δ	最大充电电流
$7\% < \delta < 8\%$	
$8\% \leqslant \delta < 10\%$	
$10\% \leqslant \delta \leqslant 85\%$	
$85\% < \delta \leqslant 90\%$	
$90\% < \delta \leqslant 97\%$	预留
$\delta \geqslant 97\%$	未定义

2.假设充电设备的额定容量为 10 A（充电设备为随车充电盒），在插枪过充中，车上的慢充接口 CP（BV10/50 端子）对地电压的变化过程是________V 直流电压→________V 直流电压→________V 脉冲→________V 脉冲。当充电导引单元检测到检测点 3 的电压变化为________V 时，才会闭合 S2 开关，这时 CP（BV10/50 端子）对地信号变为______________。如果充电桩检测到检测点 1 的信号变化为______________时，交流线路的 K1、K2 闭合。

五、制订计划

1.作业计划

序号	作业项目	操作要点

2.设备清单

序号	设备名称	规格型号	数量

计划审核	审核意见： 年　　月　　日　签字：

六、任务实施

工作任务单	CP 故障导致无法充电	班级：
		姓名：

1.车辆信息记录

品牌		整车型号		生产年月	
电机型号		动力电池容量		行驶里程	
车辆识别码					

2.车辆基本检查

检查项目	检查情况	
辅助蓄电池电压		异常□　正常□
高压部件安装及连接器连接情况		异常□　正常□
膨胀水箱液位		异常□　正常□

续表

3.故障现象判定		
诊断项目		诊断内容
确认故障现象		
4.读取与本故障相关的主要故障代码		
诊断项目		诊断内容
相关故障代码描述		
5.记录与本故障相关的主要数据流		
诊断项目		诊断内容
相关数据流描述		
6.分析故障范围		
诊断项目		诊断内容
故障范围描述		
7.故障诊断过程记录		
步骤	诊断对象及检测项目	测量结果分析

续表

8.故障诊断结论		
确认故障点		
故障机理分析		
提出维修建议		

七、职业素养

CC 故障导致无法充电		实习日期：	
姓名：	班级：	学号：	教师签名：
自评：□熟练□不熟练	互评：□熟练□不熟练	师评：□合格□不合格	
日期：	日期：	日期：	

CP 故障导致无法充电【评分细则】

序号	评分项	得分条件	分值	评分要求	自评	互评	师评
1	安全/7S/态度	□1.能进行工位 7S 操作 □2.能进行设备和工具安全检查 □3.能进行车辆安全防护操作 □4.能进行人员高压安全防护操作 □5.能进行“三不落地”操作	15	未完成一项扣 3 分，扣分不得超过 15 分	□熟练 □不熟练	□熟练 □不熟练	□合格 □不合格

续表

2	专业技能能力	□1.能正确检查车辆基本状态 □2.能正确检查 CP 故障现象 □3.能正确使用故障检测设备 □4.能正确读取故障码及数据流信息 □5.能正确分析故障原因 □6.能正确制定检测流程 □7.能正确使用检测设备执行检测 □8.能正确找到故障点 □9.能正确分析故障机理 □10.能合理提出维修建议	50	未完成一项扣 5 分，扣分不得超过 50 分	□熟练 □不熟练	□熟练 □不熟练	□合格 □不合格
3	工具及设备使用能力	□1.能正确使用维修工具 □2.能正确使用充电装置 □3.能正确使用万用表、诊断仪、示波器等诊断设备 □4.爱惜工具，能做到轻拿轻放	10	未完成一项扣 2.5 分，扣分不得超过 10 分	□熟练 □不熟练	□熟练 □不熟练	□合格 □不合格
4	资料及信息查询能力	□1.能正确查询车辆信息 □2.能正确使用维修手册查询资料 □3.能正确记录查询资料的章节及页码 □4.能正确记录检查状态信息	10	未完成一项扣 2.5 分，扣分不得超过 10 分	□熟练 □不熟练	□熟练 □不熟练	□合格 □不合格
5	数据判断和分析能力	□1.能判断 CP 故障仪表状态 □2.能判断仪表指示灯状态 □3.能判断故障代码 □4.能判断数据流 □5.能分析诊断仪器检测结果	10	未完成一项扣 2 分，扣分不得超过 10 分	□熟练 □不熟练	□熟练 □不熟练	□合格 □不合格

续表

6	表单填写及报告撰写能力	□1.字迹清晰 □2.语句通顺 □3.无错别字 □4.无涂改 □5.无抄袭	5	未完成一项扣1分，扣分不得超过5分	□熟练 □不熟练	□熟练 □不熟练	□合格 □不合格
总分：							

八、实训总结

自我反思	
自我评价	

任务二　快充电系统检测与故障诊断

【任务描述】

直流快充桩常见于城市公共快充站、高速公路服务站和出租车专营场站等。作为一名新能源汽车维修技工，应熟悉电动汽车相关线路和控制逻辑，这是实施车辆快充系统故障诊断的基本要求。针对吉利 EV450 这款完全自主品牌的纯电动汽车，你能正确分析其快充系统的相关线路和控制逻辑吗？

【任务目标】

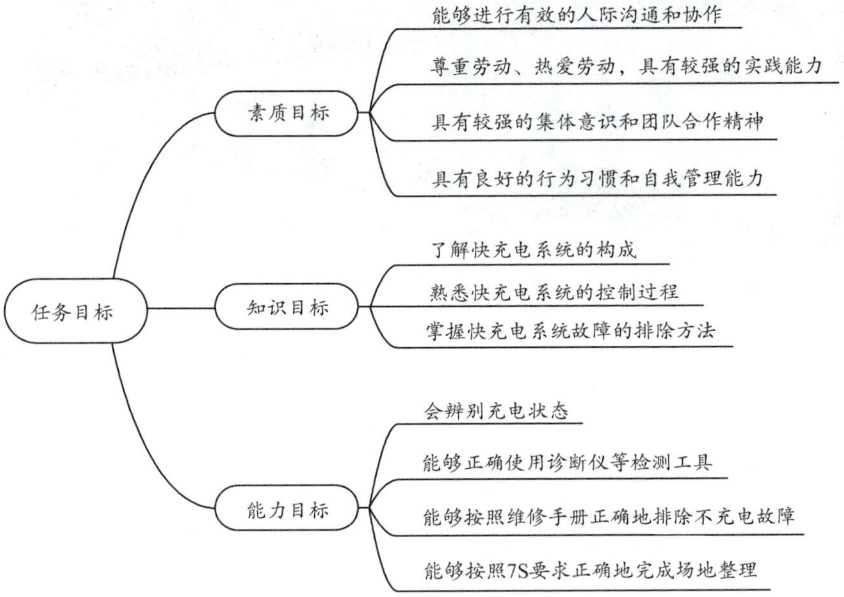

【知识储备】

一、快充电系统的组成

快充电系统主要由直流充电桩、快充接口、高压控制盒、动力蓄电池、整车控制器、高压线束和低压线束等组成。

1.直流充电桩

直流充电桩是非车载充电设备，如图 4-21 所示，其作用相当于车载充电机，它可将交流电进行整流、升压变换为高压直流电。直流充电桩输入的是电压 380 V(±15%)、频率 50 Hz 的工业交流电，输出的是可调直流电。直流充电桩的输出电压和电流调整范围大，可以满足快充的要求。直流充电桩主要集中在城市公共快充站、高速公路服务站和出租车专营场站。直流充电站如图 4-22 所示。

图 4-21　直流充电桩

图 4-22　直流充电站

2.快充接口

直流充电桩与电动汽车的充电接口功能定义执行国家标准《电动汽车传导充电用连接装置》(GB/T 20234.3—2015)的规定，打开车辆快充端口口盖后可以看到 9 孔式接口，其连线触头的布置形式如图 4-23 所示。

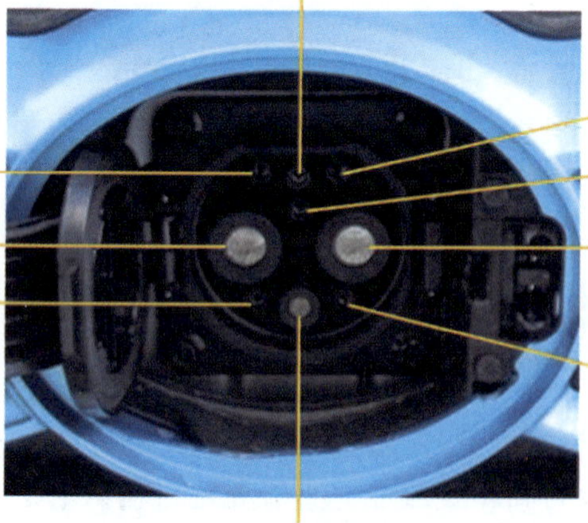

图 4-23　快充充电口针脚名称

快充充电接口各触头功能定义如表 4-14 所示。

表 4-14　快充充电接口各触头功能定义

触头编号/标志	功能定义	额定电压和额定电流
DC+	直流电源正，连接直流电源正与电池正极	750 V/1000 V，80 A/125 A/200 A/250 A
DC−	直流电源负，连接直流电源负与电池负极	750 V/1000 V，80 A/125 A/200 A/250 A
⏚	保护接地(PE)，连接供电设备地线和车辆底盘地线	0~30 V，2 A

续表

触头编号/标志	功能定义	额定电压和额定电流
S+	充电通信,连接非车载充电机与电动汽车的通信线	0~30 V,2 A
S-	充电通信,连接非车载充电机与电动汽车的通信线	0~30 V,2 A
CC1	充电连接确认 1(供电连接)	0~30 V,2 A
CC2	充电连接确认 2(车辆连接)	0~30 V,2 A
A+	低压辅助电源正,连接非车载充电机为电动汽车提供的低压辅助电源	0~30 V,20 A
A-	低压辅助电源负,连接非车载充电机为电动汽车提供的低压辅助电源	0~30 V,20 A

二、快充电系统的工作过程

快充充电的原理如图 4-24 所示,其中 U1 是充电桩提供的 12 V 检测电压,U2 为车辆提供的 12 V 检测电压;R1、R2、R3、R4、R5 是充电连接确认检测电阻,检测电压在工作电路中的等效电阻值均为 1 kΩ;K1、K2 是直流充电桩的高压直流线路上的两个接触器,K5、K6 为动力蓄电池的正极和负极接触器,K3、K4 是直流充电桩提供的低压辅助电源正极和负极上的继电器。

直流快充充电过程包括车辆接口连接确认阶段、直流充电桩自检阶段、充电准备就绪阶段、充电阶段、充电结束阶段五个阶段。

1.车辆接口连接确认阶段

当对车辆进行充电时,按下充电枪的机械按键(这时 S 断开),将充电枪插入车辆快充端口,再松开枪头按键,如图 4-25 所示。这时,充电桩的检测点 1 将检测到 6 V→12 V→6 V→4 V 的电平变化。当检测点 1 的电压值为 4 V 时,充电桩将判断充电枪插入成功,车辆接口完全连接,同时将充电枪中的电子锁进行锁定,防止充电枪脱落。

2.直流充电桩自检阶段

在车辆接口完全连接后,充电桩将闭合 K3、K4,使低压辅助供电回路导通,为电动汽车控制装置供电,如图 4-25 所示。车辆控制装置(BMS)将根据检测点 2 的电压判断车辆接口是否完全连接,如果检测点 2 的电压值为 6 V,则车辆控制装置开始周期性地发送通信握手报文。

直流充电桩接收到报文后闭合 K1、K2,并检测充电桩端 DC 线路的绝缘性能,保证充电过程的安全性。绝缘检测所用电压值为车辆通信握手报文内的最高允许电压和充电桩额定电压中的较小值。绝缘检测结束后,将绝缘检测以物理的方式从强电回路中分离,并投入泄放回路泄放能量。泄放结束后,断开 K1、K2,同时开始周期性地发送通信握手报文。

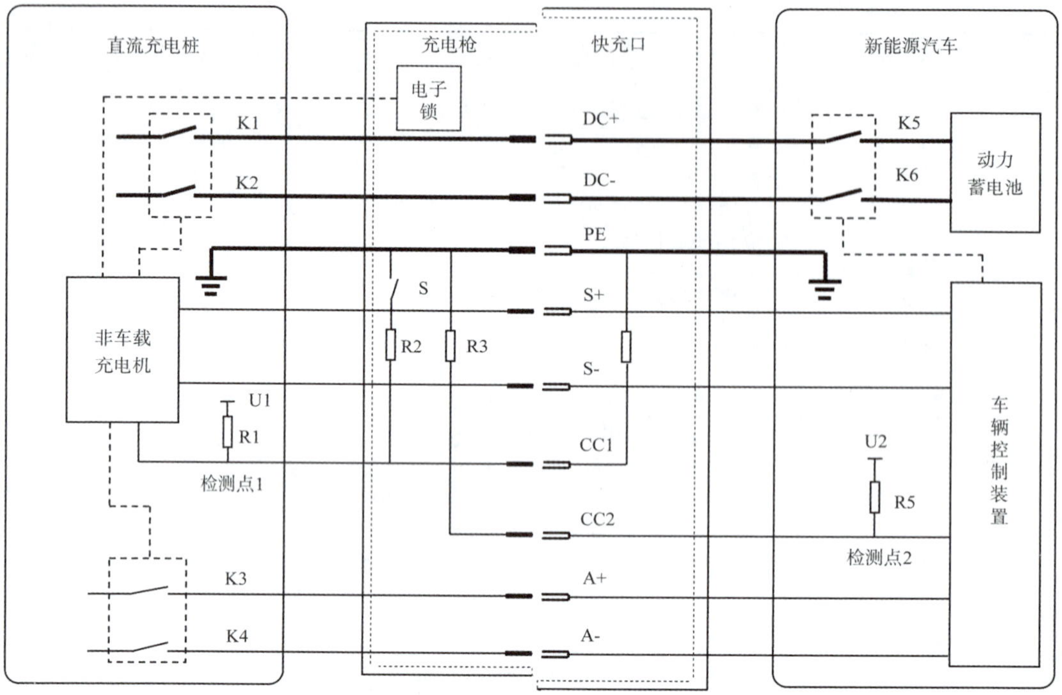

图 4-24　快充充电的原理

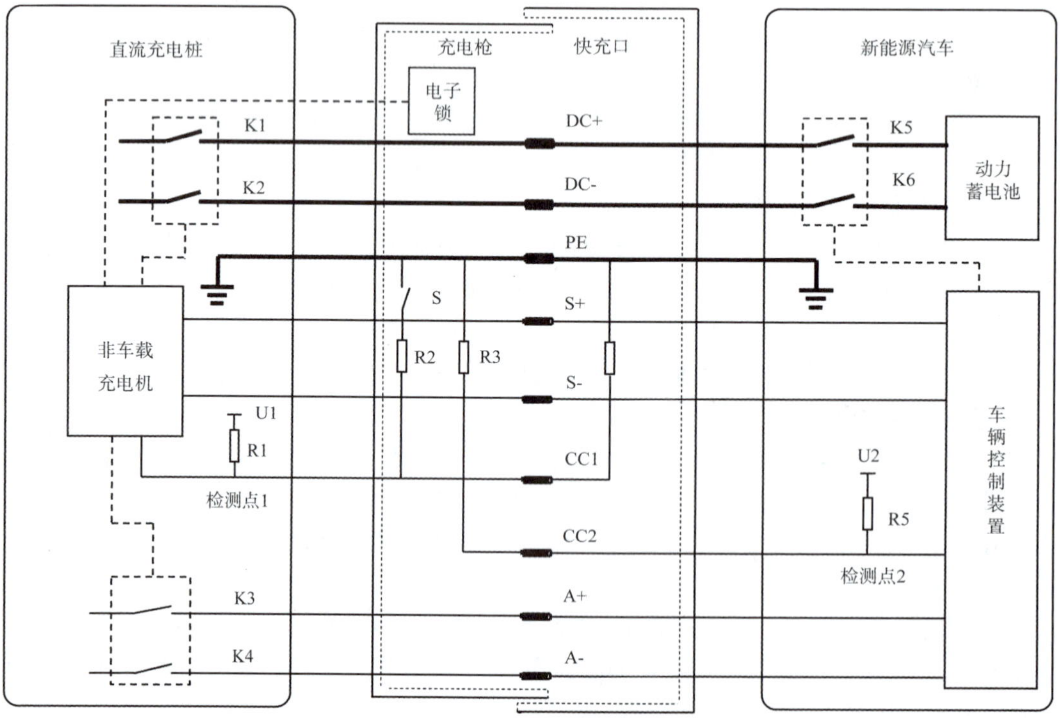

图 4-25　连接充电枪

3.充电准备就绪阶段

在该阶段，车辆与充电桩相互配置，车辆控制 K5、K6 闭合，使充电回路导通，充电桩检测到车辆端电池电压正常（充电桩接触器 K1、K2 外端电压与通信报文描述的电池电压误差不超过±5%，且大于充电桩最低输出电压，小于充电桩最高输出电压，即该电压值在充电桩工作电压范围内）后闭合 K1、K2，使直流充电回路导通，即准备好开始充电。

4.充电阶段

车辆向充电桩实时发送电池充电需求的参数，充电桩将根据需求参数实时调整充电电压和充电电流，同时相互发送各自的状态信息，如充电桩输出电压、电流，车辆电池电压、电流、SOC、温度等，车辆在充电过程中应能检测 PE 针断线，同时负责充电过程中整个系统的绝缘检测。

5.充电结束阶段

车辆根据 BMS 是否达到充满状态或是否收到充电桩发来的“充电机中止充电报文”来判断是否结束充电。满足以上结束充电条件时，车辆开始周期性地发送“车辆控制装置中止充电报文”，在确认充电电流小于 5 A 后断开 K5、K6。当充电桩达到操作人员设定的充电结束条件或停止充电指令，或者收到汽车发来的“车辆控制装置中止充电报文”后，会周期性地发送“充电机中止充电报文”，并控制充电桩停止充电，以不小于 100 A/s 的速率减小充电电流。当充电电流小于等于 5 A 时，断开 K1、K2（同时车辆端断开 K5、K6），并再次投入泄放电路，然后再断开 K3、K4，解锁电子锁。

三、快充电系统故障诊断

诊断快充电系统故障时，首先应获取故障相关信息，依据系统结构及控制逻辑，分析故障原因，查阅车辆维修手册及分析电路图册，按照合理的步骤进行诊断，排查故障点。

1.充电连接过程诊断

踩下制动踏板，打开点火开关执行高压上电操作，观察仪表动力蓄电池电量显示。检查充电电缆、充电接口、充电枪，充电电缆应无破损，充电接口应无杂物、水渍。打开车辆快充充电口盖，连接快充充电设备至车辆直流充电插座，观察仪表上红色充电连接指示灯、黄色充电指示灯是否正常点亮，仪表中部是否动态显示当前电池电量，仪表中下部是否显示充电电流及充电所需时间。若不正常，则应连接故障诊断仪，读取故障代码，进一步分析可能存在的故障。

2.故障代码诊断

连接故障诊断仪，读取故障代码。若无法读取故障代码，需检测诊断接口及相关线路；若无故障代码，应进一步读取数据流。故障诊断代码及数据流分别如表 4-15 和表 4-16所示。

表 4-15　故障诊断代码列表

故障诊断代码	代码说明
U300616	控制器供电电压低
U300617	控制器供电电压高

续表

故障诊断代码	代码说明
U007300	CAN 总线关闭
U011287	与高压电池控制器通信丢失
U015587	与组合仪表通信丢失
U012287	与车身稳定系统通信丢失
U014687	与网关通信丢失
P1A8019	直流输出电流过高
P158001	直流充电继电器粘连故障
P158007	直流充电继电器无法闭合故障
P158D01	主回路高压互锁故障
P158F01	快充回路高压互锁故障
P159A01	充电口温度传感器故障
P159B-22	充电口过温
P159C-00	快充预充失败
P159D-01	充电故障,快充设备故障
P15E094	充电故障,快充设备异常终止充电

表 4-16　故障诊断数据流列表

故障诊断数据流描述	正常范围	单位
ECU 电压	9～16	V
故障发生计数器	0～255	次
第一次发生故障时的汽车里程	—	km
最后一次发生故障时的汽车里程	—	km
快充回路高压互锁状态	0～3	nA
快充回路高压互锁外侧电压	0～5000	mV
快充回路高压互锁内侧电压	0～5000	mV
快充唤醒源电压	0～12000	mV
CC2 电压值	0～5000	mV
充电桩最大输出电压	0～750	V
充电桩最小输出电压	0～750	V
充电插座温度	-40～125	℃

若无法读取故障代码及数据流信息,应检测 OBD-Ⅱ诊断接口及相关线路。

3.快充系统信号线路诊断

结合维修手册和线路图对充电连接 CC1、CC2 信号线路进行电压、通断测量。若不正常,需对 CC1、CC2 信号线路进行检测维修;若正常,需结合维修手册和线路图对 A+、A-快充唤醒信号线路进行电压、通断测量。对 A+、A-快充唤醒信号线路进行测量时,若不正常,需对 A+、A-快充唤醒信号线路进行检测维修;若正常,需结合维修手册、线路图对温度传感器信号进行电压、通断测量。BMS 模块与直流充电插座的连接电路如图 4-26 所示。

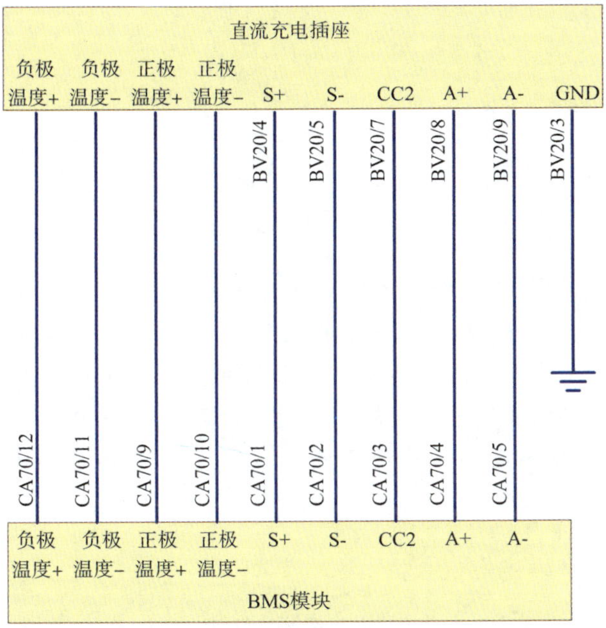

图 4-26 BMS 模块与直流充电插座的连接电路

项目五
空调系统检修

【工作情景】

电动汽车空调包括制冷系统和制热系统两部分,它除了具有制冷、制热、通风、除霜四个功能外,还参与整车的热管理。制冷系统的动力来源于电动空调压缩机,而制热系统则是通过PTC加热器将水加热后为驾驶室和动力蓄电池提供热能,它们都属于高压部件。对空调系统的维护和检修是电动汽车售后服务中最常见的岗位工作任务之一。那么,针对电动汽车空调系统,我们应该掌握哪些内容呢?

【学习目标】

通过学习本项目,应该达到以下目标:①熟悉电动汽车空调制冷系统的构成和基本原理;②能够根据维修手册对制冷系统实施检测和故障诊断;③熟悉电动汽车空调制热系统的构成和基本原理;④能够根据维修手册对制热系统实施检测和故障诊断。

任务一　空调制冷系统检修

【任务描述】

打开点火开关，执行高压上电操作，仪表"READY"灯点亮，高压上电正常，仪表右上角外界温度无数值显示；操作空调面板上的"AUTO"按键，发现空调面板上的"AUTO"按键指示灯不能正常点亮，显示屏幕不亮。操作空调面板上的其他按键或旋钮，空调面板无反应，空调所有功能均无法正常工作。作为一名新能源汽车维修技工，应正确使用诊断仪、示波器、万用表等检测工具，依据维修手册及相关资料排除故障，并准确填写诊断报告；按照7S操作规范整理场地，经检验合格后，将诊断报告和钥匙交付前台。

【任务目标】

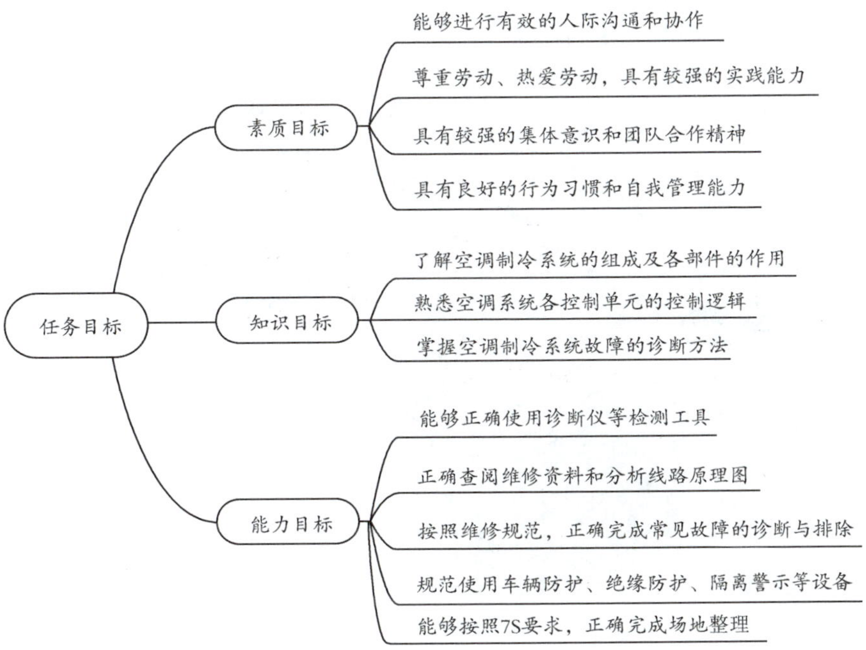

【知识储备】

电动汽车空调系统除了制冷、制热、通风、除霜四个功能外，还参与整车的热管理功能，即充电和运行时的预热及散热。吉利 EV450 空调系统总成结构位置如图 5-1 所示。

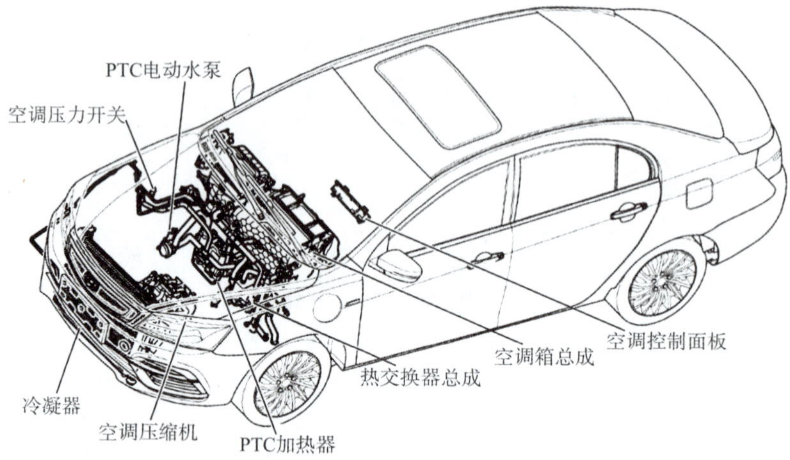

图 5-1　吉利 EV450 空调系统总成结构位置

一、空调系统的组成

空调系统的组成如图 5-2 所示，主要由电动空调压缩机、冷凝器/液化器、带干燥器的液体容器、压力开关、高压抽吸和充注阀、膨胀阀、蒸发器、低压抽吸和充注阀等部件构成。

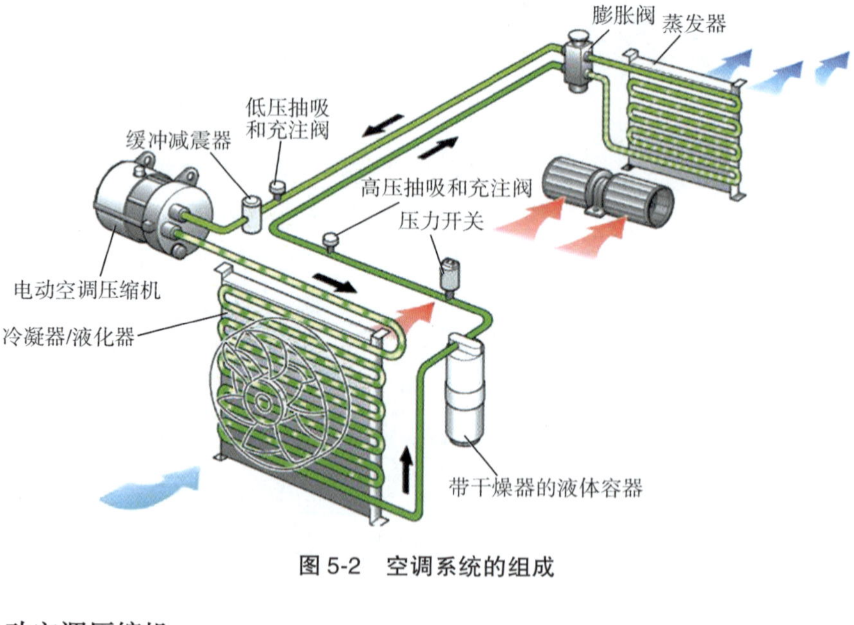

图 5-2　空调系统的组成

1. 电动空调压缩机

电动空调压缩机是一个高压部件，如图 5-3 所示。吉利 EV450 空调压缩机的工作电压为 346 V，控制单元的工作电压为 12 V。压缩机抽取低温低压气态制冷剂，制冷剂在压缩机内被压缩，温度升高。因此，由空调压缩机进入冷凝器/液化器的制冷剂是高温高压的气态制冷剂，温度在 70 ℃左右，压力为 1. 3~1. 5 MPa。新能源汽车一般使用泵气效率高的涡旋式压缩机，其具有振动小、噪声低、使用寿命长、质量轻、转速高、效率高、外形尺寸小等优点。

2.冷凝器/液化器

冷凝器的结构如图 5-4 所示，高温高压气态制冷剂由上端口进入冷凝器，在冷凝器内被流过的空气（迎风空气和风扇空气）带走热量。当达到由压力决定的露点时，气体制冷剂开始冷凝成液体。在这个阶段，制冷剂变成中温高压液态，温度在 50 ℃左右，压力在 1.1～1.3 MPa。

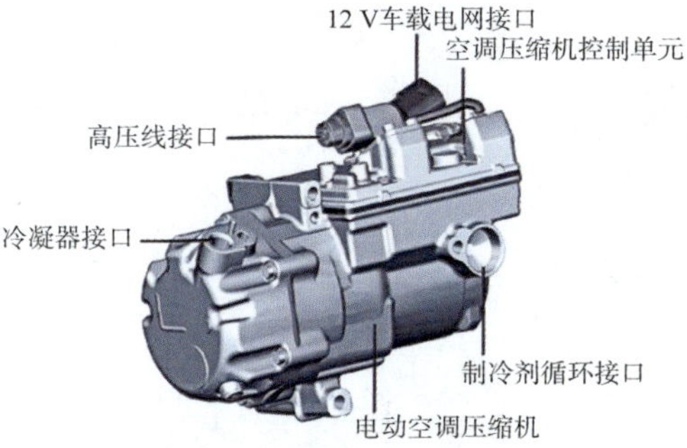

图 5-3　电动空调压缩机

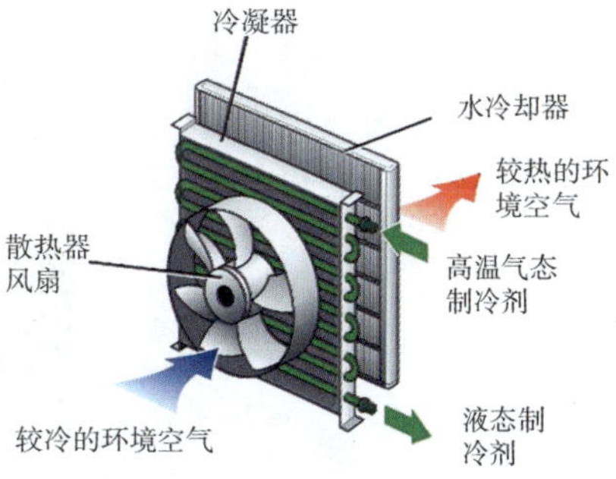

图 5-4　冷凝器结构示意图

3.干燥器

干燥器的结构如图 5-5 所示，从冷凝器中流出的液态制冷剂流入其一侧的储液罐中。制冷剂收集在储液罐中，然后流经干燥器，并顺着立管流入膨胀阀中，制冷剂在此过程中的流动不间断，而且不起泡。干燥器可去除制冷剂中的水分，防止制冷剂经过蒸发器时结冰。

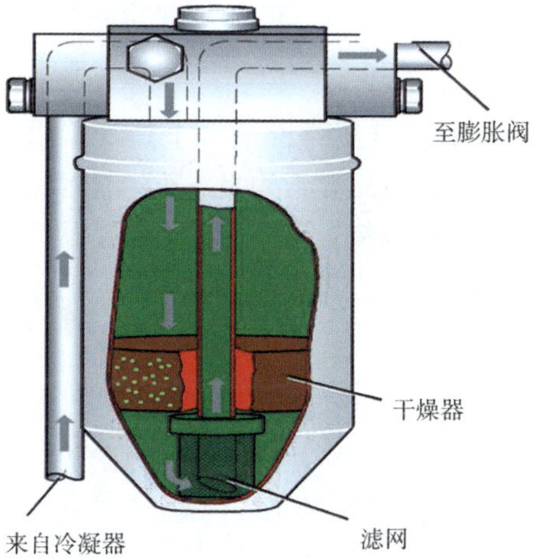

图 5-5　干燥器的结构

4.压力开关

压力开关检测空调管路压力并起到保护作用。当空调机管道中的压力超出设定值范围（高压管压力为 3.14 MPa 或 0.196 MPa，中压管压力为 1.77 MPa）时，压力开关动作，改变控制元件的通断状态，由 VCU 控制电子扇高速运转，保护空调免受损坏；当压力恢复到正常范围后，开关元件恢复通断状态。

5.膨胀阀

膨胀阀的结构如图5-6所示。膨胀阀是蒸发器中的制冷剂膨胀和冷却之处，它形成了制冷剂回路高压端和低压端之间的接口。膨胀阀是制冷系统中的节流装置，通过节流实现制冷剂由液态转化为气态，实现制冷。膨胀阀依据制冷剂蒸汽在蒸发器出口处的温度，调节流入蒸发器的制冷剂量，充分地起到制冷作用。膨胀阀可降低制冷剂的压力，使制冷剂温度急剧下降到约-5 ℃，压力为0.15 MPa。

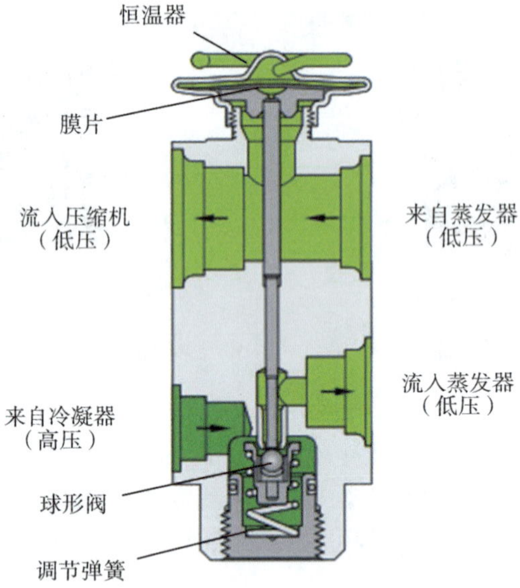

图5-6 膨胀阀的结构

6.蒸发器

蒸发器的结构如图5-7所示。蒸发器也是一个热交换器，制冷剂经过蒸发器时吸收热量，变成低温低压气态，温度为0~5 ℃。因此，蒸发器可完成空调系统的主要任务：从流过的空气中吸收热量，实现空气冷却；还有一项任务是从空气中吸收水分，使空气变干燥。水分经过冷凝后排到车外，可防止车窗玻璃起雾。

二、空调制冷控制系统

空调制冷控制系统的电气原理框图如图5-8所示，主要由空调控制面板、空调控制器、空调压缩机及控制器、空调压力开关、温度传感器、阳光传感器、冷凝器继电器及冷却扇、鼓风机调速单元、风门控制电机、制冷管路、高压配电箱/OBC、VCU、三通电磁阀等组成。

空调制冷系统启动后，根据转速、压力、温度等信号变化及汽车运行状况和外界环境条件，自行调节流量以达到节能、降噪和实现车厢环境最优化的控制目的；系统设置了循环风门（车内循环方式），能够隔绝车内及车外的空气，使车厢内的空气保持恒温状态；如果车外的污染超标，循环风门能够抵挡浑浊空气的入侵，风门能根据驾乘人员调定的温度自动调节风量、气流分配方式，还能根据车外日照强度自行调节空气循环的方向。

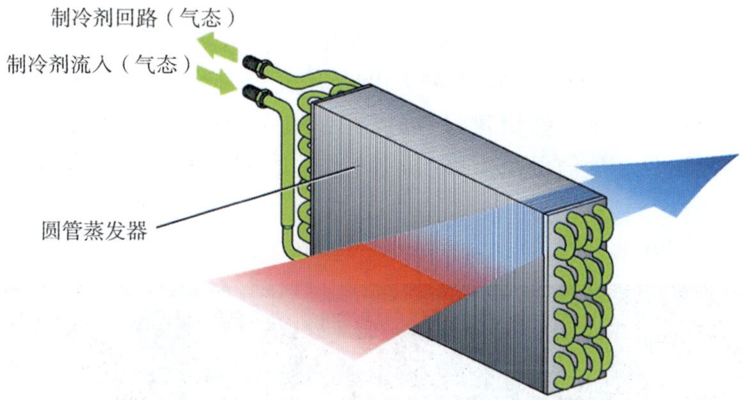

图 5-7　蒸发器的结构

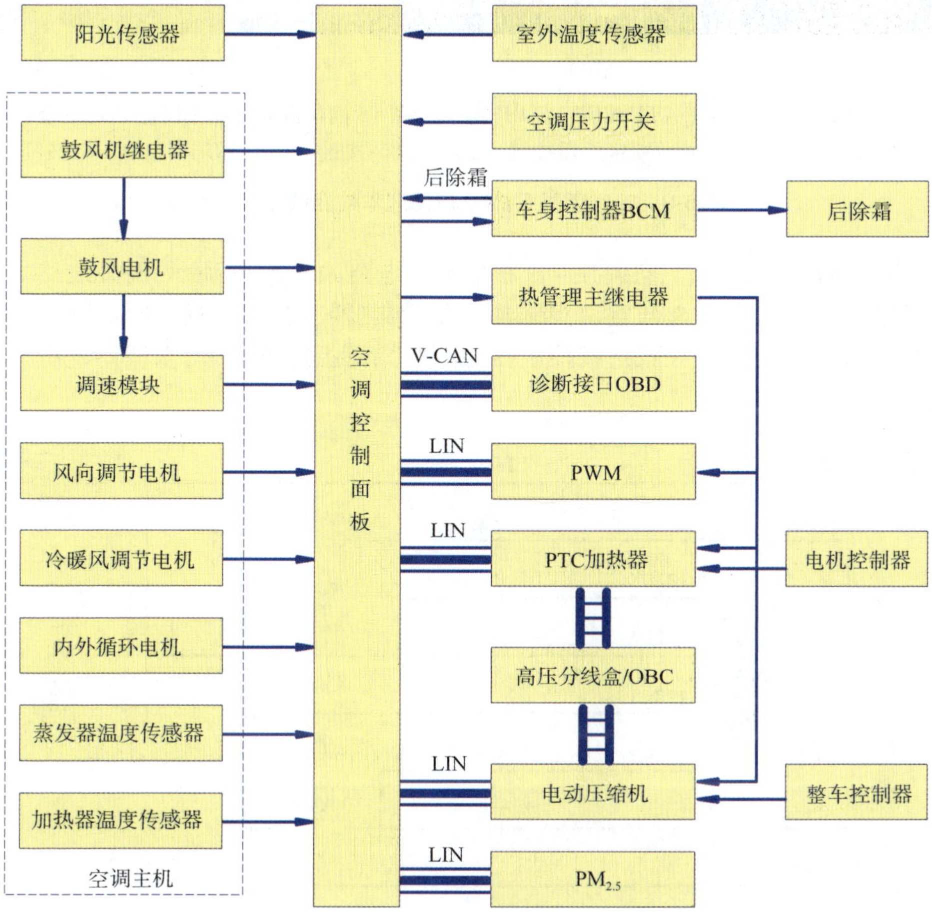

图 5-8　空调制冷控制系统的电气原理框图

1.空调控制面板

(1)空调控制面板。空调控制面板主要由按键、内部集成处理单元和信号显示窗口等组成,如图 5-9 所示。按键能反映驾驶人及乘客对车内温度、出风口方向、出风量大小等的需求;内部控制单元采集按键信号,通过 LIN 线发给空调控制器,空调控制器负责控制各元件工作;背光及显示信号由空调控制器通过 LIN 线发给空调控制面板,在空调控制面板上显示出来。

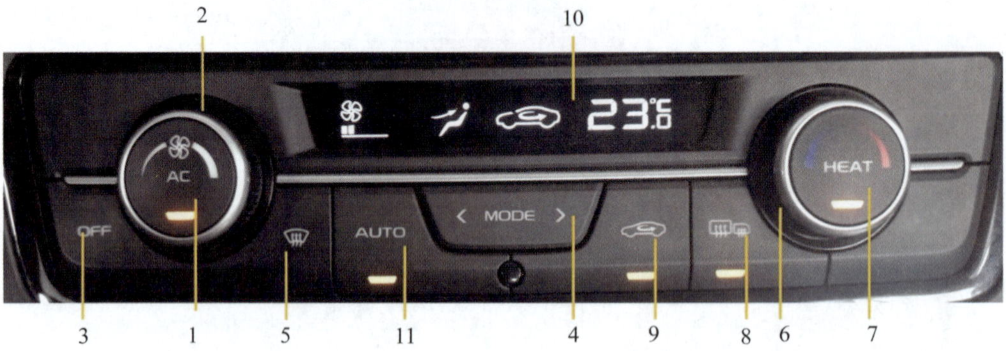

1.A/C 按键 2.风量调节旋钮 3.OFF 按键 4.风向调节按键 5.前风窗除霜除雾按键 6.温度调节旋钮 7.加热按键 8.后风窗/外后视镜除霜按键 9.内外循环按键 10.显示屏 11.AUTO 按键

图 5-9 吉利帝豪 EV450 电动汽车的空调面板

(2)空调面板控制电路。空调控制面板的控制电路如图 5-10 所示,对外线路主要通过 LIN 线进行信号传输,建立与空调控制器、PTC 加热器、空调压缩机控制器等的通信。如果 LIN 总线出现故障,将导致空调控制器无法获知面板需求信号,空调系统所有的功能会丧失。

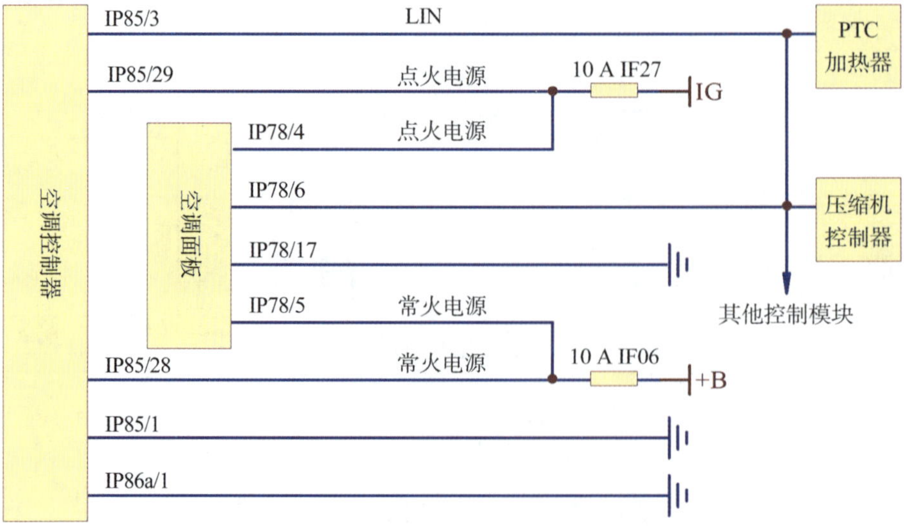

图 5-10 空调面板的控制电路

+B 电源为空调面板和空调控制器提供不间歇性电源，防止单元内部存储的临时性数据及信号丢失，同时也作为单元工作电源发挥作用。如果此电源出现异常，将导致空调控制面板不能启动工作，车辆空调系统所有的功能会丧失。

IG 电源又称点火电源，受点火开关控制。只有打开点火开关，此电源线路上才有电压。如果 IG 电源出现异常，将导致空调控制面板不能启动工作，车辆空调系统所有的功能会丧失。

2.空调控制器

空调控制器是制冷、制热、通风、除霜以及热管理的“大脑”，它通过接收温度、开关、执行器电机位置、光照等信号，控制各执行器的运行。空调控制器线路如图 5-11 所示。

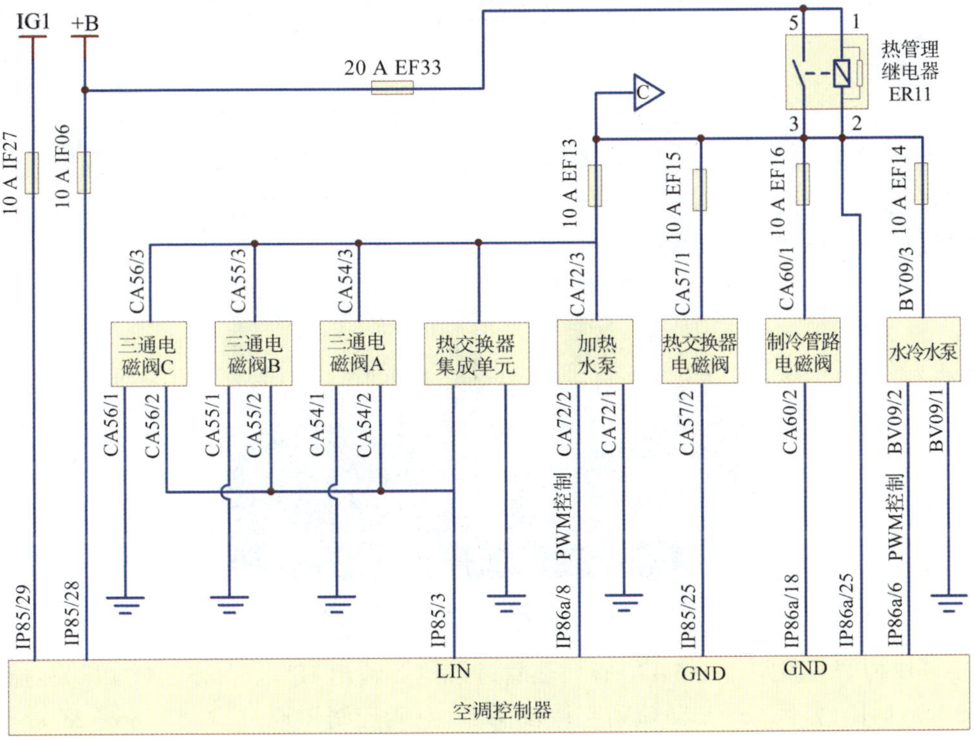

图 5-11　空调控制器线路

图 5-11 中，+B 为控制器提供不间歇性电源，防止单元内部存储的临时性数据及信号丢失，保证空调系统和其他系统的 V-CAN、LIN 总线通信正常；在充电过程中保证整车热管理正常启动。如果该电源出现异常，将导致空调控制面板不能启动工作，车辆空调系统所有的功能会丧失。

点火电源 IG 受点火开关状态控制。如果 IG 电源出现异常，将导致空调控制面板不能启动工作，车辆空调系统所有的功能会丧失。

空调控制器通过 LIN 总线与空调控制面板、空调压缩机控制器、PTC 加热器、三通电磁阀 A/B/C 等进行数据通信。如果空调控制器的 LIN 总线出现故障，将导致空调控制器无法获知面板需求信号，空调控制器将不启动运行，车辆空调系统所有的功能会丧失。

同时，空调控制器发送的热管理请求（充电预热、充电散热）无法传输，会导致整车热管理功能失效。

水冷水泵由空调控制器输出的 PWM 信号进行转速控制，控制波形如图 5-12 所示。空调控制器输出幅值约 2.2 V 的 PWM 控制信号，PWM 控制信号进入水冷水泵后由+B 电源将其幅值上拉至 10.8 V 左右。水冷水泵转速与 PWM 信号的占空比相关，占空比越大，转速越高。

（a）低速运转控制波形　（b）中速运转控制波形　（c）高速运转控制波形

图 5-12　水冷水泵控制波形

3.空调压力开关

空调压力开关负责检测高压管路中制冷剂的最低压力和最高压力，并把压力信号反馈给空调控制器，以便及时调整冷却风扇的转速及压缩机启停，防止空调系统因压力过低造成压缩机润滑油流动不畅，致使压缩机润滑不足而损坏，另外也能防止因压力过高造成系统泄漏。空调压力开关的安装位置如图 5-13 所示。

图 5-13　空调压力开关的安装位置

空调压力开关线路如图 5-14 所示，热管理继电器输出+B 电源经过压力开关内部高压（常闭）、低压（常闭）开关反馈到空调控制器，空调控制器通过检测 IP86a/23 端子电压，即可判断空调管路的压力状态。

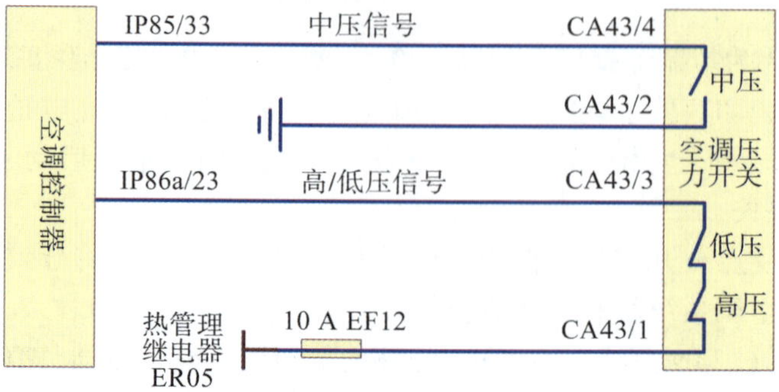

图 5-14　空调压力开关线路

正常情况下，空调压缩机启动前管路压力为0.196 MPa，启动后管路压力会升至3.14 MPa，这时高压、低压开关保持常闭，空调控制器检测到IP86a/23电压为+B，即判定系统压力正常，可以启动空调压缩机。如果管路压力低于0.196 MPa，则低压开关断开，或者如果管路压力高于3.14 MPa，则高压开关断开，这时空调控制器检测到IP86a/23电压为0 V，即判定系统压力过低或过高，控制器将禁止启动空调压缩机。

空调控制器通过IP85/33输出+5 V参考电压给中压开关，中压开关为常开开关。压缩机工作过程中，如果管路压力高于1.3 MP时，中压开关闭合，控制器IP85/33端子电压被拉低至0 V，空调控制器检测到该电压降低为0 V，即接通冷却风扇高速继电器，冷却风扇高速运转，通过降温达到降压的目的，防止管路爆裂泄漏。

4.温度传感器

当环境温度不低于-1 ℃，蒸发箱温度不低于4 ℃，高/低压压力开关接通+B后，即向空调压缩机控制器发送启动空调压缩机信号，空调压缩机控制器控制压缩机运转；如果上述三个信号中的任一信号不能满足条件要求，则空调控制器将停止压缩机启动。

室外环境温度传感器线路如图5-15所示，蒸发器温度信号、室外温度信号的变化范围为0.5~4.2 V，当两个温度传感器线路断开时，IP85/34、IP85/35端子的电压约为5 V。

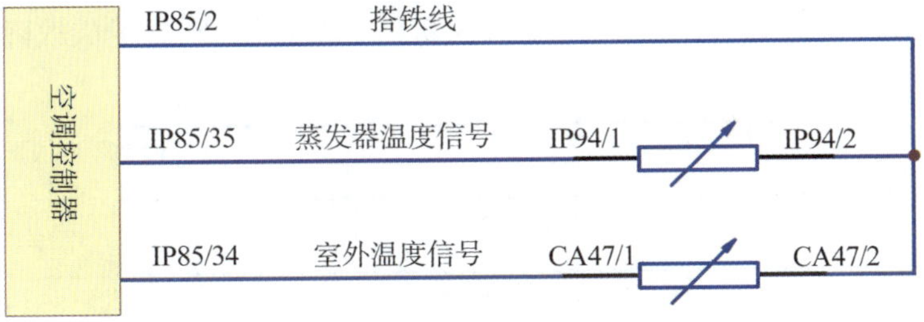

图5-15　室外环境温度传感器线路

5.阳光传感器

阳光传感器安装在仪表台中间上部，如图5-16所示。它主要用来检测日光照射量的变化，并将其转换成电流信号输送给空调控制器，后者根据阳光的强度来调节空调AUTO状态下驾驶室的温度、出风量等。

图5-16　阳光传感器安装位置

阳光传感器信号线路如图 5-17 所示，随着光照加强，传感器输出信号的电压逐渐增大，电压范围为 1.4~4.5 V。

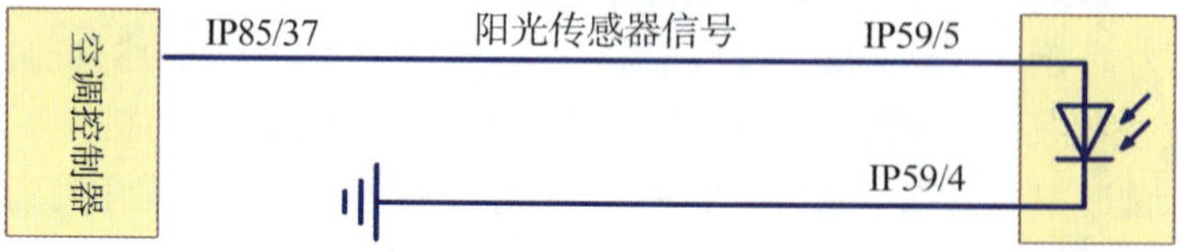

图 5-17　阳光传感器信号线路

6.鼓风机调速单元

空调系统开启后，空调控制器控制鼓风机继电器工作，为鼓风机提供电源。调节鼓风机转速开关置于不同的挡位，空调控制面板会对挡位信号进行解析，并通过 LIN 总线发送至空调控制器。空调控制器向调速单元输出不同的电压信号，从而控制鼓风机的转速。

空调鼓风机控制线路如图 5-18 所示：空调控制器从 IP86a/26 端子向鼓风机继电器 ER10 发出低电平控制信号（标准电压为 1 V），并通过 IP85/22 检测 ER10 的工作状态。ER10 触点吸合后，+B 电源经过 SF10 为鼓风机提供功率电源。如果这两路中的任一电源异常，将导致鼓风机无法获得+B 电源，鼓风机将无法运转，同时生成故障代码并存储。

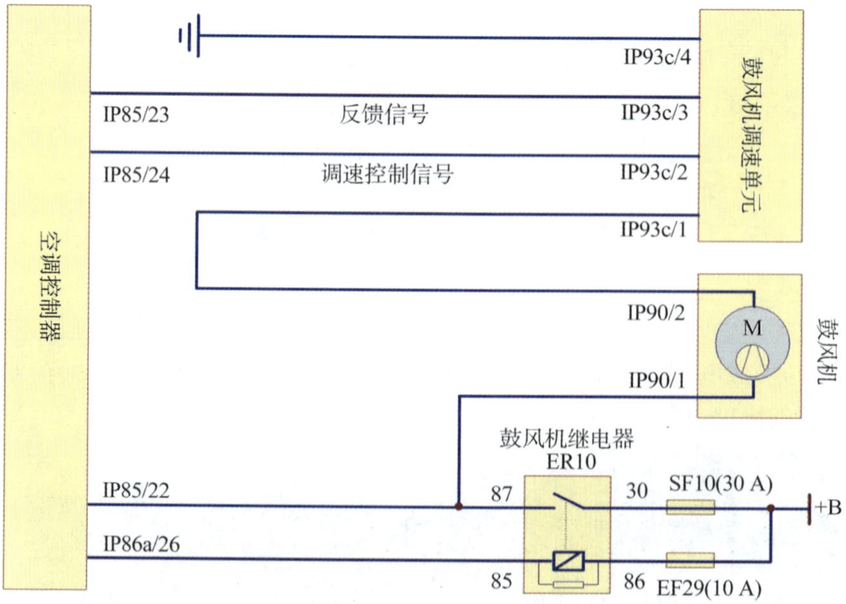

图 5-18　空调鼓风机控制线路

空调控制器通过 LIN 总线接收空调面板的空调开关信号，根据空调挡位开关信号从 IP85/24 输出不同的电压，用来控制鼓风机转速。如果控制信号及线路异常，将导致鼓风机调速单元控制端无法获得工作电压，鼓风机无法运转，空调控制器同时生成故障代码并存储。

空调控制器通过检测 IP85/23 端子电压判断鼓风机的工作状态，挡位不同，反馈电压也不同。如果反馈信号及线路出现异常，空调控制器无法获知当前鼓风机的状态及速度，将无法精确地对鼓风机进行控制,导致鼓风机无法低挡运转,只能高挡运转,空调控制器同时生成故障代码并存储。空调挡位与 IP85/24、IP85/23 的电压对应关系如表 5-1 所示。

表 5-1 空调挡位与 IP85/24、IP85/23 的电压对应关系

空调挡位	IP85/24	IP85/23
1	4.7 V	10.3 V
2	4.8 V	9.1 V
3	4.9 V	8.4 V
4	5.0 V	7.0 V
5	5.2 V	4.6 V
6	5.4 V	2.1 V
7	5.6 V	0.8 V

7.空调压缩机及控制器

空调压缩机控制器线路如图 5-19 所示,电源采用+B 电源,为常火电源,如果该电源出现故障,将导致空调压缩机控制器无法正常工作,LIN 数据信号无法交换,空调制冷系统不启动工作,出风口没有凉风吹出。

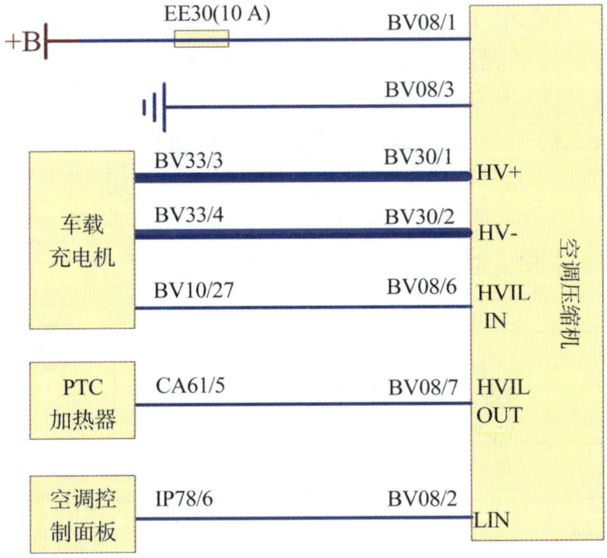

鼓风机继电器故障1

鼓风机继电器故障2

图 5-19 空调压缩机控制器线路

空调压缩机控制器通过 LIN 线与空调控制器、控制面板、三通电池阀 A/B/C 等构成一个总线网络。如果 LIN 出现异常,空调压缩机也将不会启动工作,出风口也没有凉风吹出。

空调压缩机作为高压部件,设有高压互锁控制,与 VCU、OBC、MCU、PTC 加热器构成高压互锁回路,该线路出现问题将导致整车不能上高压电,系统故障指示灯亮。

高压 HV+在 OBC 内部通过熔断器 HF04(40 A)与动力蓄电池连接,为空调压缩机提供直流高压工作电源。

三、案例教学

【案例 1】空调控制器供电故障

现象描述：打开点火开关，执行高压上电操作，仪表“READY”灯点亮，高压上电正常，仪表右上角“外界温度”无数值显示（见图 5-20）；操作空调面板上的“AUTO”按键，空调面板上该按键的指示灯不能正常点亮，显示屏幕不亮。操作空调面板其他按键或旋钮，空调面板无反应，空调所有功能均无法正常工作。

图 5-20　仪表现象

1.现象分析

打开点火开关，车辆高压上电正常，仪表上外界温度无数值显示。此温度信息是由外界温度传感器发送给空调控制器，再由空调控制器通过 V-CAN 发送至组合仪表。根据此案例中温度信息没有显示，可推断温度传感器、V-CAN 总线或空调控制器工作异常。

正常情况下，操作空调面板开关，开关信息通过 LIN 总线发送至空调控制器。空调控制器接收到数据信息后，确认此时系统正常，发送信息至空调面板，空调面板启动，同时空调控制器启动。结合本案例中的故障现象，分析空调控制系统的逻辑，说明空调控制器没有启动工作。首先查看空调控制器电源及通信线路，如图 5-21 所示，可见空调控制器正常工作的条件是供电电源、搭铁、通信及空调控制器本身均正常。

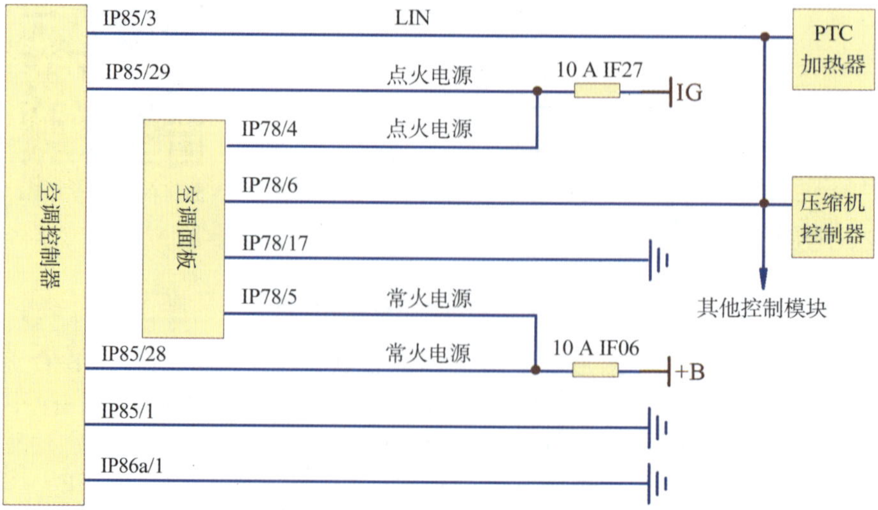

图 5-21　空调控制器电源及通信线路

结合上述信息,故障原因为以下中的一项或多项:

(1)空调控制器+B 电源故障。

(2)空调控制器 IG1 电源故障。

(3)空调控制器车身搭铁故障。

(4)空调控制器通信故障。

(5)空调控制器自身故障。

(6)接插件故障。

2.故障诊断过程

(1)连接诊断仪。连接诊断仪到 OBD 接口,使用诊断仪与空调控制器模块无法正常通信,通过诊断仪与整车控制器通信读取故障代码,如表 5-2 所示。

表 5-2 整车控制器中读取的故障代码

故障代码	代码说明
U016487	与空调控制器通信丢失

代码分析:打开点火开关,整车系统低压上电后,整车控制器和空调控制器之间需要进行信息交互。如果整车控制器在一定时间内没有接收到空调控制器的信息,则判定与空调控制器通信失败,形成表 5-3 中的故障代码。

空调控制器无法通信,说明空调控制器启动异常或 VAN 通信异常。如果只是V-CAN 总线出现异常,则空调控制器会启动工作,数据传输会出现异常,仪表温度信息会显示异常。由于空调面板操作无反应,同时车辆仪表温度显示异常,因此故障原因缩小为空调控制器电源故障或空调控制器本身故障,对故障原因分析如下:①空调控制器+B 电源故障;②空调控制器 IG1 及线路故障;③空调控制器自身故障;④接插件故障。

(2)空调控制器电源线路输入端对地电压检测。关闭点火开关,使用万用表检测空调控制器+B 电源(IP85/28 端子)对地电压,标准应为+B 电压,测试结果可能如表 5-3 所示。

若正常,需检测空调控制器 IG 电源(IP85/29 端子)对地电压,检测条件为:打开点火开关,低压正常上电,用万用表检测空调控制器 IP85/29 端子对地电压,标准应为+B 电压,测试结果可能如表 5-4 所示。

表 5-3 空调控制器+B 电源(IP85/28 端子)对地电压测量值

情况	检测数据	结论	下一步操作
1	+B	正常	下一步检测空调控制器 IG 线路对地电压
2	>0 V,<+B	异常	下一步检测空调控制器+B 电源保险 IF06(10 A)对地电压
3	0 V	异常	下一步检测空调控制器+B 电源保险 IF06(10 A)对地电压

表 5-4　空调控制器 IG 电源(IP85/29 端子)对地电压测量值

情况	检测数据	结论	下一步操作
1	+B	正常	下一步检测空调控制器车身接地线路对地电压
2	>0 V,<+B	异常	下一步检测空调控制器 IG1 电源保险 IF27(10 A)对地电压
3	0 V	异常	下一步检测空调控制器 IG1 电源保险 IF27(10 A)对地电压

本故障案例经测试,空调控制器 IP85/28 端子对地电压结果为表 5-3 中的情况 1,空调控制器 IG 电源(IP85/29 端子)对地电压结果为表 5-4 中的情况 3,下一步需检测空调控制器 IG1 电源保险 IF27(10 A)对地电压。

打开点火开关,低压正常上电,用万用表检测保险 IF27(10 A)两侧对地电压,标准应均为+B 电压,测试结果可能如表 5-5 所示。

表 5-5　保险 IF27(10 A)两侧对地电压测量值

情况	检测数据(近 IG 端;近控制器端)	结论	下一步操作
1	+B;+B	正常	下一步需检测端子 IP85/29 到保险 IF27(10 A)间线路的阻值
2	+B;>0 V,<+B	异常	下一步需检测保险片,必要时更换
3	+B;0 V	异常	下一步需检测保险 IF27(10 A)与空调控制器 IP85/29 端子之间线路的对地电阻
4	均为>0 V;<+B	异常	下一步需检查 IG 电源电路
5	0 V;0 V	异常	下一步需检查 IG 电源电路

经测试,保险 IF27(10 A)两侧对地电压结果为表 5-6 中的情况 3,说明保险片损坏,保险片损坏的原因包括本身故障或下游线路对地短路故障,在更换保险片之前需检测保险 IF27(10 A)元器件端端子与空调控制器 IP85/29 端子之间线路的对地电阻。关闭点火开关,拔掉空调控制器的 IP85/29 接插件,还应断开车身接地线上的车身接地点、电源线路正极连接点的连接,测试电阻应为无穷大,测试结果可能如表 5-6 所示。

表 5-6　保险 IF27(10 A)近控制器端与 IP85/29 端子之间线路的对地电阻测量值

情况	检测数据	结论	下一步操作
1	IF27(10 A)近控制器端与 IP85/29 端子之间线路的对地电阻低于 2 Ω	正常	下一步检查 IP85/29 端子对车身搭铁及空调控制器搭铁线阻值
2	IF27(10 A)近控制器端与 IP85/29 端子之间线路的对地电阻无穷大	异常	IF27(10 A)近控制器端与 IP85/29 端子之间线路断路,下一步需检修线路

续表

情况	检测数据	结论	下一步操作
3	IP85/29 对地电阻低于 2 Ω	异常	线路短路，下一步需检修线路
4	IP85/29 和 IP85/1 线路间地电阻小于 2 Ω	异常	IP85/29 和 IP85/1 线路短路，下一步需检修线路
5	IP85/29 和 IP86a/1 线路间地电阻小于 2 Ω	异常	IP85/29 和 IP86a/1 线路短路，下一步需检修线路
6	连接空调控制器接插件，IP85/29 端子对地电阻小于 2 Ω	异常	空调控制器内部对地短路，下一步需更换空调控制器

经测试，检测结果为表 5-6 中的情况 4，为保险 IF27(10 A)近控制器端与空调控制器 IP85/29 端子之间线路对空调控制器 IP85/1 端子搭铁线路短路故障。完成诊断修理后，故障代码需要将点火开关关闭再打开至 ON 挡位置之后才会清除，拆除过或更换过的部件及模块可以根据需要执行调整、编程或设置程序。

3.故障机理

保险 IF27(10 A)近控制器端与空调控制器 IP85/29 端子之间线路对空调控制器 IP85/1 端子搭铁线路短路故障，造成点火开关打开时，空调控制器 IG1 供电保险丝 IF27(10 A)烧断，造成空调控制器无 IG 供电，导致空调控制器无法启动，无法驱动空调系统控制运行，造成空调面板控制无反应、仪表室外温度显示异常等现象。

【案例 2】空调压力开关信号异常故障

打开点火开关，执行高压上电操作，仪表“READY”灯点亮，高压上电正常。操作空调面板开启制冷功能，调节风速调节旋钮，见制冷(AC)状态指示灯点亮，风速显示正常，鼓风机工作正常，出风口无冷风吹出。调节制热功能见制热功能正常。在制冷状态下打开机舱盖，冷凝器风扇运转，空调低压管路温度无凉感，压缩机无运转声音。空调面板状态显示如图 5-22 所示。

图 5-22　空调面板状态显示

1.现象分析

空调制热功能正常，说明空调控制器系统电源、通信正常；冷凝器风扇运转正常，分析故障应该出现在制冷控制信号、冷媒质量压缩机本身。制冷控制信号包括：

(1)外界温度不低于-1 ℃。

(2)蒸发箱温度不低于 4 ℃。

(3)空调管路压力信号。

2.故障诊断过程

(1)连接诊断仪。连接诊断仪到 OBD 接口,通过使用诊断仪与空调控制器通信读取故障代码,结果并未读取到相关故障代码。进入空调控制器读取数据流,如表 5-7 所示。

表 5-7　空调控制器读取数据流列表

序号	数据流描述	正常值
1	车内温度	23 ℃
2	环境温度	24 ℃
3	蒸发器温度	18 ℃

数据流分析:数据流中,车内温度、环境温度、蒸发器温度均显示且都符合开启空调制冷的条件,说明这三个温度传感器和线路正常,由此分析,故障范围缩小为空调压力信号或压缩机本身。具体分析包括:①供电电源线路故障;②压力开关线路故障;③压力开关自身故障;④空调控制器局部故障;⑤接插件故障;⑥压缩机本身故障。压力开关控制线路如图 5-23 所示。

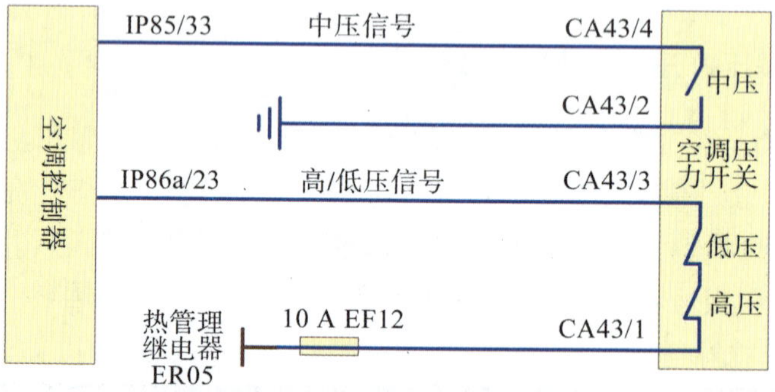

图 5-23　压力开关控制线路

(2)空调控制器 IP86A/23 端子对地电压测试。打开点火开关,高压正常上电。打开空调功能过程,打开"AC"制冷开关,使用万用表检测空调控制器 IP86A/23 端子对地电压,当制冷剂压力为 0. 19~3. 14 MPa 时,标准值应为+B;当制冷剂压力低于 0. 19 MPa 或高于3. 14 MPa时,标准值应为 0 V。测试结果可能如表 5-8 所示。

表 5-8　空调控制器 IP86A/23 端子对地电压测量值

情况	检测数据	结论	下一步操作
1	+B	正常	需更换空调压力开关再进行测试
2	0 V	异常	需检测空调压力开关端子 CA43/3 对地电压值
3	>0 V,<+B	异常	需检测空调压力开关端子 CA43/3 对地电压值

本案例中,制冷剂压力值为 0.19~3.14 MPa,空调控制器 IP86A/23 端子对地电压检测值为表 5-8 中的情况 2,怀疑高低压信号电路存在断路或虚接故障,下一步需检测空调压力开关端子 CA43/3 对地电压值。

(3)压力开关 CA43/3 端子对地电压检测。打开点火开关,高压正常上电,打开空调功能过程,打开"AC"制冷开关,使用万用表检测压力开关 CA43/3 端子对地电压,测试结果可能如表 5-9 所示。

表 5-9　压力开关 CA43/3 端子对地电压测量值

情况	检测数据	结论	下一步操作
1	+B	正常	需检测 IP86a/23 端子到 CA43/3 端子间线路的导通性
2	0	异常	需检测压力开关信号输入端电压

本案例检测结果为表 5-9 中的情况 1,说明 IP86a/23 端子到 CA43/3 端子间线路存在虚接、断路故障,下一步需检测 IP86a/23 端子到 CA43/3 端子间线路的导通性。

(4)IP86a/23 端子到 CA43/3 端子间线路的导通性检测。关闭点火开关,拔掉空调控制器的 IP86a/23 接插件和空调压力开关 CA43/3 的接插件,测试端对端电阻值,标准值应为无穷大。测试结果可能如表 5-10 所示。

表 5-10　IP86a/23 端子到 CA43/3 端子间线路阻值测量值

情况	检测数据	结论	下一步操作
1	<2 Ω	正常	需检修接插件
2	>2 Ω	异常	需维修或更换线束
3	无穷大	异常	需维修或更换线束

本案例检测结果为表 5-10 中的情况 3,说明 IP86a/23 端子到 CA43/3 端子间线路存在断路故障,下一步需检修 IP86a/23 端子到 CA43/3 端子间线路。

3.故障机理

IP86a/23 端子到 CA43/3 端子间断路故障造成发送给空调控制器的压力信号异常,不符合空调压缩机启动条件,导致压缩机不工作,空调制冷功能异常。

工作手册1　空调控制器供电故障

【任务描述】

打开点火开关，执行高压上电操作，仪表“READY”灯点亮，高压上电正常，仪表右上角“外界温度”无数值显示；操作空调面板上的“AUTO”按键，空调面板上“AUTO”按键指示灯不能正常点亮，显示屏幕不亮。操作空调面板其他按键或旋钮，空调面板无反应，空调所有功能均无法正常工作。作为一名新能源汽车维修技工，应正确使用诊断仪、示波器、万用表等检测工具，依据维修手册及相关资料排除故障，并准确填写诊断报告。按照7S操作规范整理场地，经检验合格后，将诊断报告和钥匙交付前台。

一、任务目的

通过实践训练，学生应该能够借助维修手册，掌握空调控制器供电故障分析、检测和故障诊断的方法；能够正确使用诊断仪、示波器、万用表等检测工具，依据维修手册及相关资料实施故障检测、诊断，并准确填写诊断报告；按照7S操作规范整理场地。

二、技能要求

1.能够正确使用诊断仪、示波器、绝缘测试仪等检测仪器。

2.能够按照维修手册，正确地检测、排除空调控制器供电故障。

3.能够正确查阅维修资料，识读和分析线路原理图。

4.能够依据故障现象、故障代码等分析故障形成机理。

5.依据职业操作规范要求，正确进行7S管理和操作。

三、安全事项

1.确保学员完全在教师的指导下，在授权的范围内进行操作。

2.绝不可以在不穿戴安全防护用品的前提下，接触任何车辆的高压电部件。

3.学员应充分了解其职责范围，绝不擅自对高压电部件进行任何拆装调整。

4.对高压电动车辆进行功能操作时，必须在确保车辆与场地的安全状态后进行。

5.高压电车辆在脱离教师监控时必须全车落锁，驶离举升工位并由教师妥善保管钥匙。

6.在任何时候都要注意自身的人身安全防护。

7.车辆不可举升过高，举升到需要的高度时，要确认保险锁销到位。

8.工作中及完成任务后应遵守实训场地的7S要求。

四、信息收集

空调控制器供电故障	学习任务单	班级：
		姓名：

1.下图所示为空调控制器和空调面板电源电路，为空调面板和空调控制器提供不间歇性电源，防止单元内部存储的临时性数据及信号丢失的电源是________。如果该电源出现故障，将导致________________________________。

IG电源又称点火电源，受点火开关控制，只有__________，此电源线路上才有电压。如果IG电源出现异常，将________________________________。

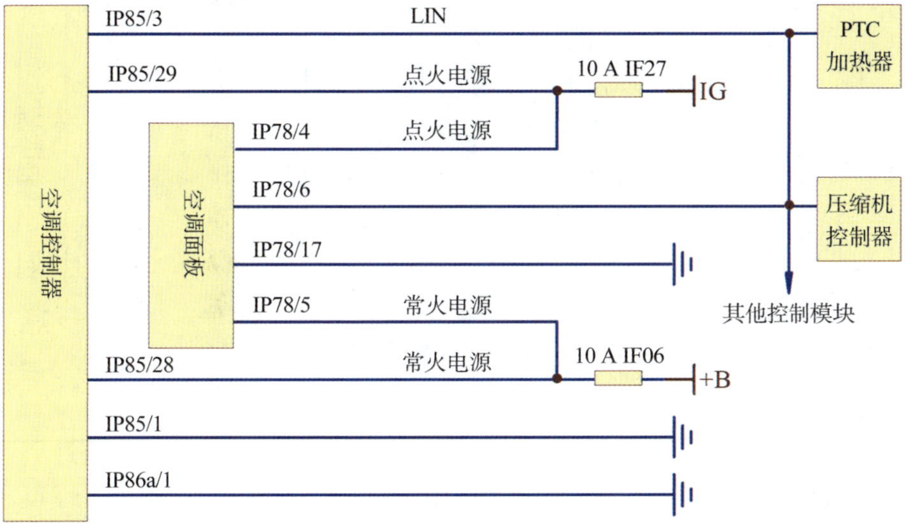

2.下图所示电路为空调控制器控制线路，空调控制器通过________与空调控制面板、空调压缩机控制器、PTC加热器、三通电磁阀A/B/C等进行数据通信。如果该线路出现故障，将会导致________________________________。

水冷水泵、加热水泵由空调控制器输出的________信号进行转速控制，空调控制器输出________________信号，该信号进入水冷水泵或加热水泵后由________将其幅值上拉至________V左右。水泵的转速与____________成正比，________越大，转速越高。

续表

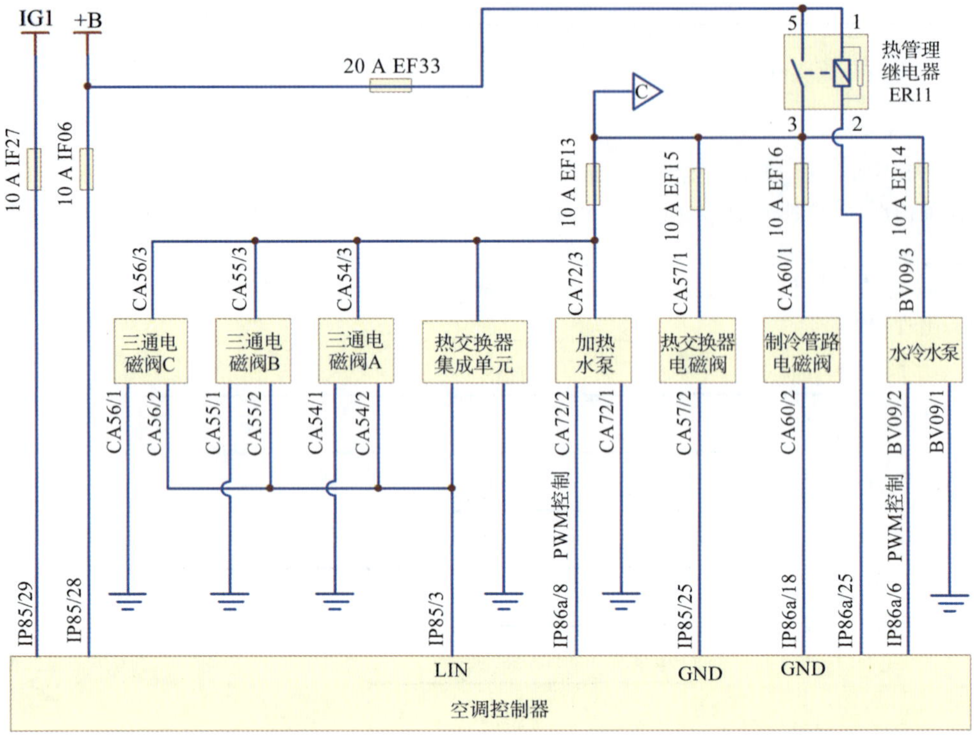

五、制订计划

1.作业计划

序号	作业项目	操作要点

2.设备清单

序号	设备名称	规格型号	数量

续表

计划审核	审核意见： 年 月 日 签字：

六、任务实施

工作任务单	空调控制器供电故障	班级： 姓名：

1.车辆信息记录					
品牌		整车型号		生产年月	
电机型号		动力电池容量		行驶里程	
车辆识别码					

2.车辆基本检查		
检查项目	检查情况	
辅助蓄电池电压		异常□ 正常□
高压部件安装及连接器连接情况		异常□ 正常□
膨胀水箱液位		异常□ 正常□

3.故障现象判定	
诊断项目	诊断内容
确认故障现象	

4.读取与本故障相关的主要故障代码	
诊断项目	诊断内容
相关故障代码描述	

续表

5.记录与本故障相关的主要数据流	
诊断项目	诊断内容
相关数据流描述	

6.分析故障范围	
诊断项目	诊断内容
故障范围描述	

7.故障诊断过程记录		
步骤	诊断对象及检测项目	测量结果分析

续表

8.故障诊断结论	
确认故障点	
故障机理分析	
提出维修建议	

七、职业素养

空调控制器供电故障		实习日期：	
姓名：	班级：	学号：	教师签名：
自评：□熟练□不熟练	互评：□熟练□不熟练	师评：□合格□不合格	
日期：	日期：	日期：	

空调控制器供电故障【评分细则】

序号	评分项	得分条件	分值	评分要求	自评	互评	师评
1	安全/7S/态度	□1.能进行工位 7S 操作 □2.能进行设备和工具安全检查 □3.能进行车辆安全防护操作 □4.能进行人员高压安全防护操作 □5.能进行“三不落地”操作	15	未完成一项扣 3 分，扣分不得超过 15 分	□熟练 □不熟练	□熟练 □不熟练	□合格 □不合格

续表

2	专业技能能力	□1.能正确检查车辆的基本状态 □2.能正确检查空调供电故障现象 □3.能正确使用故障检测设备 □4.能正确读取故障码及数据流信息 □5.能正确分析故障原因 □6.能正确制定检测流程 □7.能正确使用检测设备执行检测 □8.能正确找到故障点 □9.能正确分析故障机理 □10.能合理提出维修建议	50	未完成一项扣5分，扣分不得超过50分	□熟练 □不熟练	□熟练 □不熟练	□合格 □不合格
3	工具及设备使用能力	□1.能正确使用维修工具 □2.能正确使用充电装置 □3.能正确使用万用表、诊断仪、示波器等诊断设备 □4.爱惜工具，能做到轻拿轻放	10	未完成一项扣2.5分，扣分不得超过10分	□熟练 □不熟练	□熟练 □不熟练	□合格 □不合格
4	资料及信息查询能力	□1.能正确查询车辆信息 □2.能正确使用维修手册查询资料 □3.能正确记录查询资料的章节及页码 □4.能正确记录检查状态信息	10	未完成一项扣2.5分，扣分不得超过10分	□熟练 □不熟练	□熟练 □不熟练	□合格 □不合格
5	数据判断和分析能力	□1.能判断空调供电故障的仪表状态 □2.能判断仪表指示灯状态 □3.能判断故障代码 □4.能判断数据流 □5.能分析诊断仪的检测结果	10	未完成一项扣2分，扣分不得超过10分	□熟练 □不熟练	□熟练 □不熟练	□合格 □不合格

续表

6	表单填写及报告撰写能力	□1.字迹清晰 □2.语句通顺 □3.无错别字 □4.无涂改 □5.无抄袭	5	未完成一项扣1分，扣分不得超过5分	□熟练 □不熟练	□熟练 □不熟练	□合格 □不合格
总分：							

八、实训总结

自我反思	
自我评价	

工作手册2　空调压力开关信号异常

【任务描述】

打开点火开关，执行高压上电操作，仪表“READY”灯点亮，高压上电正常。操作空调面板开启制冷功能，调节风速调节旋钮，制冷（AC）状态指示灯点亮，风速显示正常，鼓风机工作正常，出风口无冷风吹出；调节制热功能，制热功能正常，制冷状态下打开机舱盖，冷凝器风扇运转，空调低压管路温度无凉感，压缩机无运转声音。作为一名新能源汽车维修技工，应正确使用诊断仪、示波器、万用表等检测工具，依据维修手册及相关资料排除故障，并准确填写诊断报告；按照7S操作规范整理场地，经检验合格后，将诊断报告和钥匙交付前台。

一、任务目的

通过实践训练，学生应该能够借助维修手册，掌握空调压力开关信号异常故障分析、检测和故障诊断的方法；能够正确使用诊断仪、示波器、万用表等检测工具，依据维修手册及相关资料实施故障检测、诊断，并准确填写诊断报告；按照 7S 操作规范整理场地。

二、技能要求

1.正确使用诊断仪、示波器、绝缘测试仪等检测仪器。

2.能够按照维修手册正确地检测、排除空调压力开关信号异常故障。

3.能够正确查阅维修资料，识读和分析线路原理图。

4.能够依据故障现象、故障代码等分析故障形成机理。

5.依据职业操作规范要求，正确进行 7S 管理和操作。

三、安全事项

1.确保学员完全在教师的指导下，在授权的范围内进行操作。

2.绝不可以在不穿戴安全防护用品的前提下，接触任何车辆的高压电部件。

3.学员应充分了解其职责范围，绝不擅自对高压电部件进行任何拆装调整。

4.对高压电动车辆进行功能操作时，必须在确保车辆与场地的安全状态后进行。

5.高压电车辆在脱离教师监控时必须全车落锁，驶离举升工位并由教师妥善保管钥匙。

6.在任何时候都要注意自身的人身安全防护。

7.车辆不可举升过高，举升到需要的高度时，要确认保险锁销到位。

8.工作中及完成任务后应遵守实训场地的 7S 要求。

四、信息收集

空调压力开关信号异常故障	学习任务单	班级：
		姓名：

1.下图所示电路为空调压力开关线路，热管理继电器 ER11 输出+B 电源经过压力开关内部____________、____________反馈到空调控制器，空调控制器通过检测____________电压即可判断空调管路的压力状态。

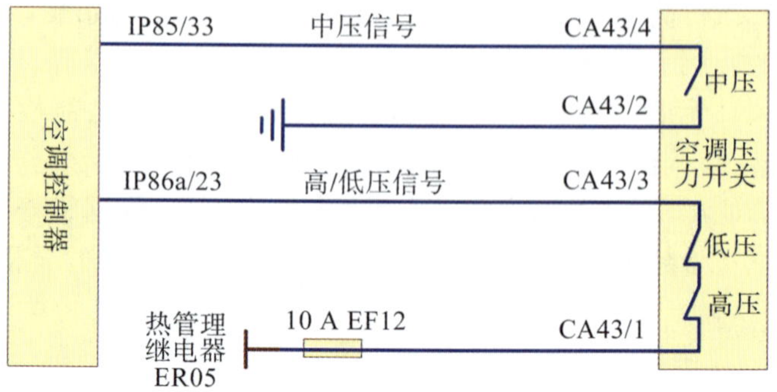

续表

2.正常情况下,空调压缩机起动前管路压力为______ MPa,起动后管路压力会升至______ MPa,这时高压、低压开关________,空调控制器检测到 IP86a/23 电压为______。 3.如果管路压力为________ MPa,低压开关断开;或者如果管路压力为________ MPa,高压开关断开,这时空调控制器检测到 IP86a/23 电压为__________V,即判定系统压力过低或过高,控制器将____________________。 4.空调控制器通过 IP85/33 输出________V 参考电压给中压开关,中压开关为__________。压缩机工作过程中,如果管路压力为 ________MPa,则中压开关闭合,控制器 IP85/33 端子电压被拉低至________V,空调控制器检测到该电压值,将接通________________,通过__________达到降压的目的,防止管路爆裂泄漏。

五、制订计划

1.作业计划

序号	作业项目	操作要点

2.设备清单

序号	设备名称	规格型号	数量

计划审核	审核意见: 年 月 日 签字:

六、任务实施

<table>
<tr><td colspan="2" rowspan="2">工作任务单</td><td colspan="2" rowspan="2">空调压力开关信号异常故障</td><td colspan="2">班级：</td></tr>
<tr><td colspan="2">姓名：</td></tr>
<tr><td colspan="6">1.车辆信息记录</td></tr>
<tr><td>品牌</td><td></td><td>整车型号</td><td></td><td>生产年月</td><td></td></tr>
<tr><td>电机型号</td><td></td><td>动力电池容量</td><td></td><td>行驶里程</td><td></td></tr>
<tr><td>车辆识别码</td><td colspan="5"></td></tr>
<tr><td colspan="6">2.车辆基本检查</td></tr>
<tr><td colspan="2">检查项目</td><td colspan="4">检查情况</td></tr>
<tr><td colspan="2">辅助蓄电池电压</td><td colspan="3"></td><td>异常□　正常□</td></tr>
<tr><td colspan="2">高压部件安装及连接器连接情况</td><td colspan="3"></td><td>异常□　正常□</td></tr>
<tr><td colspan="2">膨胀水箱液位</td><td colspan="3"></td><td>异常□　正常□</td></tr>
<tr><td colspan="6">3.故障现象判定</td></tr>
<tr><td colspan="2">诊断项目</td><td colspan="4">诊断内容</td></tr>
<tr><td colspan="2">确认故障现象</td><td colspan="4"></td></tr>
<tr><td colspan="6">4.读取与本故障相关的主要故障代码</td></tr>
<tr><td colspan="2">诊断项目</td><td colspan="4">诊断内容</td></tr>
<tr><td colspan="2">相关故障代码描述</td><td colspan="4"></td></tr>
<tr><td colspan="6">5.记录与本故障相关的主要数据流</td></tr>
<tr><td colspan="2">诊断项目</td><td colspan="4">诊断内容</td></tr>
<tr><td colspan="2">相关数据流描述</td><td colspan="4"></td></tr>
<tr><td colspan="6">6.分析故障范围</td></tr>
<tr><td colspan="2">诊断项目</td><td colspan="4">诊断内容</td></tr>
<tr><td colspan="2">故障范围描述</td><td colspan="4"></td></tr>
</table>

续表

7.故障诊断过程记录		
步骤	诊断对象及检测项目	测量结果分析

8.故障诊断结论	
确认故障点	
故障机理分析	
提出维修建议	

七、职业素养

<table>
<tr><td colspan="4">空调压力开关信号异常故障</td><td colspan="4">实习日期：</td></tr>
<tr><td colspan="2">姓名：</td><td colspan="2">班级：</td><td colspan="2">学号：</td><td colspan="2" rowspan="3">教师签名：</td></tr>
<tr><td colspan="2">自评：□熟练□不熟练</td><td colspan="2">互评：□熟练□不熟练</td><td colspan="2">师评：□合格□不合格</td></tr>
<tr><td colspan="2">日期：</td><td colspan="2">日期：</td><td colspan="2">日期：</td></tr>
<tr><td colspan="8">空调压力开关信号异常故障【评分细则】</td></tr>
<tr><td>序号</td><td>评分项</td><td>得分条件</td><td>分值</td><td>评分要求</td><td>自评</td><td>互评</td><td>师评</td></tr>
<tr><td>1</td><td>安全/7S/态度</td><td>□1.能进行工位 7S 操作
□2.能进行设备和工具安全检查
□3.能进行车辆安全防护操作
□4.能进行人员高压安全防护操作
□5.能进行“三不落地”操作</td><td>15</td><td>未完成一项扣 3 分，扣分不得超过 15 分</td><td>□熟练
□不熟练</td><td>□熟练
□不熟练</td><td>□合格
□不合格</td></tr>
<tr><td>2</td><td>专业技能能力</td><td>□1.能正确检查车辆的基本状态
□2.能正确检查压力开关信号异常故障现象
□3.能正确使用故障检测工具
□4.能正确读取故障码及数据流信息
□5.能正确分析故障原因
□6.能正确制定检测流程
□7.能正确使用检测设备执行检测
□8.能正确找到故障点
□9.能正确分析故障机理
□10.能合理提出维修建议</td><td>50</td><td>未完成一项扣 5 分，扣分不得超过 50 分</td><td>□熟练
□不熟练</td><td>□熟练
□不熟练</td><td>□合格
□不合格</td></tr>
<tr><td>3</td><td>工具及设备使用能力</td><td>□1.能正确使用维修工具
□2.能正确使用充电装置
□3.能正确使用万用表、诊断仪、示波器等诊断设备
□4.爱惜工具，能做到轻拿轻放</td><td>10</td><td>未完成一项扣 2.5 分，扣分不得超过 10 分</td><td>□熟练
□不熟练</td><td>□熟练
□不熟练</td><td>□合格
□不合格</td></tr>
</table>

续表

4	资料及信息查询能力	□1.能正确查询车辆信息 □2.能正确使用维修手册查询资料 □3.能正确记录查询资料的章节及页码 □4.能正确记录检查状态信息	10	未完成一项扣2.5分，扣分不得超过10分	□熟练 □不熟练	□熟练 □不熟练	□合格 □不合格
5	数据判断和分析能力	□1.能判断压力开关信号异常仪表状态 □2.能判断仪表指示灯状态 □3.能判断故障代码 □4.能判断数据流 □5.能分析诊断仪的检测结果	10	未完成一项扣2分，扣分不得超过10分	□熟练 □不熟练	□熟练 □不熟练	□合格 □不合格
6	表单填写及报告撰写能力	□1.字迹清晰 □2.语句通顺 □3.无错别字 □4.无涂改 □5.无抄袭	5	未完成一项扣1分，扣分不得超过5分	□熟练 □不熟练	□熟练 □不熟练	□合格 □不合格
总分：							

八、实训总结

自我反思	
自我评价	

任务二　空调制热系统检修

【任务描述】

打开点火开关,执行高压上电操作,仪表“READY”灯点亮,高压上电正常。操作空调面板开启制热功能,顺时针调节右侧温度旋钮,空调面板显示“HI”,加热状态指示灯点亮。使空调运行 2~3 分钟,检查出风口吹出热风且风量调节正常。可听到前机舱有“嗡嗡”的噪声,寻找声音来源,发现来自暖风加热水泵,用手触摸暖风加热水泵,发现水泵高速运转,声音较大。作为一名新能源汽车维修技工,应正确使用诊断仪、示波器、万用表等检测工具,依据维修手册及相关资料排除故障,并准确填写诊断报告;按照 7S 操作规范整理场地,经检验合格后,将诊断报告和钥匙交付前台。

【任务目标】

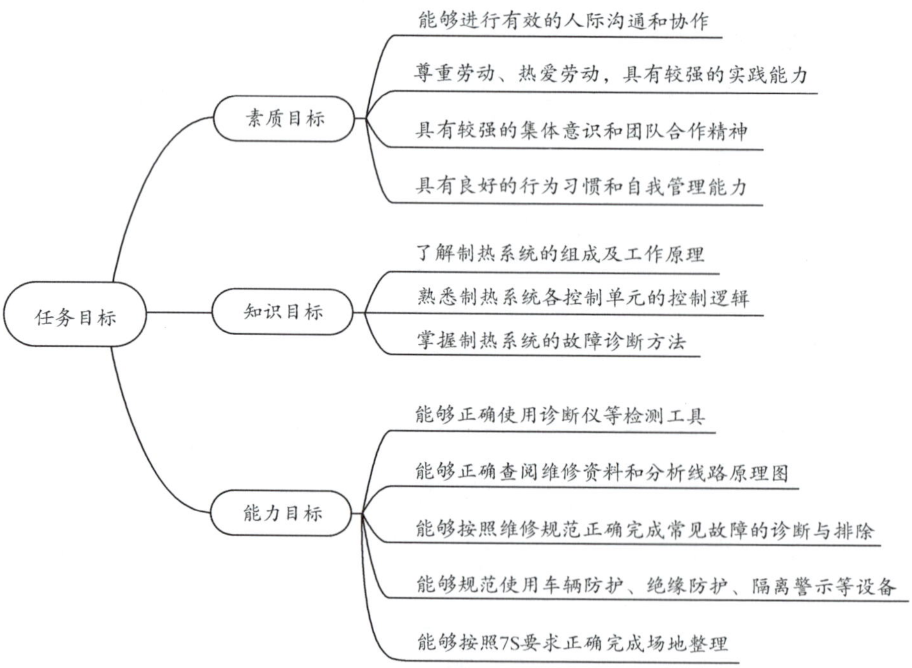

【知识储备】

内燃机汽油车利用发动机的余热构成制热系统,与制冷相比,制热只需非常小的耗电量。电动汽车的余热较少、温度较低,因此需要单独的制热系统。目前,电动汽车采用正温度系数热敏电阻(PTC)加热器构成制热系统,通过 PTC 直接加热空气或水。因此,电动汽车使用冷暖空调会导致续驶里程下降,特别是使用供暖空调时耗电量更大,续驶里程下降更严重。

一、PTC 加热器及系统原理

1.PTC 加热器

PTC 加热器的核心部件是正温度系数热敏电阻,由聚合物 PTC 原料掺杂导体制成,其突出优点是导热、散热性能优良,热效率高(达到 99%),安全可靠。当风机出现故障停转时,PTC 加热器因得不到充分散热,热敏电阻的阻值会升高,因此功率会自动下降,使加热器的表面温度维持在居里温度左右(一般在 250 ℃左右),不会产生加热器表面"发红"的现象,是一种自动恒温、省电的电加热器。PTC 加热器及其安装位置如图 5-24 所示。

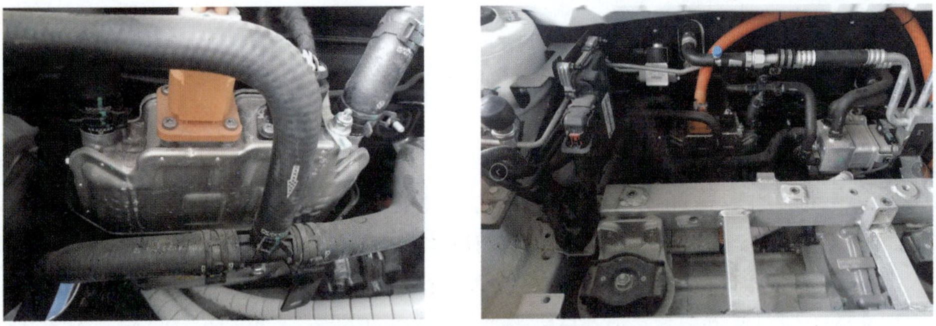

图 5-24　PTC 加热器(左)及其安装位置(右)

2.加热系统工作原理

吉利 EV450 电动汽车采用的是 PTC 加热冷却液后,通过暖风芯体加热空气的制热方式,其加热系统组成框图如图 5-25 所示。

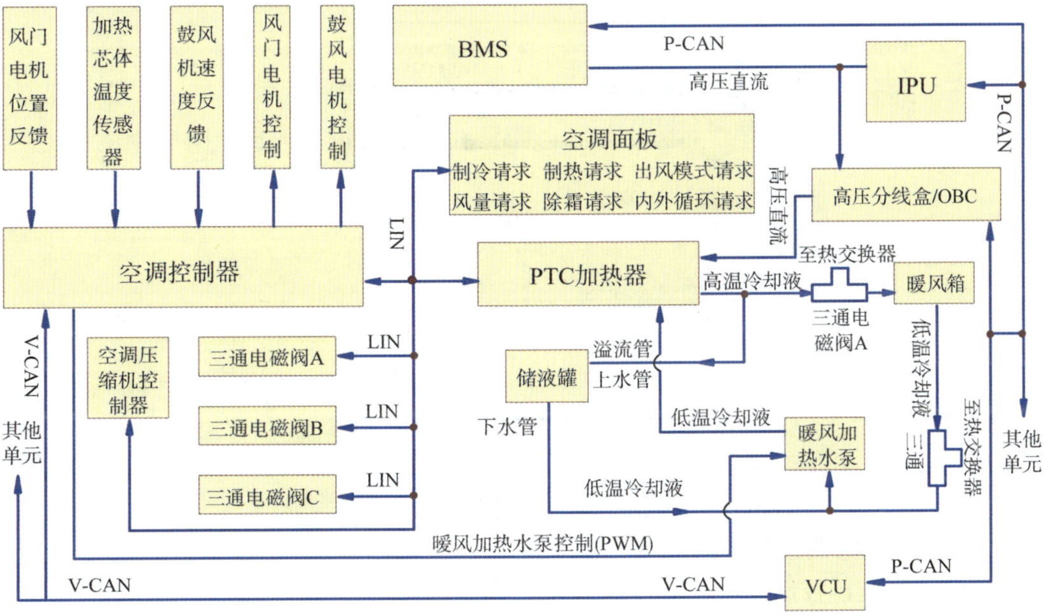

图 5-25　吉利 EV450 电动汽车空调加热系统组成框图

在该系统中，PTC 加热器通过 LIN 总线接收来自空调面板控制器的暖风和温度请求信号后，主控单元启动，驱动 PTC 加热器通电工作，将冷却液管路里的冷却液加热。加热后的高温冷却液进入暖风箱体，鼓风机运转把加热后的空气吹入驾驶室，对驾驶室内各部位进行制热；空调控制器控制暖风加热水泵运行，冷却液加压流动，将失去热量的冷却液泵入 PTC 加热器进行加热。

空调制热系统启动后，PTC 加热器检测加热芯体温度、驾驶室内温度、加热电流和电压，空调控制器根据加热芯体温度、室内温度、驾驶员请求等信号以及汽车运行状况和外界环境条件，自行调节 PTC 加热器的工作状态，以达到节能、降噪和实现车厢环境最优化的控制目的。

二、PTC 控制线路

PTC 加热器线路分为高压线路和低压线路。其中，低压线路又分为电源、高压互锁、通信等部分。

1.PTC 加热器高压线路

PTC 加热器高压线路如图 5-26 所示，动力蓄电池产生的高压直流电进入 OBC/高压分线盒，通过 OBC 内部的 PTC 加热器熔丝 HF04 进入 PTC 加热器，为 PTC 加热器提供动力电源。空调制热功能开启后，PTC 加热器通过 LIN 总线接收制热功能启动信号，同时接收 VCU 通过 V-CAN 总线发送的允许制热功能启动信号，PTC 加热器通电产生热量，加热内部冷却液，空调控制器控制水泵给冷却液加压，冷却液循环，制热模式启动。

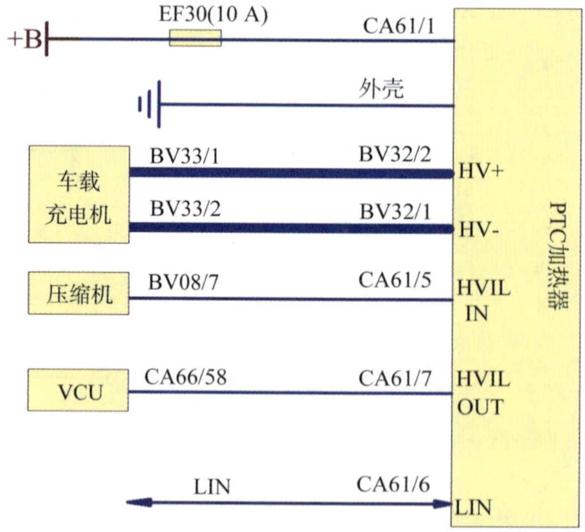

图 5-26　PTC 加热器高压线路

2.热管理继电器控制线路

热管理继电器控制线路如图 5-27 所示。热管理继电器为制冷管理电磁阀、热交换器电磁阀、加热水泵（暖风）、水冷水泵（蓄电池）、热交换器集成单元、三通电磁阀 A/B/C、PTC 加热器等提供电源。空调控制器启动制冷、制热以及整车热管理功能之前，首先控制热管理继电器工作，为以上单元及执行器提供工作电源。

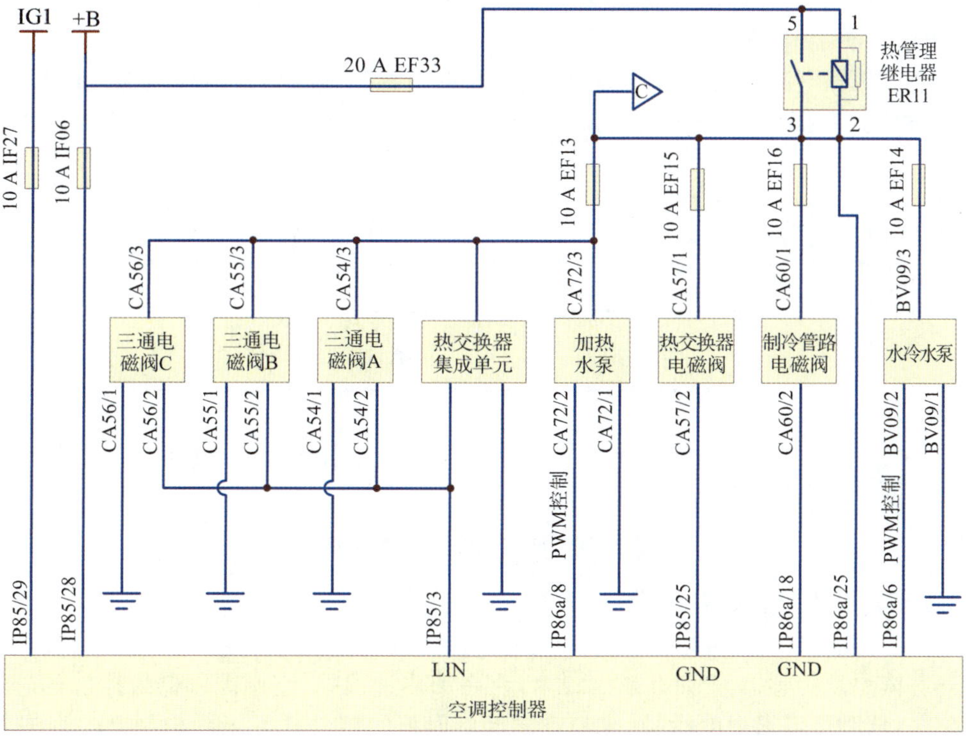

图 5-27　热管理继电器控制线路

热管理继电器 ER11 由蓄电池+B 提供电源，空调控制器接收到启动制冷、制热以及整车热的指令后，从 IP86a/25 端子输出低电压（0.7 V）控制信号，继电器 ER11 触点闭合，为相关电磁阀、水泵和 PTC 加热器提供电源。

如果热管理继电器供电电源、控制以及自身出现问题，将导致热管理继电器不工作或工作后输出异常，导致空调制冷、制热以及整车热管理功能失效，制热时出风口无热风，制冷时出风口无冷风，整车启动热管理功能受限，导致车辆充电时间延长或无法充电。

加热水泵（暖风）由空调控制器输出的 PWM 信号进行转速控制，控制波形如图 5-28 所示。空调控制器输出幅值约 2.2 V 的 PWM 控制信号，PWM 控制信号进入加热水泵（暖风）后，由+B 电源将其幅值上拉至 10.8 V 左右。加热水泵（暖风）转速与 PWM 信号的占空比相关，占空比越大，转速越高。

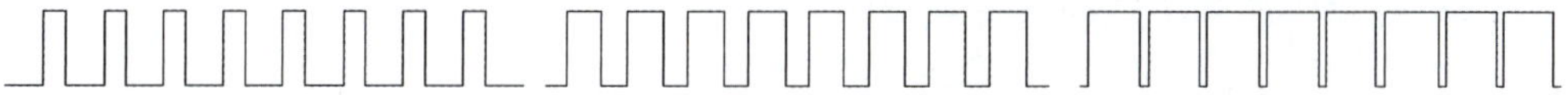

（a）低速运转控制波形　（b）中速运转控制波形　（c）高速运转控制波形

图 5-28　PWM 信号控制波形

根据制热系统需求，水泵单元内部线路采用了特殊设计：如果水泵电源正常，只是加热水泵（暖风）的 PWM 控制信号出现异常（如断路、与车身搭铁短路等），将导致水泵单元内部功率晶体管控制端始终处于高电位,水泵驱动电路保持完全接通状态,水泵一直处于高速运转状态,保证在制热及整车热管理中保持冷却液的正常循环。

3.PTC 加热器电源线路

PTC 加热器电源线路如图 5-29 所示,如果此电源出现故障,将导致 PTC 加热器无法启动工作,LIN 数据信号无法交换,最终导致空调制热系统无法启动工作,出风口没有热风吹出。

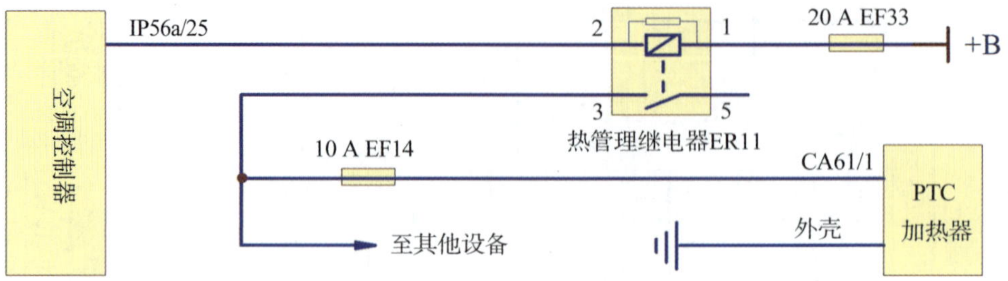

图 5-29　PTC 加热器电源线路

4.加热芯体温度传感器线路

加热芯体温度传感器线路如图 5-30 所示,空调控制器输出 5 V 参考电压,接收并监测加热芯体温度传感器信号(0.5~4.2 V)。在加热过程中,空调控制器根据加热芯体温度传感器、驾驶员需求温度信号(来自空调控制面板的调温开关)等,控制 PTC 加热器的工作电流,以此来调节冷却液温度。

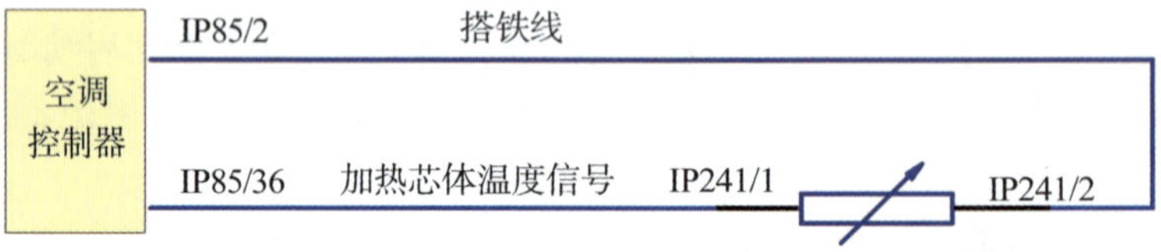

图 5-30　加热芯体温度传感器线路

当检测到加热芯体温度不低于 120 ℃后,向 PTC 加热器发出停止加热信号,PTC 加热器停止加热。如果此传感器及信号线路出现故障,将导致 PTC 加热器无法精确控制加热电流和冷却液温度,可能导致动力蓄电池电能消耗增大。

三、案例教学

【案例 1】暖风加热水泵高速运转故障

打开点火开关,执行高压上电操作,仪表"READY"灯点亮,高压上电正常。操作空调面板开启制热功能,顺时针调节右侧的温度旋钮,空调面板显示"HI",加热状态指示灯点亮,空调面板显示如图 5-31 所示。使空调运行 2~3 分钟,检查出风口发现吹出热风且风量调节正常。前机舱有"嗡嗡"的噪声,寻找声音来源,发现来自暖风加热水泵。用手触摸暖风加热水泵,发现水泵高速运转且声音较大。

图 5-31　空调面板状态显示

1.现象分析

空调制热功能正常且水泵正常运转,但是转速过高,说明水泵供电电源正常,问题有可能是水泵控制及水泵内部故障造成的。

2.故障诊断过程

(1)连接诊断仪。连接诊断仪到 OBD 接口,通过使用诊断仪与空调控制器通信读取故障代码,空调控制器中可能读到的故障代码如表 5-11 所示。

表 5-11　案例 2 空调控制器中读取的故障代码列表

故障代码	代码说明
B11917B	电加热水泵空载
B119197	电加热水泵堵转/过流
B119198	电加热水泵过流关闭
B119121	电加热水泵转速过低
B119113	电加热水泵断路

代码分析:热管理继电器工作后,为加热水泵提供一个+B 电源,水泵模块启动后,空调控制器通过 IP86a/8 端子输出一个幅值约为 2.2 V 的 PWM 占空比信号,占空比信号进入暖风水泵内部,调速模块控制水泵运转。占空比越大,水泵转速越高,反之水泵转速越低。如果空调控制器内部检测到此信号幅值异常,将存储表 5-11 中所示的故障代码。

结合上述分析,说明水泵供电电源正常,而电机水泵高速运转是由于 PWM 信号异常引起的,导致以上故障的可能原因有:①暖风水泵 PWM 控制线路引线故障;②暖风水泵自身故障;③空调控制器自身故障;④接插件故障。

(2)暖风加热水泵 CA72/2 端子 PWM 输入信号对地电压波形检测。打开点火开关,高压正常上电,空调制热功能开启。用示波器检测暖风加热水泵 CA72/2 端子对地电压波形,测试结果可能的情况如表 5-12 所示。

表 5-12 空调控制器的 IP85/28 端子(+B)对地电压测量值

情况	检测波形	结论	下一步操作
1	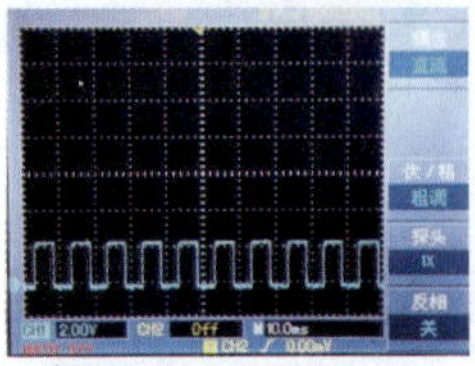	正常	需检修暖风加热水泵
2	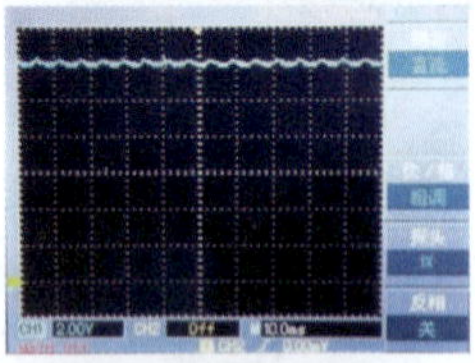	异常	幅值电压为+B,需检测空调控制器端 IP86a/8 输出的 PWM 信号对地电压波形
3	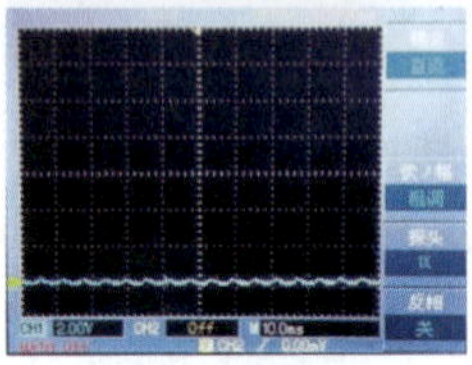	异常	幅值电压为 0 V,需检测 PWM 控制信号线路对车身搭铁是否短路

经测试,本故障案例中暖风加热水泵 CA72/2 端子 PWM 输入信号对地电压波形检测结果为表 5-12 中的情况 2,暖风加热水泵 CA72/2 端子 PWM 输入信号为+B,原因可能为 PWM 线路断路导致检测的数值为暖风加热水泵内部电压,无 PWM 信号输入,或者为 PWM 线路对电源短路所致。下一步需检测空调控制器端 IP86a/8 输出 PWM 信号的对地电压波形。

(3)空调控制器端 IP86a/8 输出 PWM 信号的对地电压波形检测。打开点火开关,高压正常上电,空调制热功能开启,用示波器检测空调控制器端 IP86a/8 输出 PWM 信号的对地电压波形,测试结果的可能情况如表 5-13 所示。

表 5-13 空调控制器端 IP86a/8 输出 PWM 信号的对地电压波形测量值

情况	检测数据	结论	下一步操作
1	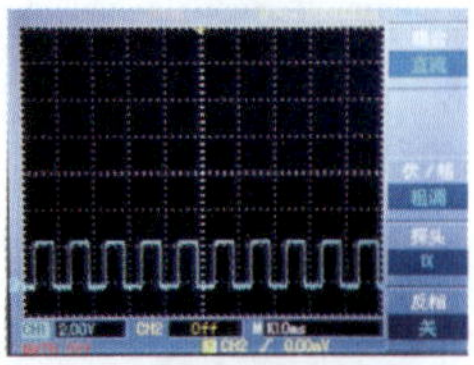	正常	需检测 PWM 控制信号线路端对端阻值
2	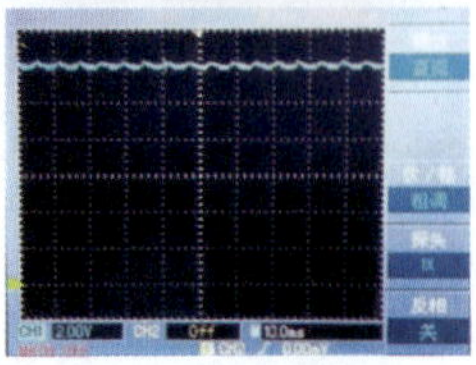	异常	需检测 PWM 控制信号线路对 IG 电源是否短路

续表

情况	检测数据	结论	下一步操作
3	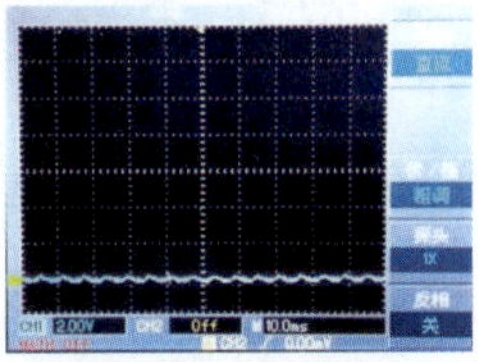	异常	需检测 PWM 控制信号线路对车身搭铁是否短路

经测试，本案例中空调控制器端 IP86a/8 输出 PWM 信号对地电压波形为表 5-13 中的情况 1，说明暖风加热水泵 CA72/2 端子与空调控制器端 IP86a/8 之间的 PWM 线路存在断路故障，需检测 PWM 线路的端对端导通性。

(4)PWM 线路的端对端导通性检测。关闭点火开关，断开空调控制器 IP86a 插头、暖风加热水泵 CA72 插头，检查 PWM 控制信号线路的电阻值，标准值为小于 2 Ω，测试结果的可能情况如表 5-14 所示。

表 5-14　暖风加热水泵 PWM 信号端对端阻值测量值

情况	检测数据	结论	下一步操作
1	<2 Ω	正常	需检测线束插接器
2	>2 Ω 的某个数值	异常	需检修线束
3	无穷大	异常	需检修线束

经测试，本案例中暖风加热水泵 PWM 信号的端对端阻值为表 5-14 中的情况 3，说明暖风加热水泵 CA72/2 端子与空调控制器端 IP86a/8 之间的 PWM 线路存在断路故障，需检修线束。

3.故障机理

空调控制器通过向暖风加热水泵发送 PWM 信号来调节水泵转速。由于暖风加热水泵 CA72/2 端子与空调控制器端 IP86a/8 之间的 PWM 线路出现断路故障，造成加热暖风水泵接收不到转速控制信号，暖风水泵进入保护模式，以最高转速运行，导致出现暖风水泵高速运转的情况。

【案例 2】空调鼓风机工作异常故障

打开点火开关，执行高压上电操作，仪表“READY”灯点亮，高压上电正常。操作空调面板开启制冷功能，调节风速调节旋钮，制冷(AC)状态指示灯点亮，风速显示正常，鼓风机无工作声音，出风口无风吹出；调节制热功能，鼓风机也无法工作。空调面板状态显示如图 5-32 所示。

图 5-32　空调面板状态显示

1.现象分析

空调面板显示风量调节变化，但鼓风机在制冷条件及制热条件下均不工作，根据鼓风机控制原理（空调鼓风机控制线路如图 5-33 所示），可能的故障原因有：鼓风机继电器控制故障、鼓风机继电器供电故障、鼓风机继电器自身故障、鼓风机调速模块/控制故障及电源或鼓风机本身故障。本案例中，鼓风机调节到任何位置均不工作，具体故障原因可能有：

（1）鼓风机本身、电源线路及控制线路故障。

（2）鼓风机调速模块本身、电源及引线故障。

（3）鼓风机本身、电源及引线故障。

（4）空调控制器本身故障。

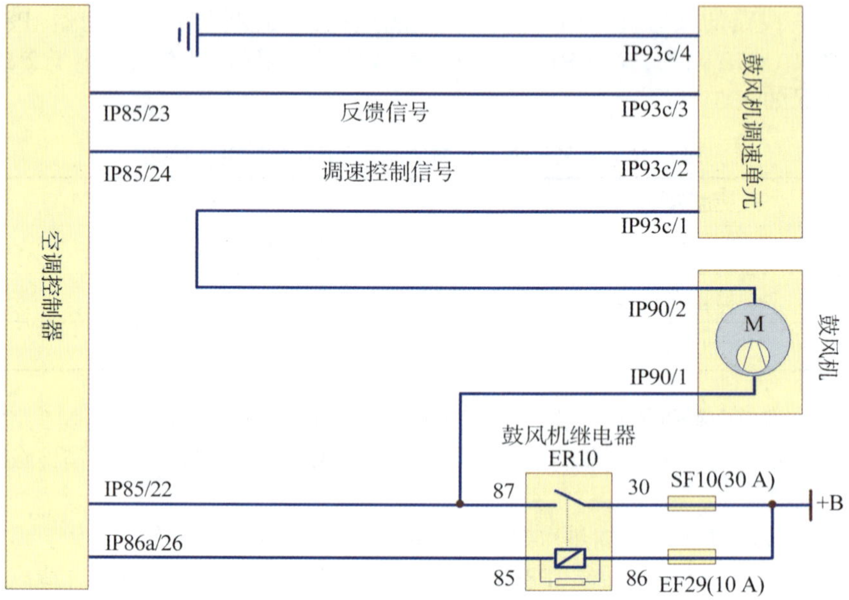

图 5-33　空调鼓风机控制线路

2.故障诊断过程

（1）连接诊断仪。连接诊断仪到 OBD 接口，通过使用诊断仪与空调控制器通信读取故障代码，空调控制器中可能读到的故障代码如表 5-15 所示。

表 5-15　空调控制器中读取的故障代码列表

故障代码	代码说明
B118017	鼓风机电压反馈与目标值相差大

代码分析：空调控制器检测鼓风机转速，并和空调面板鼓风机风速调节请求信息比对，如果转速数值不一致，将储存此故障代码。

空调面板显示风量信息，说明空调面板风速调节旋钮正常，并已经发出风量调节信号，但鼓风机没有运转。结合上述信息，可确定具体故障原因有：①鼓风机继电器线圈控制线路故障;②鼓风机继电器线圈电源线路故障;③保险 EF29(10 A)及引线故障;④保险 SF10(30 A)及引线故障;⑤鼓风机继电器自身故障;⑥鼓风机调速模块电源及自身故障;⑦鼓风机调速模块控制线路故障;⑧鼓风机电源及自身故障;⑨空调控制器内部故障。

(2)继电器线路测试。继电器线路测试的步骤如下:

①鼓风机继电器的 87 端子对车身搭铁电压测试:打开点火开关,高压正常上电,打开空调功能过程,使用万用表检测鼓风机继电器的 87 端子对车身接地电压,标准值应从 0 V 变为+B,测试结果的可能情况如表 5-16 所示。

表 5-16　案例 3 鼓风机继电器的 87 端子对车身搭铁电压测量值

情况	检测数据(开启前;开启后)	结论	下一步操作
1	0 V;+B	正常	需检测空调控制器端子 IP85/22 对地电压值
2	0 V;0 V	异常	需检测鼓风机继电器的 30 端子对车身接地电压
3	0 V;>0 V,<+B	异常	需检测鼓风机继电器的 30 端子对车身接地电压

本案例检测结果为表 5-16 中的情况 2,说明存在继电器无输出故障,下一步需检测鼓风机继电器的 30 端子对车身接地电压。

②检测鼓风机继电器的 30 端子对车身接地电压:关闭点火开关,使用万用表检测鼓风机继电器的 30 端子对车身接地电压,标准值应为+B,测试结果的可能情况如表 5-17 所示。

表 5-17　鼓风机继电器的 30 端子对车身接地电压测量值

情况	检测数据	结论	下一步操作
1	+B	正常	需检测继电器的 86 端子对车身接地电压
2	0	异常	需检测供电线路
3	>0 V,<+B	异常	需检测供电线路

本案例检测结果为表 5-17 中的情况 1,说明鼓风机继电器线圈供电线路或继电器自身存在故障,下一步需检测继电器的 86 端子对车身接地电压。

③检测鼓风机继电器的 86 端子对车身接地电压:关闭点火开关,使用万用表检测鼓风机继电器的 86 端子对车身接地电压,标准值应为+B,测试结果的可能情况如表 5-18 所示。

表 5-18　鼓风机继电器的 86 端子对车身接地电压测量值

情况	检测数据	结论	下一步操作
1	+B	正常	需检测继电器的 85 端子对车身接地电压
2	0	异常	需检测供电线路
3	>0 V,<+B	异常	需检测供电线路

本案例检测结果为表 5-18 中的情况 1，说明鼓风机继电器输入电压正常，下一步测量继电器的 85 端子对车身接地电压。

④检测鼓风机继电器的 85 端子对车身接地电压：打开点火开关，高压正常上电，打开空调功能过程，使用万用表检测鼓风机继电器的 85 端子对车身接地电压，标准值应从 +B 变为 0 V，测试结果的可能情况如表 5-19 所示。

表 5-19　鼓风机继电器的 85 端子对车身接地电压测量值

情况	检测数据（开启前；开启后）	结论	下一步操作
1	+B；0 V	正常	需检修继电器
2	+B；+B	异常	需检测继电器 85 端子和空调控制器端子 IP86a/26 的导通性
3	+B；>0 V，<+B	异常	需检测继电器 85 端子和空调控制器端子 IP86a/26 的导通性

本案例检测结果为表 5-19 中的情况 3，说明鼓风机继电器控制线路正常，下一步检测继电器 85 端子和空调控制器端子 IP86a/26 的导通性。

⑤检测鼓风机继电器 85 端子和空调控制器端子 IP86a/26 的导通性：关闭点火开关，拔下空调控制器端接插器和鼓风机继电器，检测鼓风机继电器 85 端子和空调控制器端子 IP86a/26 之间的线路阻值。测试结果的可能情况如表 5-20 所示。

表 5-20　鼓风机继电器的 85 端子和空调控制器端子 IP86a/26 之间线路阻值测量值

情况	检测数据	结论	下一步操作
1	<2 Ω	正常	需检测空调控制器及其线路
2	无穷大	异常	需检修线路
3	>2 Ω	异常	需检修线路

本案例检测结果为表 5-20 中的情况 3，说明鼓风机继电器 85 端子和空调控制器端子 IP86a/26 之间的线路存在虚接，下一步需检修线路。

3.故障机理

鼓风机继电器 85 端子和空调控制器端子 IP86a/26 之间的线路存在虚接，使得鼓风机继电器 85 和 86 端子间电流过小，不足以吸拉继电器开关闭合，造成继电器无法正常供电，导致鼓风机无法正常工作。

工作手册　空调鼓风机工作异常故障

【任务描述】

打开点火开关，执行高压上电操作，仪表“READY”灯点亮，高压上电正常。操作空调面板开启制冷功能，调节风速调节旋钮，制冷（AC）状态指示灯点亮，风速显示正常，鼓风机无工作声音，出风口无风吹出；调到制热功能，鼓风机也无法工作。作为一名新能源汽车维修技工，应正确使用诊断仪、示波器、万用表等检测工具，依据维修手册及相关资料排除故障，并准确填写诊断报告；按照7S操作规范整理场地，经检验合格后，将诊断报告和钥匙交付前台。

一、任务目的

通过实践训练，学生应该能够借助维修手册，掌握空调鼓风机工作异常故障分析、检测和故障诊断的方法；能够正确使用诊断仪、示波器、万用表等检测工具，依据维修手册及相关资料实施故障检测、诊断，并准确填写诊断报告；按照7S操作规范整理场地。

二、技能要求

1.能够正确使用诊断仪、示波器、绝缘测试仪等检测仪器。

2.能够按照维修手册正确检测、排除空调鼓风机工作异常的故障。

3.能够正确查阅维修资料，识读和分析线路原理图。

4.能够依据故障现象、故障代码等分析故障形成机理。

5.能够依据职业操作规范要求，正确进行7S管理和操作。

三、安全事项

1.确保学员完全在教师的指导下，在授权的范围内进行操作。

2.绝不可以在不穿戴安全防护用品的前提下，接触任何车辆的高压电部件。

3.学员应充分了解其职责范围，绝不擅自对高压电部件进行任何拆装调整。

4.对高压电动车辆进行功能操作时，必须在确保车辆与场地的安全状态后进行。

5.高压电车辆在脱离教师监控时必须全车落锁，驶离举升工位并由教师妥善保管钥匙。

6.在任何时候都要注意自身的人身安全防护。

7.车辆不可举升过高，举升到需要的高度时，要确认保险锁销到位。

8.工作中及完成任务后应遵守实训场地的7S要求。

四、信息收集

空调鼓风机工作异常故障	学习任务单	班级：
		姓名：

1.下图所示为空调鼓风机线路原理图，空调控制器从________端子向鼓风机继电器ER10发出________V控制信号（标准电压为________V），并通过________端子检测ER10的工作状态。ER10触点吸合后，+B电源经过________为鼓风机提供功率电源。如果这两路任一电源异常，将导致____。

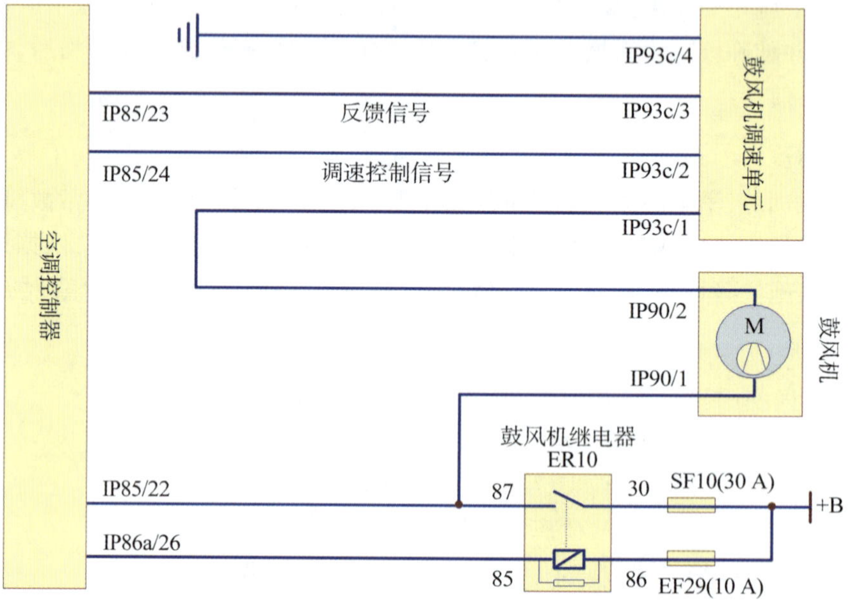

2.空调控制器通过________接收空调面板的空调开关信号，根据空调挡位开关信号，从________端子输出________电压用来控制鼓风机转速；如果控制信号及线路异常，将导致鼓风机______________，空调控制器同时生成故障代码并储存。

3.空调控制器通过检测__________端子电压判断鼓风机工作状态，挡位不同，反馈电压也不同。如果反馈信号及线路出现异常，空调控制器因无法获知当前鼓风机状态及转速，将导致鼓风机______________，只能__________，空调控制器同时生成故障代码并储存。

4.对于吉利EV450，请根据空调挡位在下表中填写鼓风机控制信号和反馈信号值。

空调挡位	调速控制信号	反馈信号
1		
2		

续表

空调挡位	调速控制信号	反馈信号
3		
4		
5		
6		
7		

五、制订计划

1.作业计划

序号	作业项目	操作要点

2.设备清单

序号	设备名称	规格型号	数量

计划审核	审核意见： 年　　月　　日　签字：

六、任务实施

工作任务单	空调鼓风机工作异常	班级：
		姓名：

1.车辆信息记录					
品牌		整车型号		生产年月	
电机型号		动力电池容量		行驶里程	
车辆识别码					

2.车辆基本检查		
检查项目	检查情况	
辅助蓄电池电压		异常□　正常□
高压部件安装及连接器连接情况		异常□　正常□
膨胀水箱液位		异常□　正常□

3.故障现象判定	
诊断项目	诊断内容
确认故障现象	

4.读取与本故障相关的主要故障代码	
诊断项目	诊断内容
相关故障代码描述	

5.记录与本故障相关的主要数据流	
诊断项目	诊断内容
相关数据流描述	

6.分析故障范围	
诊断项目	诊断内容
故障范围描述	

续表

7.故障诊断过程记录		
步骤	诊断对象及检测项目	测量结果分析

8.故障诊断结论	
确认故障点	
故障机理分析	
提出维修建议	

七、职业素养

空调鼓风机工作异常		实习日期：	
姓名：	班级：	学号：	教师签名：
自评：□熟练□不熟练	互评：□熟练□不熟练	师评：□合格□不合格	
日期：	日期：	日期：	

空调鼓风机工作异常【评分细则】

序号	评分项	得分条件	分值	评分要求	自评	互评	师评
1	安全/7S/态度	□1.能进行工位7S操作 □2.能进行设备和工具安全检查 □3.能进行车辆安全防护操作 □4.能进行人员高压安全防护操作 □5.能进行“三不落地”操作	15	未完成一项扣3分，扣分不得超过15分	□熟练 □不熟练	□熟练 □不熟练	□合格 □不合格
2	专业技能能力	□1.能正确检查车辆的基本状态 □2.能正确检查鼓风机的工作异常现象 □3.能正确使用故障检测设备 □4.能正确读取故障码及数据流信息 □5.能正确分析故障原因 □6.能正确制定检测流程 □7.能正确使用检测设备执行检测 □8.能正确找到故障点 □9.能正确分析故障机理 □10.能合理提出维修建议	50	未完成一项扣5分，扣分不得超过50分	□熟练 □不熟练	□熟练 □不熟练	□合格 □不合格
3	工具及设备使用能力	□1.能正确使用维修工具 □2.能正确使用充电装置 □3.能正确使用万用表、诊断仪、示波器等诊断设备 □4.爱惜工具，能做到轻拿轻放	10	未完成一项扣2.5分，扣分不得超过10分	□熟练 □不熟练	□熟练 □不熟练	□合格 □不合格

续表

4	资料及信息查询能力	□1.能正确查询车辆信息 □2.能正确使用维修手册查询资料 □3.能正确记录查询资料的章节及页码 □4.能正确记录检查状态信息	10	未完成一项扣 2.5 分，扣分不得超过 10 分	□熟练 □不熟练	□熟练 □不熟练	□合格 □不合格
5	数据判断和分析能力	□1.能判断鼓风机工作异常的仪表状态 □2. 能判断仪表指示灯状态 □3.能判断故障代码 □4.能判断数据流 □5.能分析诊断仪的检测结果	10	未完成一项扣 2 分，扣分不得超过 10 分	□熟练 □不熟练	□熟练 □不熟练	□合格 □不合格
6	表单填写及报告撰写能力	□1.字迹清晰 □2.语句通顺 □3.无错别字 □4.无涂改 □5.无抄袭	5	未完成一项扣 1 分，扣分不得超过 5 分	□熟练 □不熟练	□熟练 □不熟练	□合格 □不合格
总分：							

八、实训总结

自我反思	
自我评价	

项目六
整车控制系统故障诊断

【工作情景】

整车控制系统是电动汽车的“大脑”，它通过接收和处理驾驶人的驾驶意图，向电动汽车的各个控制系统发出控制指令，实现整车的协同控制，包括动力蓄电池的热管理、电驱动系统的冷却等。根据控制对象电压的高低，可以将整车控制系统划分为动力控制系统和车身电控系统两个部分。本项目根据故障现象，将整车故障划分为整车上电故障、电控系统冷却故障、加速故障等，每种故障下又有不同的分类。针对整车控制系统，我们应该掌握哪些内容呢？

【学习目标】

通过学习本项目，应该达到以下目标：①熟悉整车控制系统的构成；②熟悉电动汽车热管理的基本原理和实现逻辑；③能够根据维修手册对不同的故障现象实施正确的检测和故障诊断。

任务一 对整车控制系统的认知

【任务描述】

整车控制器(VCU)是车辆的核心控制部件,相当于电动汽车的“大脑”。作为一名新能源汽车维修技工,熟悉整车控制器的相关线路和控制逻辑,是实施车辆综合故障诊断的基本功。在此,针对吉利 EV450 这款完全自主品牌的纯电动汽车,先来正确分析它的整车控制器相关线路和控制逻辑。

【任务目标】

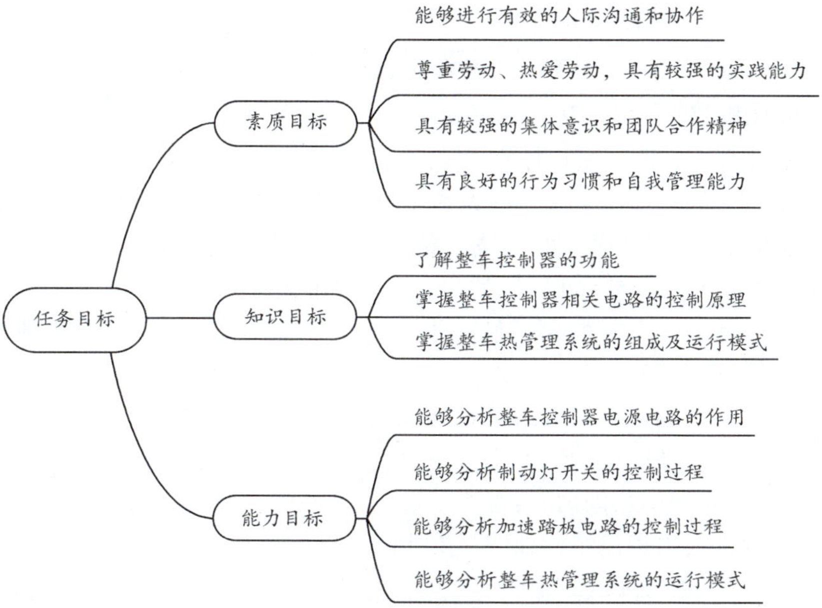

【知识储备】

整车控制器的结构如图 6-1 所示,可划分为动力控制系统和车身控制系统两大部分。动力控制系统主要包括动力蓄电池及管理系统(BMS)、车载充电机(OBC)、电机控制系统/DC/DC 转换器(IPU)、PTC 加热器及控制系统、电子换挡器(ESK)、变速器控制器(TCU)等;车身控制系统主要包括空调系统,制动、仪表、电子转向系统(EPS),车辆防盗、电子稳定控制系统(ESC),电子驻车系统(EPB)等,除空调压缩机和 PTC 加热器外,主要为低压系统。

一、整车控制系统的功能

整车控制器相当于电动汽车的“大脑”,通过接收、处理驾驶员的驾驶操作意图,向各个部件发送控制指令,使车辆按驾驶员的期望行驶;同时与电机控制系统、车载充电机、

DC/DC 转换器、动力蓄电池管理系统等进行通信。在系统运行过程中，整车控制器针对输入的关键信号判断车辆的状态，启动保护功能，视故障的类别对整车进行分级保护，紧急情况下可以关掉驱动电机及切断母线高压系统。

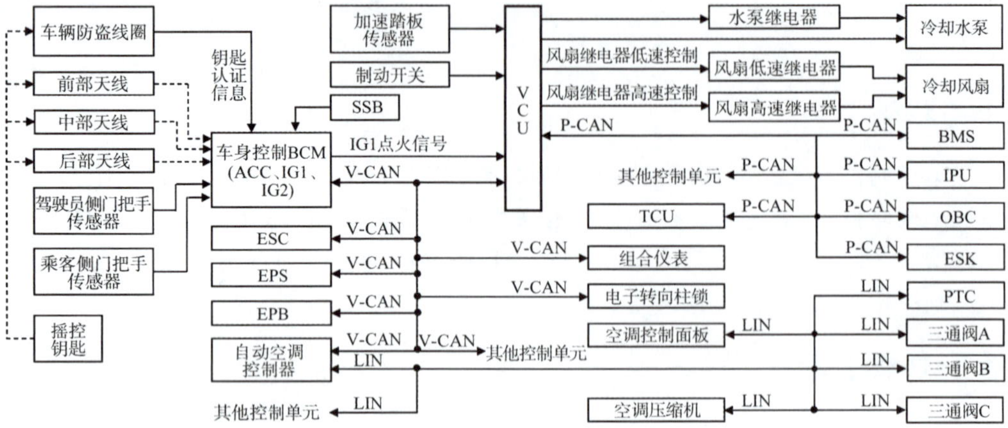

图 6-1　整车控制器的结构

1.驾驶员意图解释

整车控制器对驾驶员操作信息(加速踏板、制动踏板以及挡位开关)及控制命令进行分析处理，将加速踏板、制动踏板的机械位移量及挡位开关状态转换为相应的电信号，然后根据某种规则，将相应的电信号转化成驱动电机需要的转矩命令，输入电机控制器，控制驱动电机的转矩来驱动车辆，以满足驾驶员对车辆驱动的动力性要求；同时根据车辆状态，向电机控制器发出相应指令，保证行驶的安全性、舒适性。驱动电机对驾驶员操作的响应性能取决于整车控制器对加速踏板电信号的解释结果，会直接影响驾驶员的控制效果和操控感觉。

当驾驶员踩下加速踏板或制动踏板时，驱动电机要输出一定的驱动功率或再生制动功率，踏板开度越大，驱动电机的输出功率越大。为此，整车控制器要合理解析驾驶员的操作，接收整车各子系统的反馈信号，对整车各子系统发送控制指令，以实现车辆的正常行驶。整车控制器的逻辑控制结构如图 6-2 所示。

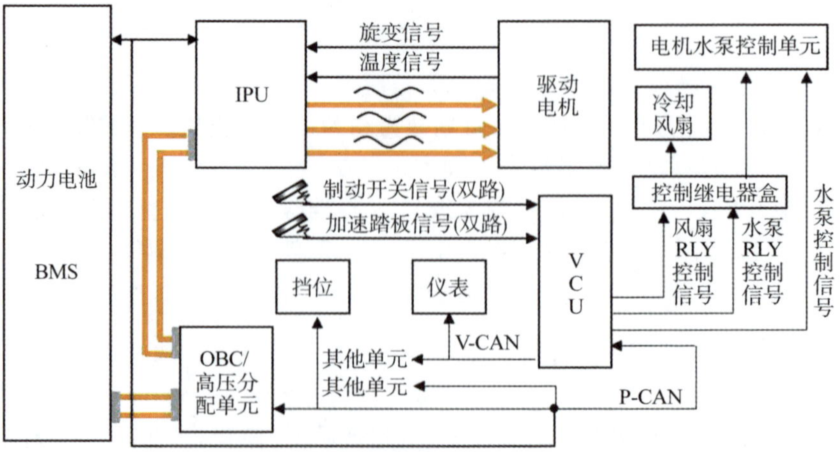

图 6-2　整车控制器的逻辑控制结构

2.驱动控制

电机控制器接收整车控制器对车辆操控输入(加速踏板、制动踏板、挡位开关)、车辆状态、道路状况等信号的解析结果,将动力蓄电池的高压直流电逆变成电压、频率、相序可调的三相交流电,实现对驱动电机的转速、转矩和转向控制,以满足驾驶员对车辆的动力性要求,同时保证车辆的安全性、舒适性。

牵引力控制系统(TCS)能够识别车辆起步或加速过程中的驱动轮打滑趋势,通过干预动力管理控制或者施加车轮制动,控制车轮滑转率,保证车辆的驱动稳定性和舒适性。TCS 平时为自动开启状态,驾驶员可以通过控制面板上的电子稳定控制单元(ESC)的 OFF 开关进行关闭。功能开启,起动或加速时,系统自动监控驱动轮的滑转率,超过设定值范围时,系统通过降低动力输出转矩或对车轮进行液压制动,防止车轮打滑以致侧向附着力降低;低于设定值范围时,系统增加动力输出(不高于驾驶员需求)和降低制动力矩。系统监测到故障时,TCS 会立即关闭;当驾驶员需求转矩小于可能的输出转矩时,TCS 对动力输出的干预会立即停止。

系统上电时会进行自检,此时仪表指示灯长亮,几秒后若无故障则熄灭。牵引力控制系统失效时,仪表上黄色电子稳定控制系统(ESC)故障灯会点亮,若故障不排除,该故障灯会一直点亮。故障排除后,在下一点火循环恢复功能。ESC 的 OFF 开关被按下,TCS 功能关闭,仪表上 ESC 的 OFF 灯长亮。

3.整车能量优化管理

整车控制器通过对电动汽车的电驱动系统、电池管理系统、传动系统以及其他车载能源动力系统(如空调、电动泵等)进行协调和管理,提高整车能量利用效率,延长续驶里程。在滑行制动和刹车制动过程中,根据加速踏板和制动踏板开度、车辆行驶状态信息以及动力蓄电池的状态信息(如 SOC 值)来判断某一时刻能否进行制动能量回收,制动能量回收示意图如图 6-3 所示。

图 6-3 制动能量回收示意图

制动能量回收的原则如下:能量回收制动不应该干预 ABS 的工作;当 ABS 进行制动力调节时,制动能量回收不应该进行;当 ABS 报警时,制动能量回收不应该进行;当电驱动系统发生故障时,制动能量回收不应该进行。

4.换挡控制

挡位管理关系到驾乘人员的安全,其需要正确理解驾驶员意图,正确识别车辆挡位,优化挡位管理单元功能,在出现故障时做出相应处理以保证整车安全,在驾驶员出现挡位误操作时通过仪表等提示驾驶员,使驾驶员能迅速纠正。换挡控制结构如图 6-4 所示。

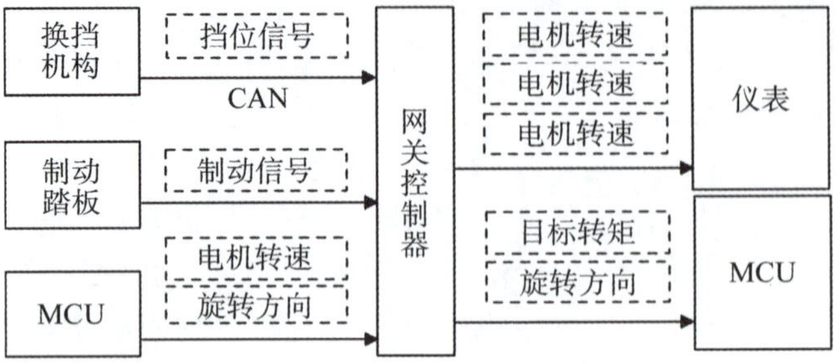

图 6-4 换挡控制结构

吉利 EV450 电动汽车的四个挡位分别为 P 挡、R 挡、N 挡、D 挡。霍尔传感器将信号输入挡位控制单元,挡位控制单元通过四根信号线与整车控制器通信。电子变速杆如图 6-5 所示。

图 6-5 电子变速杆

挡位控制单元利用霍尔传感器编码原理实现挡位识别。当变速杆移动时,霍尔传感器(IC1～IC5)的输出电压发生变化,挡位控制单元霍尔传感器输出电压解码,与内部存储的挡位图谱进行对比,判断当前挡位,并将这些挡位信号发送至整车控制器,挡位编码图谱见表 6-1。

编码表有五种状态:初始位 11011、R 挡 01111、N 挡 10111、P 挡 11101 和 D 挡 11110,每操作一次变速杆,电子变速杆都会回到初始位。换挡过程如下:

P 挡:初始位 11011→P 位 11101→初始位 10111+变速杆上部 P 位锁止按键按下一次。

N 挡:初始位 11011→N 位 10111→初始位 11011。

R 挡:初始位 11011→N 位 10111→R 位 01111→N 位 10111→初始位 11011。

D 挡:初始位 11011→P 位 11101→D 位 1110→P 位 11101→初始位 11011。

表 6-1　档位编码图谱

挡位	IC1		IC2		IC3		IC4		IC5	
	电压	编码	电压	编码	电压	编码	电压	编码	电压	编码
初始	4.5 V	1	4.5 V	1	0 V	0	4.5 V	1	4.5 V	1
R	0 V	0	4.5 V	1	4.5 V	1	4.5 V	1	4.5 V	1
N	4.5 V	1	0 V	0	4.5 V	1	4.5 V	1	4.5 V	1
P	4.5 V	1	4.5 V	1	4.5 V	1	0 V	0	4.5 V	1
D	4.5 V	1	4.5 V	1	4.5 V	1	4.5 V	1	0 V	0

5.高压上下电控制

根据驾驶员对点火开关的控制,进行动力蓄电池的高压接触器开关控制,以完成高压设备的电源通断和预充电控制,协调相关部件的上电与下电流程,包括电机控制器、电池管理系统等部件的供电,预充接触器、主正/主负接触器的吸合和断开等。高压上、下电流程分别如图 6-6 和图 6-7 所示。

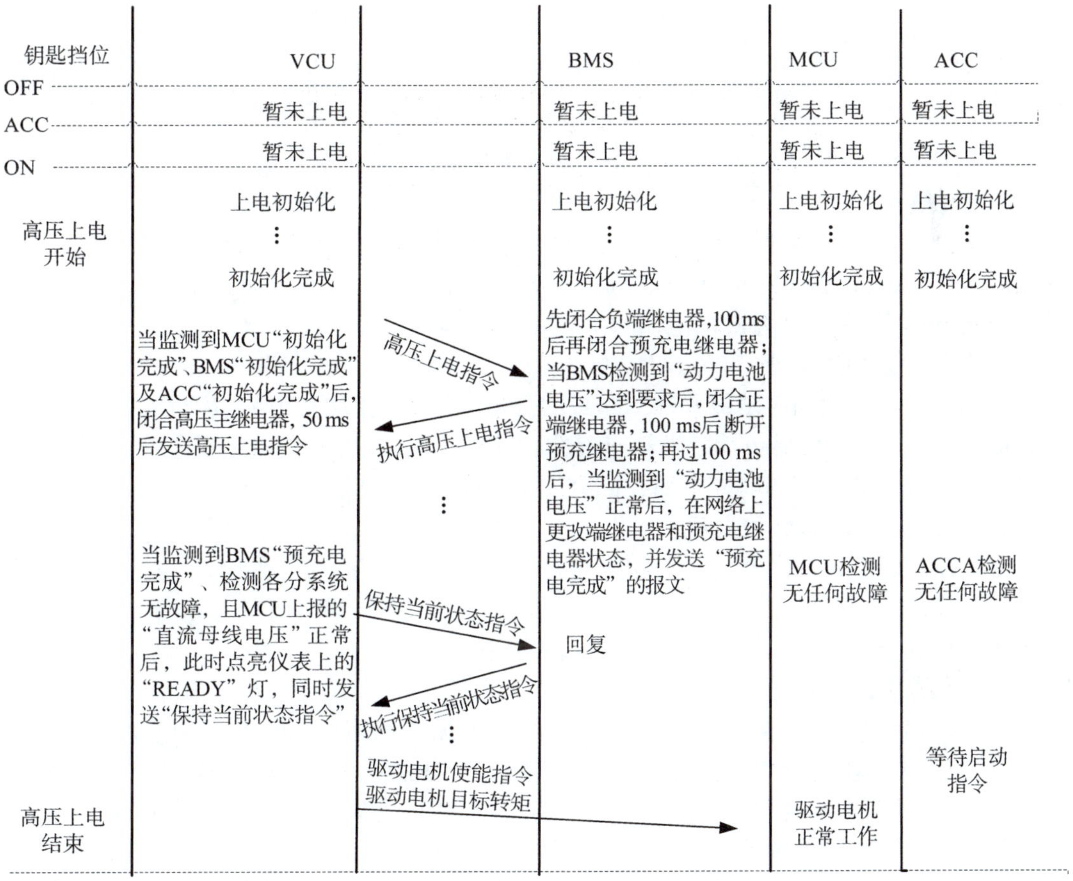

图 6-6　高压上电流程

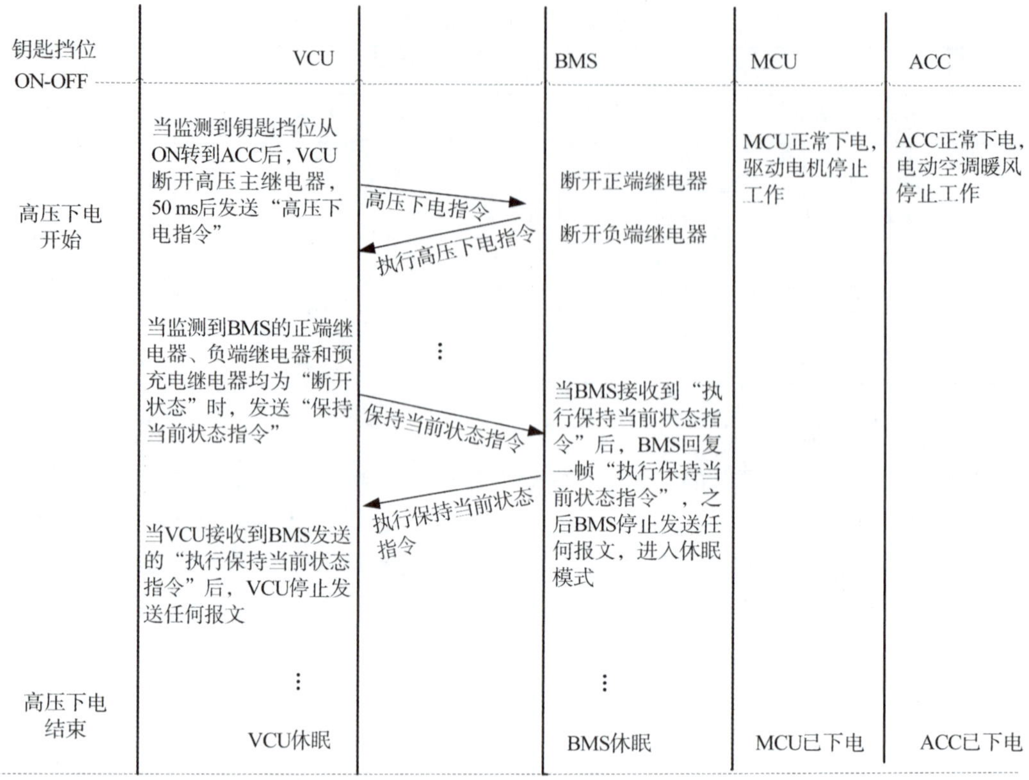

图 6-7　高压下电流程

6.充电过程控制

整车控制器与电池管理系统共同完成充电过程中的充电功率控制，整车控制器接收到充电信号后，可以保证车辆在充电状态下处于禁行状态，并根据动力蓄电池的状态信号限制充电功率，保护动力蓄电池。

7.制动能量回收控制

电机控制器根据加速踏板和制动踏板的开度、车辆行驶状态信号以及动力蓄电池的状态信号(如 SOC)，来判断某一时刻能否进行制动能量回收，并在满足安全性能、制动性能以及驾乘人员舒适性的前提下回收部分能量。

8.车辆状态实时监测和显示

电机控制器应该对车辆的运行状态进行实时检测，并且将系统的信号发送给车载信号显示系统(组合仪表)，其过程是通过传感器和 CAN 总线，最终将状态信号和故障诊断信号通过车载信号显示系统(组合仪表)显示出来。

9.上坡辅助功能控制

在上坡起步时，驾驶员从松开制动踏板到踩下加速踏板的过程中，会出现向后溜车的现象；在坡上行驶过程中，如果驾驶员踩加速踏板的深度不够，整车会出现车速逐渐降到零，然后向后溜车的现象。为了防止在上坡起步和行驶时出现向后溜车的现象，在整车控制策略中增加了上坡辅助功能。上坡辅助功能可以保证整车在上坡起步时向后溜车小于10 cm；在整车上坡行驶过程中，当动力不足时，整车车速会慢慢降到零，然后保持零车速，不再向后溜车。

10.行车控制分级

根据车辆状态信号,确定车辆运行模式,主要包括正常模式、跛行模式和停机保护。

11.热管理控制

驱动电机转子高速旋转会产生高温,热量通过机体传递,如果不加以降温,则驱动电机无法正常工作,所以驱动电机机体内设置有冷却液道,通过冷却液的循环与外界进行热交换。这样能将驱动电机的工作温度保持在一定范围内,防止驱动电机过热。

12.DC/DC 转换器

DC/DC 转换器可实现直流高压(动力蓄电池电压)向直流低压(13~14 V)的能量传递,这一方面为低压蓄电池(12 V)充电,另一方面为整车低压电气设备提供电源,如灯光、仪表、雨刮、音响等。

13.冷却系统控制

驱动电机和电机控制器、DC/DC 转换器等工作电流大,产热量大。如果温度过高,将导致电机功率下降,电机绕组和电机控制器、DC/DC 转换器内部 IGBT 烧毁。为了保证驱动电机和控制系统具有良好的工作性能,避免车辆无法正常行驶,需要专门为电机控制器提供一套冷却系统及热管理系统。

二、整车控制器线路

整车控制器线路主要分为电源线路、制动开关线路、加速踏板位置传感器线路、电机水泵控制线路、冷却风扇控制线路、驱动电机唤醒线路、通信线路(P-CAN、V-CAN)和高压互锁线路。在此只对电源线路、制动开关线路、加速踏板位置传感器线路进行详细说明,其他线路在各自相关内容中都有详细介绍。

1.整车控制器电源电路

整车控制器电源电路包括+B 电源、IG 点火开关电源、功率电源三路,整车控制器电源电路如图 6-8 所示。

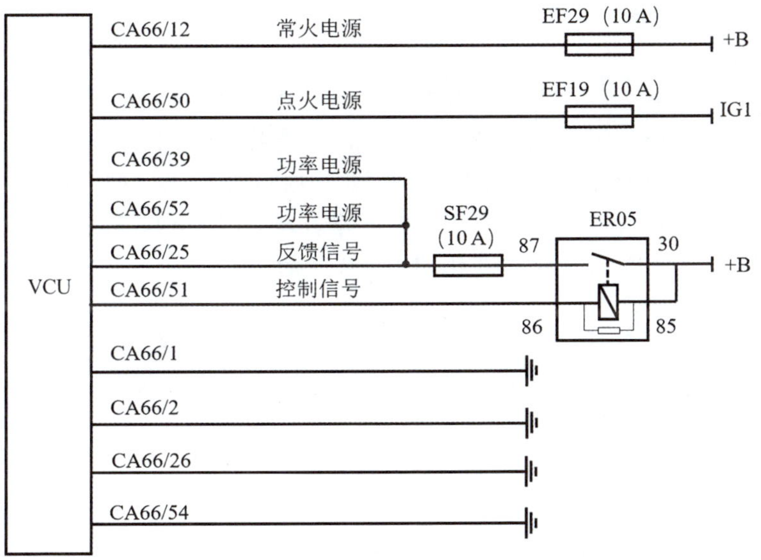

图 6-8 整车控制器电源电路

（1）+B 电源。+B 电源为 VCU 提供记忆电源和工作电源，保证 VCU 能正常进入休眠及唤醒状态，同时为 CAN 通信提供通信电源，保证基本数据及动力系统防盗数据顺利传输。点火开关打开时，该电压作为 VCU 主继电器工作电源；在充电过程中，点火开关处于关闭状态，但需要 VCU 启动工作，因此该电源又作为 VCU 主继电器驱动电源使用。如果此电源出现异常，会先导致动力系统防盗功能被激活，高压不上电，应急警告灯闪亮，防盗喇叭激活鸣响。

（2）IG 点火开关电源。IG 点火开关电源为 VCU 提供唤醒信号，为 VCU 正常进入休眠及唤醒状态提供时间参考。点火开关关闭 30 s 后，VCU 发送关闭 DC/DC 转换器的信号到 IPU，DC/DC转换器停止工作，不再对外输出电压。70 s 左右后，VCU 主继电器 ER05 断开，车辆功率电源断开。如果该电源出现异常，则 VCU 通过总线接收到钥匙信号，同时从其他单元发出的 CAN 信号得知点火开关已打开，即判定点火开关打开不合法，动力系统防盗功能被激活，高压不上电，应急警告灯闪亮，防盗喇叭鸣响。

（3）功率电源。VCU 主继电器 ER05 为 VCU 提供功率电源，即为高压互锁、水泵控制、水泵继电器控制、加速踏板位置传感器控制、冷却风扇继电器控制等提供电源。

如果主继电器 ER05 的控制信号、供电电源、ER05 自身出现故障，将导致 VCU 丢失功率电源，导致高压互锁、水泵控制、水泵继电器控制、加速踏板位置传感器控制、冷却风扇继电器控制等异常，VCU 启动保护模式，致使高压上电失败。

如果 ER05 反馈信号出现异常，VCU 将认为 ER05 工作信号不可信，也将导致 VCU 启动保护模式，致使高压上电失败。

ER05 给 VCU 供电的两路功率电源在 VCU 内部并联，因此有一路出现故障，电源便不会丢失。但如果两路都出现异常，将导致 VCU 丢失功率电源，VCU 启动保护模式，致使高压上电失败。

上述三种情况都将导致高压互锁、水泵控制、水泵继电器控制、加速踏板位置传感器控制、冷却风扇继电器控制等工作异常。

2.制动灯开关

制动灯开关的作用是控制制动灯线路导通与截止，反映驾驶员对车辆速度的控制意图。制动时，将切断巡航控制，启动 ABS 和 MCU 对能量进行回收，以及启动对整车高压上电控制。制动开关线路原理图如图 6-9 所示，从中可以看出，制动开关内部有两组触点，分别是 CA44/1 端子和 CA44/2 端子构成的常开触点及 CA44/3 端子和 CA44/4 端子构成的常闭触点。制动灯开关信号变化如表 6-2 所示。

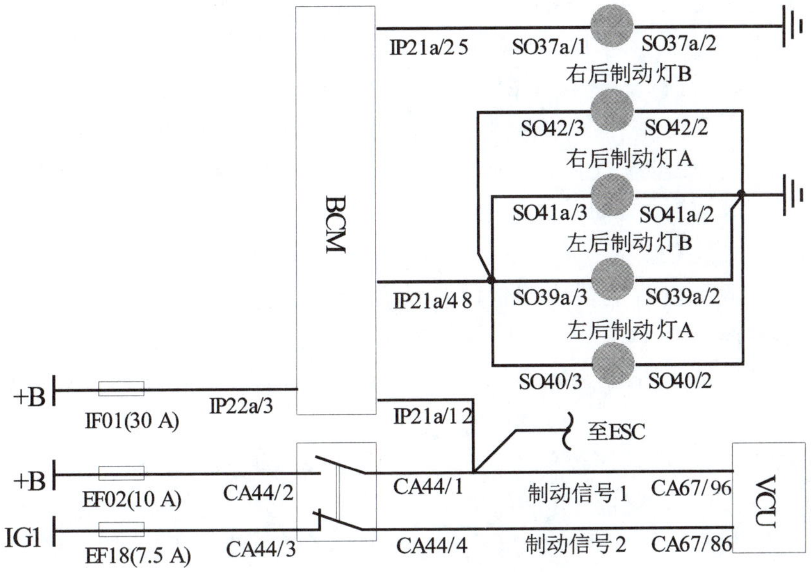

图 6-9　制动开关线路原理图

表 6-2　制动灯开关信号变化

驾驶员操作状态	CA44/1-CA44/2 触点	CA44/3-CA44/4 触点	CA44/1 电压	CA44/4 电压
	常开触点	常闭触点	制动信号 1	制动信号 2
不踩制动踏板,未打开点火开关	断开	闭合	低电平	高电平
踩制动踏板,打开点火开关	闭合	断开	高电平	低电平

(1)制动信号 1。VCU 根据制动信号 1 判断车辆在上电过程中是否处于静止的安全状态;行驶过程中用于判断驾驶员对车辆速度的控制意图,控制驱动电机电流及能量回收。如果制动信号 1 出现故障,VCU 将无法确定车辆是否处在静止的安全状态下,因此禁止高压系统上电。

制动信号 1 由两条线路发送至 VCU:一路是由专用线束输入 VCU(CA67/96 端子),VCU 根据该信号判断车辆是否处于制动状态;另一路是由专用导线输入 ESC(CA20/30 端子),ESC 通过 V-CAN 再次将它输入 VCU。VCU 结合这两个信号判断车辆上电过程中的状态,如果有一个信号异常,将不会启动上电流程。

如果制动灯开关损坏导致 CA44/1 与 CA44/2 无法断开,则 CA44/1 一直处于高电平,VCU 由此判断车辆一直处于制动状态,并发送信号至 MCU,MCU 将控制电机电流、降低功率,使车辆无法加速或行驶;同时 BCM 控制后部制动灯长亮。

(2)制动信号 2。制动信号 2 是辅助信号,VCU 通过对比制动信号 1 和制动信号 2,

判断制动踏板是否完全松开,制动力是否完全解除。如果制动信号 2 出现异常,VCU 判定制动踏板没有完全松开,制动力没有完全解除,VCU 将发送信号至 MCU,禁止车辆在行驶挡位中的行驶功能,使整车不能行驶。

如果制动信号 2 对+B 短路,CA44/4 一直处于高电平,会导致 IG1 继电器控制的线路上一直有电,出现虽然没有打开点火开关但车辆仪表长亮、无法关闭的现象;踩制动踏板仪表熄灭,松开制动踏板仪表再次点亮。

3.加速踏板位置传感器

加速踏板位置传感器主要用于检测加速踏板的开度,反映驾驶员对车辆的操纵意图。传感器信号输送给 VCU,经 VCU 内部运算处理后,转换为驱动电机转速、转矩的目标信号,通过 CAN 总线传输给 MCU,作为 MCU 控制驱动电机转速、转矩、能量回收的重要参考。

为保障系统安全,加速踏板位置传感器被设计成双输出传感器,分别由两个滑动电阻式传感器 APS1、APS2 组成,由 VCU 提供+5 V 参考电压。随着加速踏板开度的改变,电位计滑动触点与其他端子之间的阻值发生线性变化,由此产生反映加速踏板开度和变化速率的电压信号。吉利 EV450 电动汽车加速踏板位置传感器线路如图 6-10 所示。

图 6-10　吉利 EV450 电动汽车加速踏板位置传感器线路

传感器 1 的信号线路串联一个 R2 电阻,电压范围为 0.73~4.49 V。传感器 2 的信号线路由于没有分压电阻,电压范围为 0.35~2.25 V。

传感器 1 作为车辆速度和转矩需求的辅助信号,传感器 2 作为主信号。如果传感器 1 出现故障,VCU 将采用传感器 2 的信号作为依据,对车辆进行控制。如果传感器 2 出现故障,VCU 将启动系统保护功能,即电机限功率,踩加速踏板加速时车辆速度无法提升。

三、热管理系统的组成及运行模式

电动汽车的驱动电机、MCU、DC/DC 变换器、OBC、动力蓄电池等部件在工作过程中均会产生大量热量,导致其温度上升;动力蓄电池的最佳工作温度为 25 ℃左右,且处于封闭的电池箱内。有效的温度管理不仅可以避免发生重大安全事故,还能够提高充放电工作效率。

1.热管理系统的组成

吉利 EV450 电动汽车的整车热管理系统如图 6-11 所示,主要包括电控部分、动力蓄电池组、空调暖风控制系统、空调制冷控制系统四大部分。

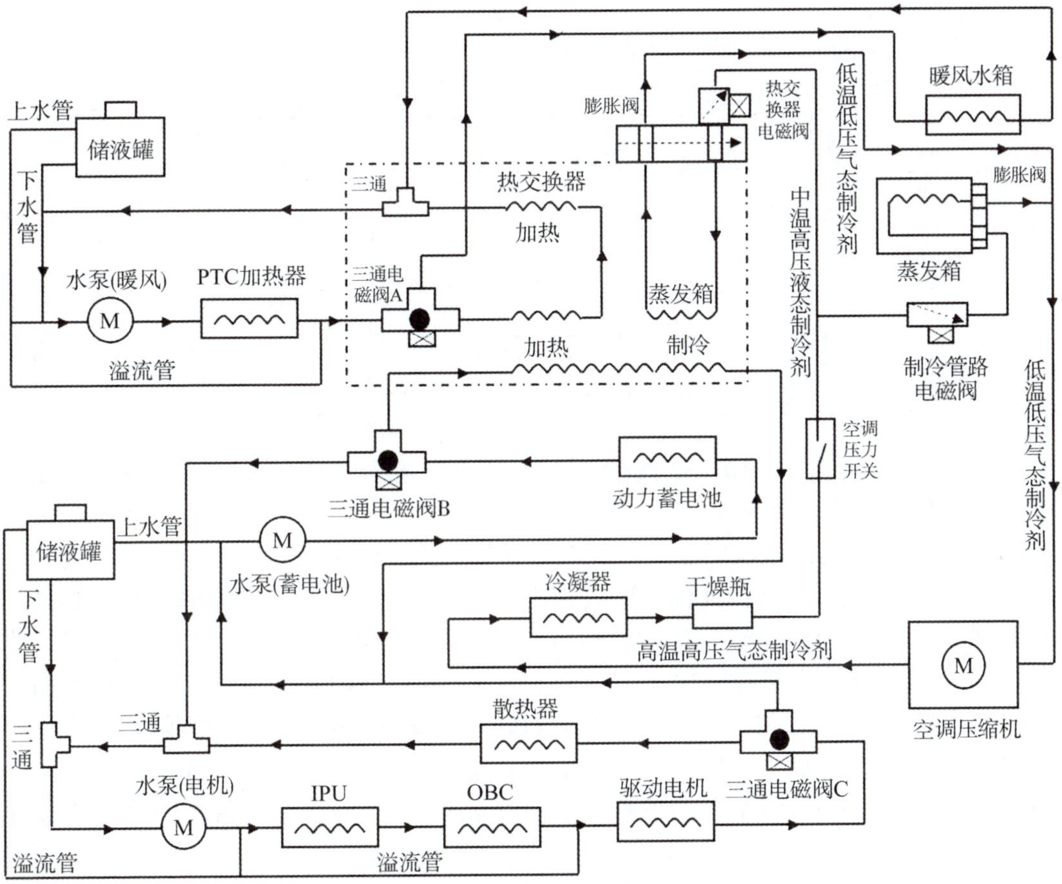

图 6-11 吉利 EV450 电动汽车的整车热管理系统

电控部分热管理系统将驱动电机、IPU、OBC、冷却液散热器、水泵(电机)、三通电磁阀 C 等部件采用串联方式实现热管理功能,另外还包括冷却风扇、储液罐、控制单元、温度传感器等部件。

动力蓄电池热管理系统主要包括动力蓄电池、三通电磁阀 B、热交换器、水泵(蓄电池)等部件,功能上分为冷却和加热两个部分。在动力蓄电池进行冷却的工况下,由三通电磁阀 B 与空调系统的热交换器(冷却)进行耦合,将空调系统的制冷功能用于动力蓄电池散热管理。而在动力蓄电池需要进行加热时,由三通电磁阀 B 与 PTC 加热回路的热交换器(加热)进行耦合,将 PTC 加热回路的热量用于动力蓄电池的热管理。另外,由三通电磁阀 C 和电控部分热管理系统连接,将电控部分产生的热量引入动力蓄电池的加热过程中,以达到节省能量的目的。

PTC 加热回路主要包括水泵(暖风)、PTC 加热器、三通电池阀 A、暖风水箱、储液罐等。

(1)水泵(电机)。水泵(电机)串联在冷却风扇和 MCU 之间,为冷却液流动提供动力,其控制线路如图 6-12 所示。VCU 从 CA67/115 端子输出低电平(<0.7 V),水泵继电器(ER04)触点闭合,+B 电源通过熔丝 EF06 (10A)连接到水泵(电机)端子 BV14/3,为水泵提供电源。

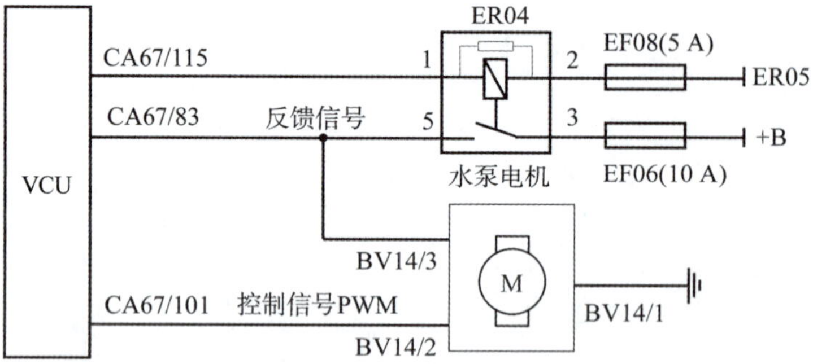

图 6-12　水泵(电机)控制线路

VCU 通过检测端子 CA67/83 的电压,判断水泵继电器(ER04)的工作状态以及水泵+B 电源的供电状态。如果 VCU 检测到 CA67/83 端子电压为 0 V,即认为水泵继电器(ER04)工作异常,水泵电源供电异常,VCU 内部生成故障代码。

VCU 通过 P-CAN 总线接收到 MCU、DC/DC 转换器、OBC 发送的热管理启动请求信号及热管理等级后,从 CA67/101 端子输出一个幅值约为 2.2 V 的 PWM 信号,该信号进入水泵电机后被水泵电机控制单元上拉至 10.8 V 左右。VCU 通过调整 PWM 脉冲占空比,控制水泵电机转速,占空比越大,水平电机转速越高,冷却液循环速度越快,水泵电机控制温度如表 6-3 所示。如果水泵电机电源正常(即 BV14/3 电压正常),而水泵电机 PWM 控制信号出现异常,水泵电机将一直高速运转,防止电控系统温度过高引发安全事故。

表 6-3　水泵电机控制温度

名称	检测对象	温度	水泵状态
水泵电机	IGBT 温度	>45 ℃	开启
		<35 ℃	关闭
	电机温度	>60 ℃	开启
		<50 ℃	关闭
	OBC 温度	>50 ℃	开启
		<40 ℃	关闭
过温保护 零转矩输出	IGBT 温度	>90 ℃	开启
	电机温度	>140 ℃	

如果水泵继电器(ER04)自身、供电及控制线路出现故障,会导致水泵电机无法运

转。如果车辆长时间运行,可能导致电控系统温度过高,致使系统启动限功率保护功能,使车辆无法加速,严重时车辆可能停止运行。

(2)冷却风扇。吉利 EV450 电动汽车的冷却风扇采用双风扇、高低速的控制模式。冷却风扇的开启和停止由 VCU 根据温度需求,利用冷却风扇低速和高速继电器直接控制,在低速线路中,采用串联调速电阻的方式改变风扇转速。冷却风扇控制线路如图 6-13 所示。

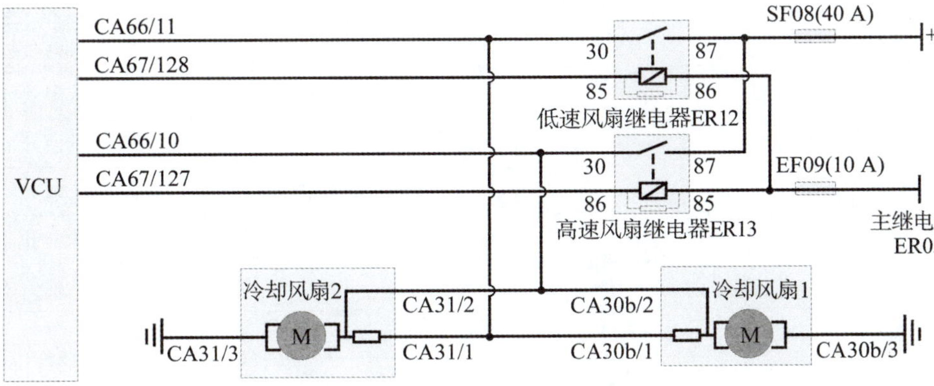

图 6-13 冷却风扇控制线路

①冷却风扇高/低速控制:VCU 接收到 MCU、OBC 通过 P-CAN 总线发送的低等级热管理系统启动请求后,从 CA67/128 端子输出低电平,低速风扇继电器线圈通过电流,触点闭合,为风扇 1 的 CA30b/1 端子和风扇 2 的 CA31/1 端子提供工作电源,+B 经调速电阻分压后连接到冷却风扇电机,使风扇低速旋转。

VCU 通过检测 CA66/11 端子电压,判断继电器工作状态及低速风扇电源供电状态。VCU 检测到端子电压为+B 时,判断为继电器状态良好,低速风扇电源供电正常;如果检测到端子电压为 0 V,判断为继电器工作异常,低速风扇电源供电异常,VCU 内部生成故障代码。

VCU 接收到 MCU、OBC 通过 P-CAN 总线发送的高等级热管理系统启动请求后,从 CA67/127 端子输出低电平,高速风扇继电器触点闭合,+B 直接连接到冷却风扇电机,使风扇高速旋转。

②冷却风扇控制策略:MCU、OBC 通过温度传感器检测电机绕组温度、MCU 内部 IGBT 散热板温度、OBC 内部 IGBT 散热板温度,如果任一温度超过设定值,则通过 P-CAN 总线发送热管理信号至 VCU,VCU 接收到此信号后,控制冷却风扇运转,风扇运转和停止控制如表 6-4 所示。

(3)动力蓄电池热管理系统电路:吉利 EV450 电动汽车的动力蓄电池热管理系统线路如图 6-14 所示,动力蓄电池管理系统根据温度传感器检测输出,通过 P-CAN 总线向 VCU、空调控制器等发出相应的温度管理请求。

表 6-4　风扇运转和停止控制

名称	检测对象	温度	水泵状态
风扇 1 风扇 2	MCU 内部 IGBT 温度	>55 ℃	低速风扇开启
		<50 ℃	低速风扇关闭
		>65 ℃	高速风扇开启
		<60 ℃	高速风扇关闭
	电机温度	>75 ℃	低速风扇开启
		<70 ℃	低速风扇关闭
		>80 ℃	高速风扇开启
		<75 ℃	高速风扇关闭
	OBC 温度	>80 ℃	低速风扇开启
		<70 ℃	低速风扇关闭
过温保护 零转矩输出	IGBT 温度	>90 ℃	高速风扇开启
	电机温度	>140 ℃	

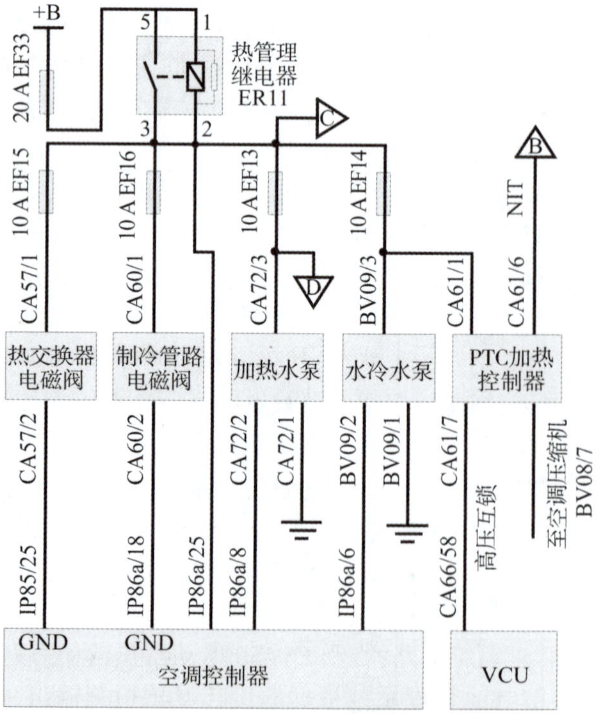

图 6-14　动力蓄电池热管理系统线路

动力蓄电池冷却过程中，A/C 空调控制器从 IP86a/25 端子输出低电平(<0.7 V)，热管理继电器 ER11 触点闭合，经过 EF14(10 A)为水冷水泵电机提供+12 V 工作电源，从

IP86a/6 端子向水冷水泵输出 PWM 脉冲工作信号，水冷水泵电机工作。同时，从 IP86a/18端子输出低电平(<0.7 V)，通过制冷管路三通电磁阀 B 与空调系统的热交换器(制冷)实现耦合。

在动力蓄电池加热过程中，经过 EF13(10 A)为加热水泵电机提供+12 V 工作电源，从 IP86a/8 端子向加热水泵输出 PWM 脉冲工作信号，加热水泵电机工作；同时，PTC 加热器开始对冷却液进行加热。

2.车辆运行中的预热管理

在运行放电模式下，当动力蓄电池温度低于 0 ℃时开启加热，高于 3 ℃时加热关闭。运行预热时引入电机、电控系统工作时产生的热量，降低动力蓄电池电量的额外消耗，提高了能量利用效率。电机、电控系统运转时产生的热量由冷却液作为介质，将热量传递给动力蓄电池组，当蓄电池温度达到标定值时，三通电磁阀 C 断开与动力蓄电池回路的连接，电机、电控系统与动力蓄电池的温控系统恢复各自的独立运行，如图 6-15 所示。

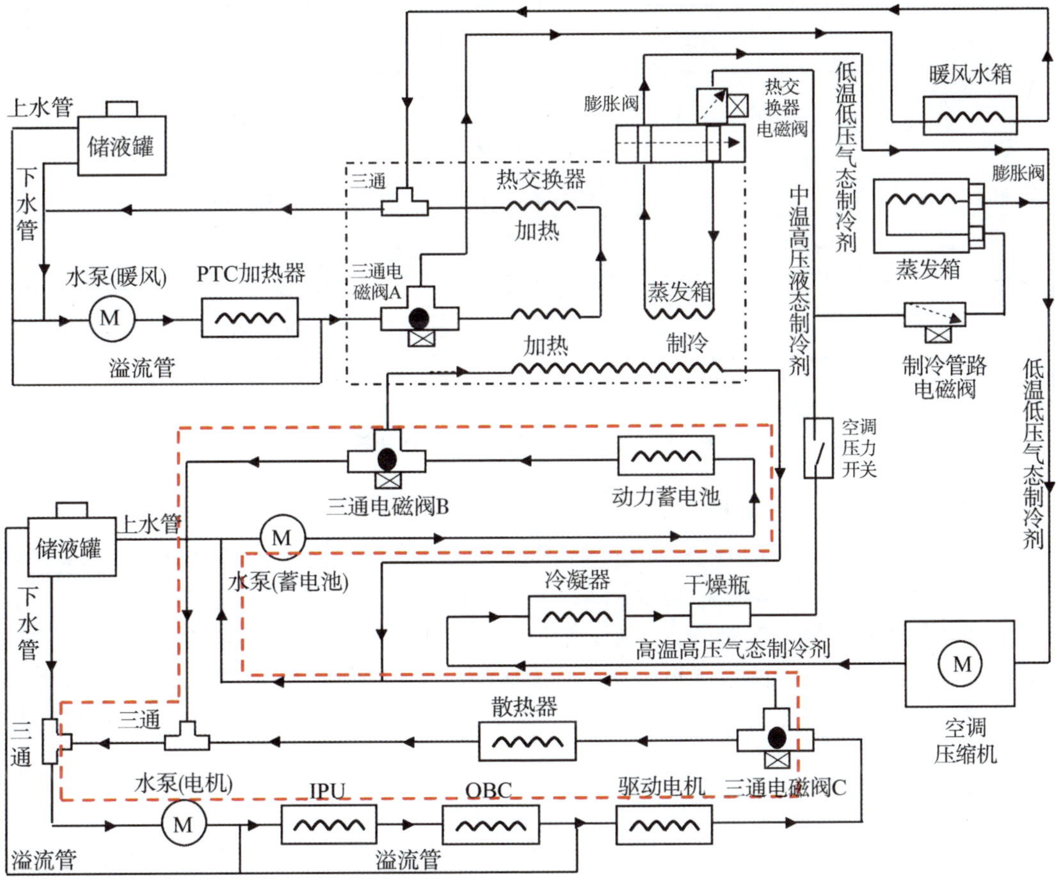

图 6-15　运行预热循环控制

3.电机运行中的散热管理

车辆在运行过程中，MCU、DC/DC 转换器、驱动电机是车辆运行中的功率输出单元，部分电能会转化为热能致使元件温度升高。电机及其控制单元的散热原理图如图 6-16

所示，虚线表示电控单元散热时冷却液的流动方向。

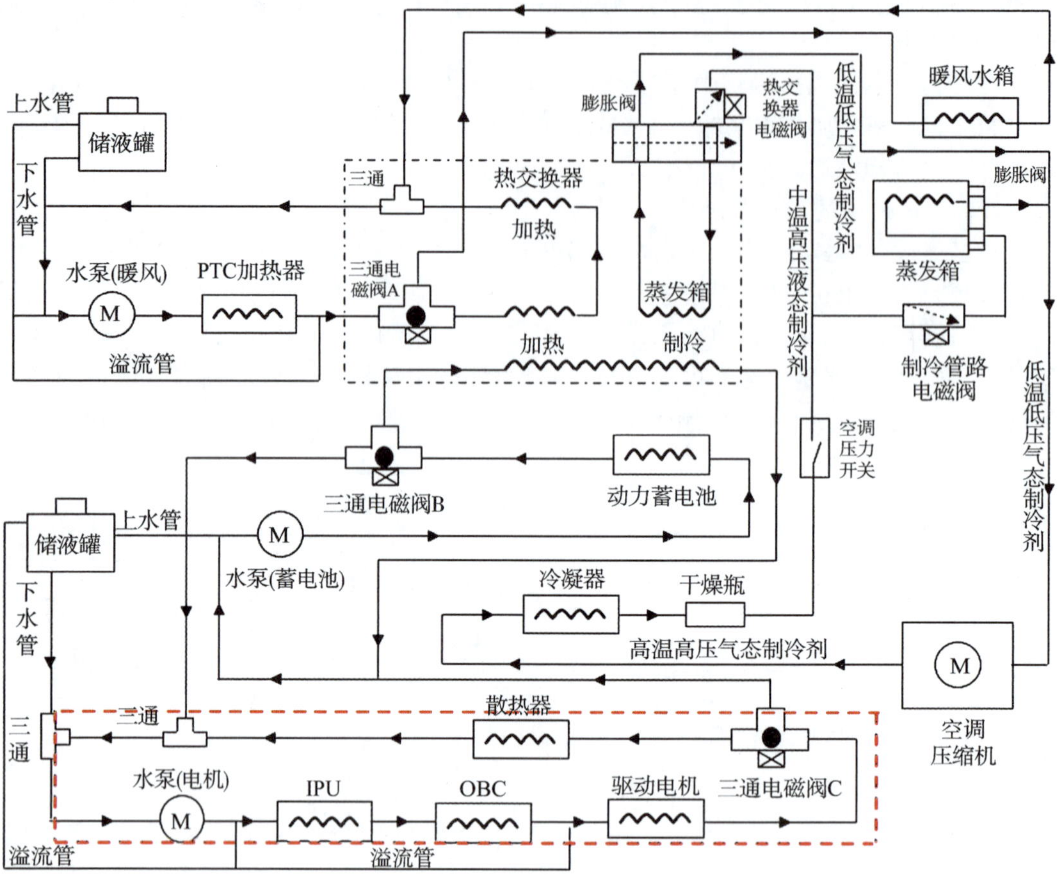

图 6-16　电机及其控制单元的散热控制

4.动力蓄电池的散热管理

动力蓄电池散热(冷却)的循环控制如图 6-17 所示，空调控制单元控制三通电磁阀 B 打开热交换器冷却通道，水泵(蓄电池)启动工作；同时，空调压缩机控制单元关闭制冷管路电磁阀，打开热交换器电磁阀，空调压缩机启动，制冷剂流入热交换器，降低动力蓄电池内部流出的冷却液温度，再通过水泵(蓄电池)进入动力蓄电池，形成散热冷却循环，降低动力蓄电池的温度。

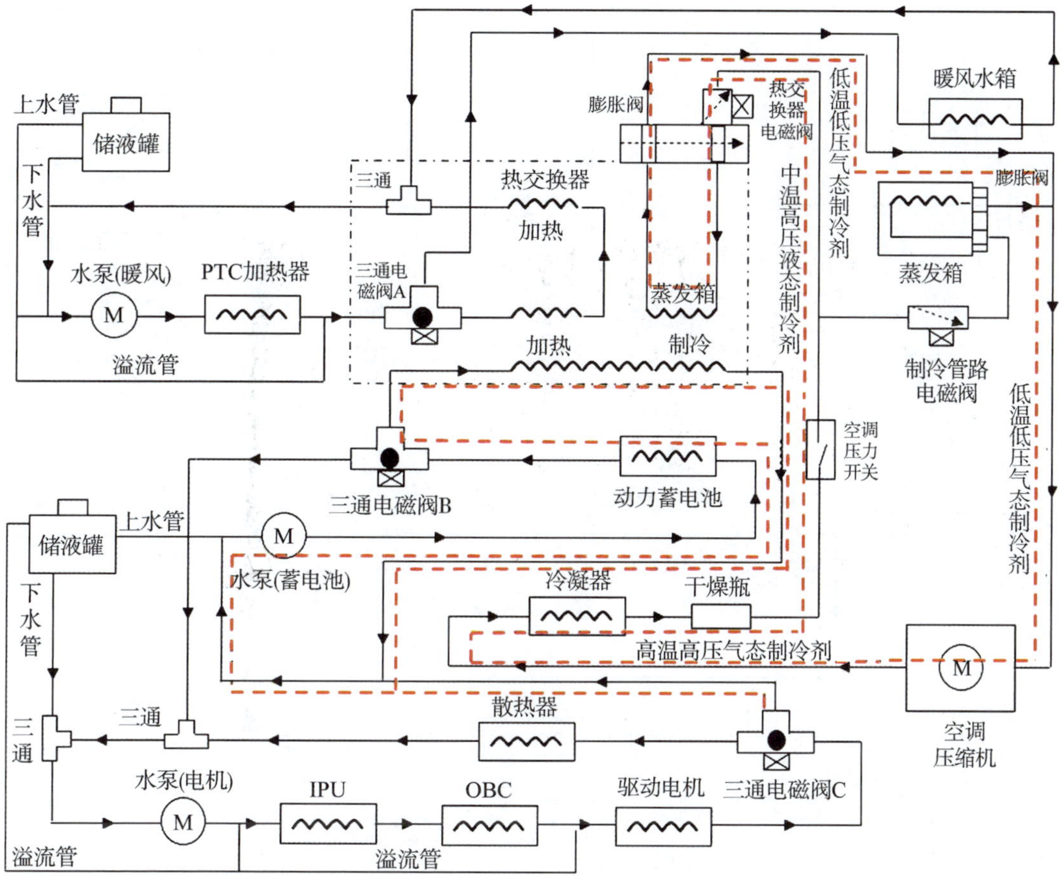

图 6-17　动力蓄电池散热(冷却)的循环控制

5.充电过程中的预热管理

在低温条件下,为保护动力蓄电池,BMS 会对充电电流进行限制,只能采取小电流充电。充电过程中,随着单体蓄电池温度升高,充电电流才慢慢增大,延长了充电时间,导致不能发挥充电设施的性能,尤其是快充模式。

吉利 EV450 电动汽车配有充电预热方案,如果环境温度过低,先对动力蓄电池预加热,当达到合适的温度后,再启动快速充电。这样不仅缩短了充电时间,还避免了低温下快充对单体蓄电池可能造成的伤害。充电预热循环控制如图 6-18 所示。

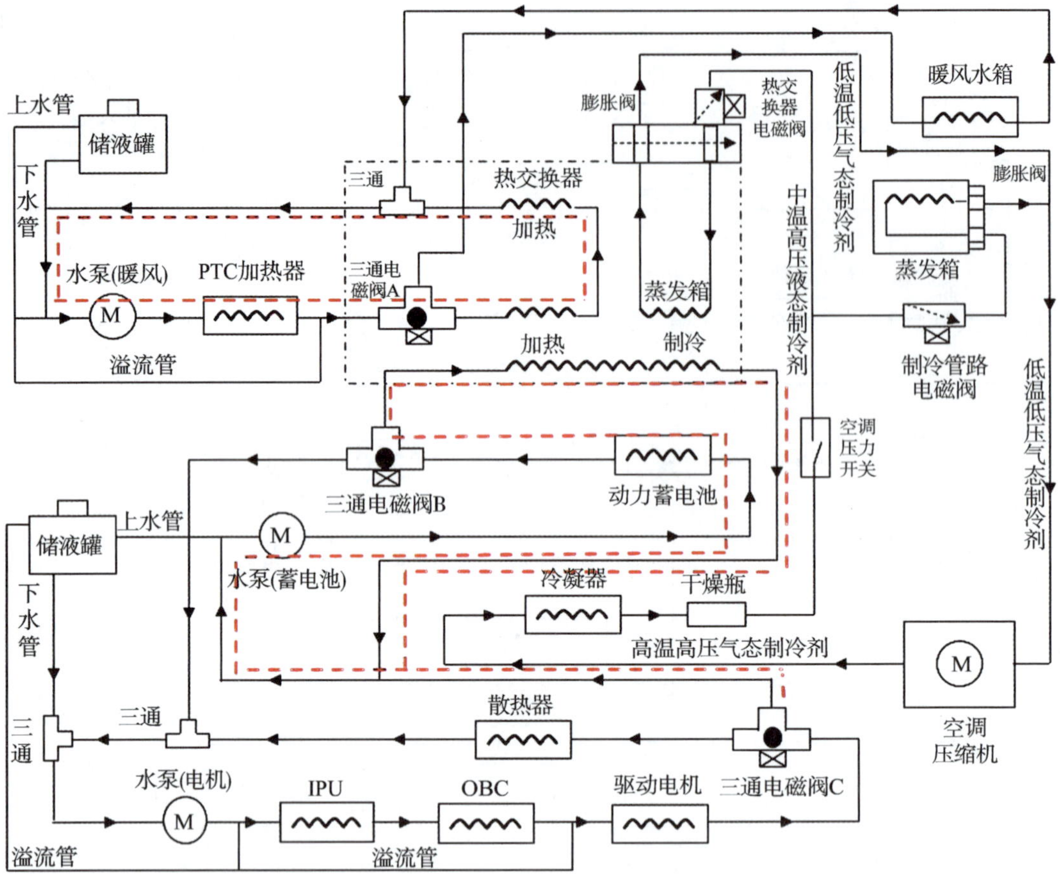

图 6-18　充电预热循环控制

(1)慢充电模式:当蓄电池温度低于 0 ℃时加热开启,高于 3 ℃时加热关闭。

(2)快充电模式:当蓄电池温度低于 10 ℃时加热开启,高于 12 ℃时加热关闭。

6.充电过程中的散热管理

在充电过程中,如果动力蓄电池温度高于预设阈值时,电池管理系统发出冷却请求信号至空调控制单元和空调压缩机控制单元。空调控制单元控制三通电磁阀 B 打开热交换器冷却通道,水泵(蓄电池)工作;同时,空调压缩机控制单元关闭制冷管路电磁阀,打开热交换器电磁阀,空调压缩机启动,制冷剂流入热交换器,降低动力蓄电池内部流出的冷却液温度,再经水泵(蓄电池)进入动力蓄电池,内部冷却管路形成散热冷却循环。充电过程中的散热管理如图 6-19 所示。

(1)慢充模式:蓄电池温度高于 38 ℃时冷却模式开启,低于 32 ℃时冷却模式关闭。

(2)快充模式:蓄电池温度高于 32 ℃时冷却模式开启,低于 28 ℃时冷却模式关闭。

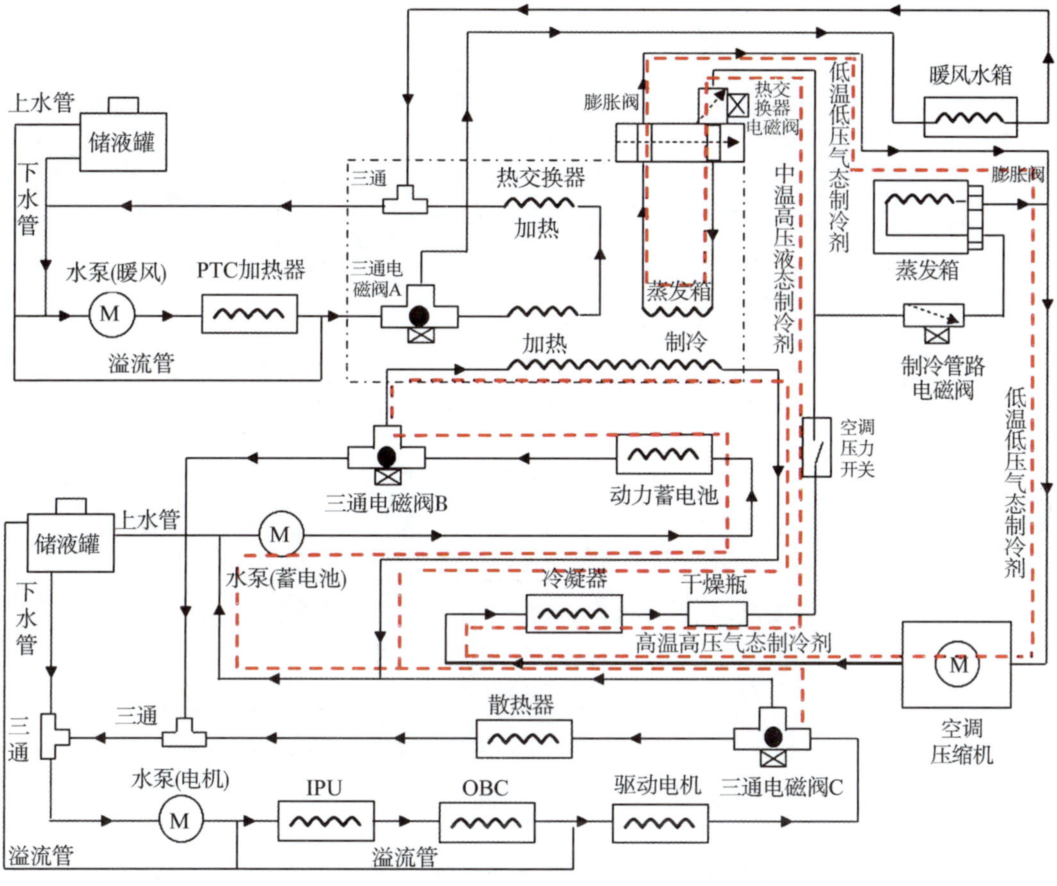

图 6-19　充电过程中的散热管理

任务二　整车控制系统常见故障诊断与典型案例

【任务描述】

一辆吉利 EV450 电动汽车，打开点火开关后，车辆系统进入防盗锁止状态，转向警告灯点亮，防盗喇叭触发后鸣响，系统故障灯、挡位指示灯闪烁，EPB 故障警告灯、代表驱动系统性能的故障提醒警告灯、安全气囊故障警告灯点亮，电量、续航里程、挡位显示异常，车辆无法起动。作为一名新能源汽车维修技工，应正确使用诊断仪、示波器、万用表等检测工具，依据维修手册及相关资料排除故障，并准确填写诊断报告；按照 7S 操作规范整理场地，经检验合格后，将诊断报告和钥匙交付前台。

【任务目标】

- 任务目标
  - 素质目标
    - 能够进行有效的人际沟通和协作
    - 尊重劳动、热爱劳动，具有较强的实践能力
    - 具有较强的集体意识和团队合作精神
    - 具有良好的行为习惯和自我管理能力
  - 知识目标
    - 能够识读吉利EV450整车线路图
    - 熟悉与整车控制系统相关的故障现象
    - 掌握各类故障现象的分析方法
  - 能力目标
    - 规范使用绝缘防护、隔离警示、车轮挡块等设备
    - 规范使用车外、车内防护用品，实施车辆防护
    - 正确使用诊断仪、示波器、绝缘测试仪等检测仪器
    - 按照操作规范正确实施下高压电、防止重新接通等
    - 能够正确查阅维修资料，识读和分析线路原理图
    - 能够依据故障现象、故障代码等分析故障形成机理
    - 依据职业操作规范要求，正确事行7S管理和操作

【知识储备】

吉利 EV450 整车线路图如图 6-20 所示。如果制动开关、挡位开关、加速踏板等信号出现故障，将导致 VCU 及 MCU 无法判断驾驶员的意图，系统将禁止高压上电、限功率行驶等。根据安全监测、故障处理机制和车辆运行状态，如果整车热管理控制系统及相关部件出现故障，将引起系统过温而导致安全隐患，系统可能启动过温保护，造成车辆限功率以及高压不上电现象；同时，根据安全监测和故障处理机制，参与整车防盗功能的运行。

在车辆无故障的情况下，踩下制动踏板，点火开关上的绿色指示灯点亮，如图 6-21 所示。打开点火开关，可运行指示灯“READY”点亮，如图 6-22 所示，电量显示、挡位显示正常、无闪烁；仪表右侧车辆模式指示灯“ECO”应点亮，驻车灯应点亮，外界温度数值应显示正常。

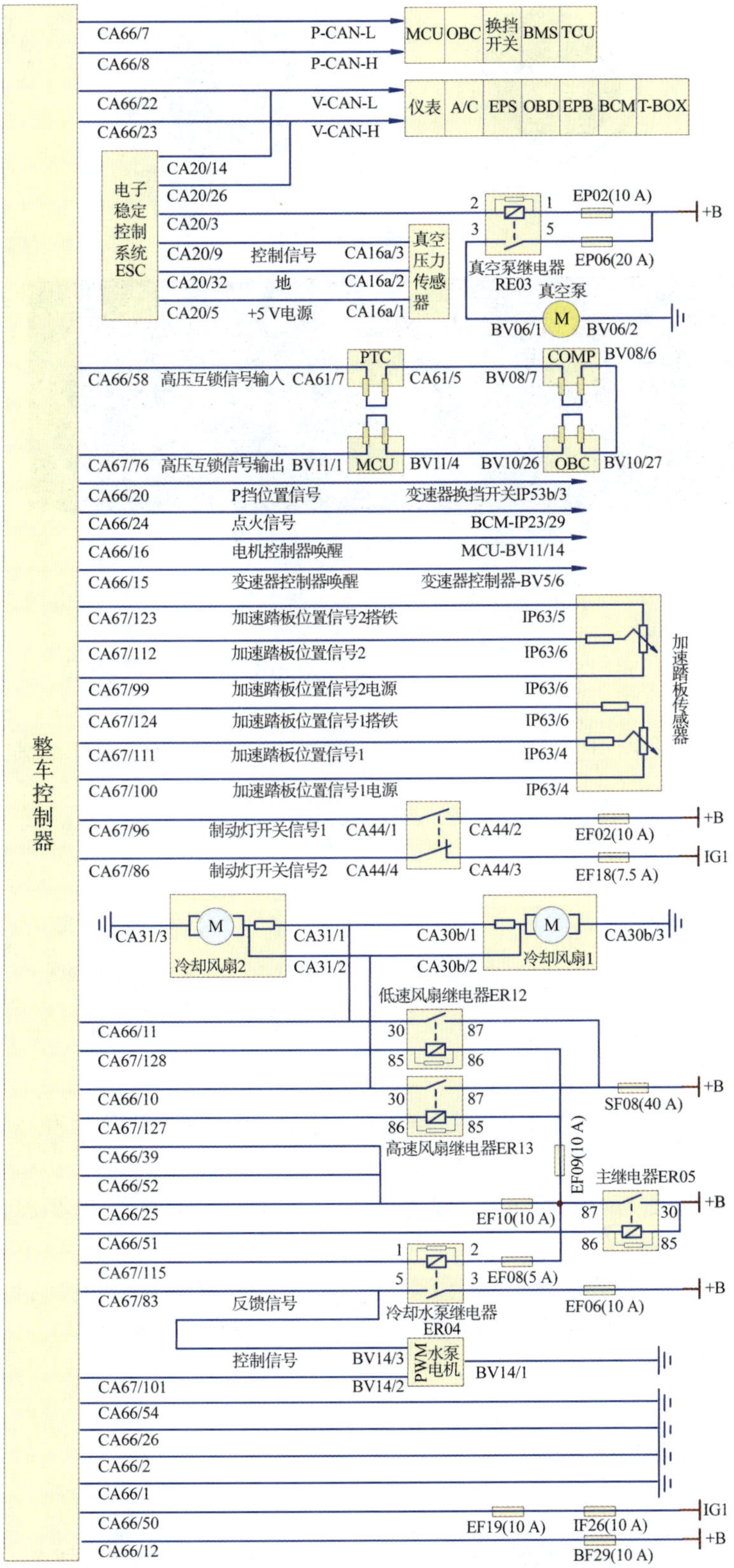

图 6-20 吉利 EV450 整车线路图

(a)未踩制动踏板　　(b)踩下制动踏板

图 6-21　点火开关指示灯状态显示

图 6-22　车辆显示正常上电信息

一、整车上电故障

(1)踩下制动踏板,打开点火开关,整车可运行指示灯“READY”不点亮,车辆无法上电运行。

(2)踩下制动踏板,打开点火开关,整车进入防盗模式,整车可运行指示灯“READY”不点亮,车辆无法上电运行。

(3)踩下制动踏板,打开点火开关,整车可运行指示灯“READY”点亮,但车辆无法上电运行。

二、电控系统冷却故障

(1)车辆运行中,冷却系统工作异常,导致车速无法提升(车辆限功率)。

(2)车辆充电过程中,冷却系统工作异常,导致车辆充电受限,无法充电。

三、车辆加速故障

(1)踩下制动踏板,打开点火开关,整车可运行指示灯“READY”点亮,挡位操作异常,无法挂入 D 挡或 R 挡。

(2)踩下制动踏板,打开点火开关,整车可运行指示灯“READY”点亮,挂入 D 挡,松开制动踏板,踩加速踏板,车辆无法行驶。

(3)踩下制动踏板,打开点火开关,整车可运行指示灯“READY”点亮,挂入 D 挡,松开制动踏板,踩加速踏板,车辆仅能低速运行,速度无法上升(车辆限功率)。

四、案例教学

【案例 1】整车上电故障分析

1.故障现象 1

(1)故障现象:踩下制动踏板,点火开关上的绿色指示灯不能正常点亮,点击点火开关,仪表无法点亮;再次点击一键启动开关,仪表正常点亮,左侧蓄电池指示灯点亮,右侧ECO模式指示灯点亮正常,EPB、安全带指示灯正常点亮,但仪表上部“READY”指示灯没有点亮,如图6-23所示。

图6-23 故障现象1的仪表显示

(2)现象分析:操作点火开关时仪表电量显示正常,说明点火开关与BCM、VCU通信正常;而制动开关与VCU之间有两条线路进行信号传递,这两条线路同时损坏的概率很低。因此,造成点火开关上的指示灯不能正常点亮的原因可能是:①制动灯开关自身、电源及信号线路故障;②车辆钥匙不在车内或车辆钥匙距离车辆防盗读识线圈过远;③车辆防盗线圈自身及线路故障。

(3)原理简介:点火开关指示灯线路如图6-24所示。

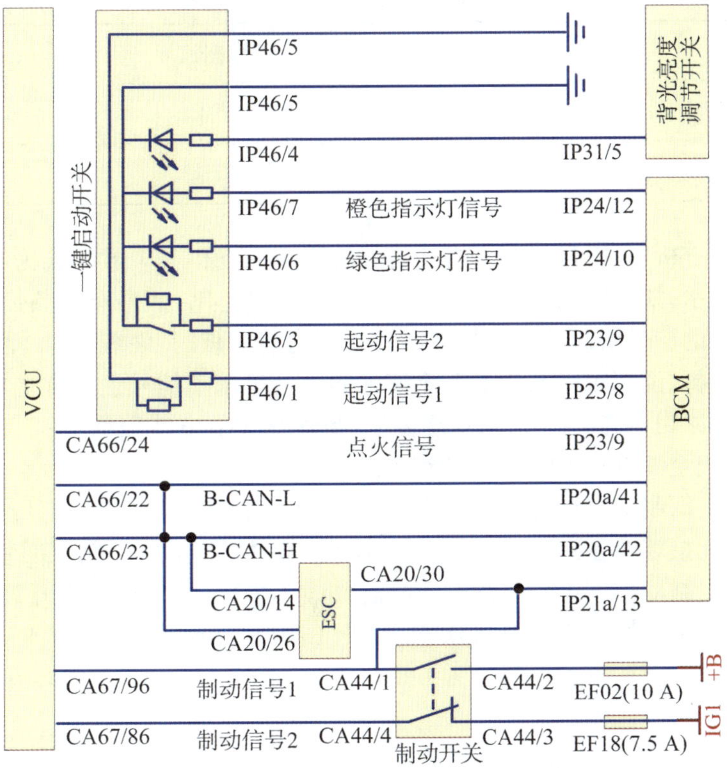

图6-24 点火开关指示灯线路

VCU 根据制动信号 1 判断车辆在上电过程中是否处于静止的安全状态,在行驶过程中用于判断驾驶员对车辆速度的控制意图,控制驱动电机的电流及能量回收。如果制动信号 1 出现故障,VCU 将无法确定车辆是否处在静止的安全状态下,因此禁止高压系统上电。同时,制动信号 1 输出到 BCM,BCM 根据该信号对一键启动开关的指示灯进行控制。

制动开关信号 2 为辅助信号,VCU 通过对比制动信号 1 和制动信号 2,判断车辆是否符合运行状态。如果制动信号 2 出现异常,VCU 将禁止车辆行驶。

(4)故障诊断:

①读取故障代码:连接诊断仪到 OBD 接口,读取故障代码和相关数据流。踩制动踏板并保持,打开点火开关,使用诊断仪与 VCU 通信,读取故障代码(见表 6-5),VCU 数据流如表 6-6 所示。

表 6-5　故障现象 1 的 VCU 故障代码

故障代码	代码说明
P1C2304	制动踏板信号不可信
P1C2404	制动踏板 1 路故障或警告故障

表 6-6　故障现象 1 的 VCU 数据流

名称	数据流
制动踏板信号 1	请求
制动踏板信号 2	请求

②故障代码分析:故障代码和数据流将故障指向制动信号。数据流为制动踏板没有踩下时的状态显示,如果踩制动踏板,数据流信号应该变化;如果有一条信号没有变化,则故障为不变化的信号引起的。实际情况是在踩制动踏板时,发现信号 1 的状态没有变化。综合以上分析,说明车辆高压不上电很可能是由于制动信号 1 异常造成的。导致制动信号 1 异常的原因可能有以下一项或多项:制动开关供电线路故障;制动开关内部自身故障;制动开关至 VCU、BCM、ESC 的线路故障。

从原理上讲,踩制动踏板时点火开关上的绿色指示灯不亮,也可能与 BCM、VCU 有关,但这两个单元损坏会触发防盗系统,而本案例中未触发防盗系统,说明基本正常。

③线路测试:制动信号 1 的线路电压检测如表 6-7 所示,打开点火开关,踩下制动踏板时,用万用表分别测试 VCU 的 CA67/96 端子、BCM 的 IP21a/13 端子、ESC 的 CA23/30 端子对地电压。

表 6-7 制动信号 1 电压测试

测量位置 A	测量位置 B	物理量	标准值	情况分析
CA67/96	PE	电压	标准电压：0→+B	(1)都正常：VCU 可能存在故障 (2)只要一个信号正常，说明制动开关及其供电正常，而信号异常的线路存在故障 (3)都异常：说明制动开关或供电线路存在故障的可能性很大
IP21a/13				
CA20/30				

表 6-7 中，如果三个电压信号都异常，则需要对制动开关及供电线路进行电压检测。打开点火开关，踩下制动踏板时，用万用表按照表 6-8 中所示的顺序分别测试制动开关 CA44/1、CA44/2、EF02 近制动开关侧及近+B 侧的对地电压。

表 6-8 制动开关及供电线路电压检测

测量位置 A	测量位置 B	物理量	标准值	情况分析
CA44/1	PE	电压	标准电压：0→+B	正常：说明 CA44/1 至 VCU、BCM、ESC 的线路同时出现问题，这种可能性一般很小 异常：说明制动开关或供电线路存在故障
CA44/2			标准电压：+B	正常：结合 CA44/1 异常，说明制动开关自身可能存在故障 异常：说明制动开关供电存在故障
EF02 近制动开关侧			标准电压：+B	正常：结合 CA44/2 异常，说明 EF02 至 CA44/2 的线路可能存在故障 异常：说明 EF02 可能存在故障
EF02 近+B 侧			标准电压：+B	正常：结合 EF02 近制动开关侧异常，说明 EF02 存在故障 异常：说明 EF02 至+B 线路可能存在故障

在上述电压检测中，造成检测电压不符合标准的原因，除了制动开关故障外，还有可能是线路断路或虚接，另外一个因素是保险丝 EF02 熔断，而造成保险丝 EF02 熔断的原因很有可能是线路存在对地短接。这里只介绍线路的导通性检测：关闭点火开关，拔下 CA67、CA44、CA20、IP21a 等端子，从线束端用万用表按照表 6-9 所示的顺序进行线路导通性检测。

表 6-9 制动开关及供电线路电阻检测

测量位置 A	测量位置 B	物理量	标准值	检测条件
CA44/1	CA67/96	电阻	标准值:<1 Ω	断开 CA44、CA67
CA44/1	CA20/30		标准值:<1 Ω	断开 CA44、CA20
CA44/1	IP21a/13		标准值:<1 Ω	断开 CA44、IP21a
CA44/2	EF02 近 CA44/2 侧		标准值:<1 Ω	断开 CA44,拔下 EF02

如果是 EF02 熔断,则需要进行线路与车身的短路检测。导致线路与车身短接的原因可能是 VCU、BCM、ESC、制动开关的内部损坏导致与车身短接,也可能是线路与车身形成短路,需要分别制定相应的方案进行检测,直到故障排除为止。注意:不能仅仅更换保险丝,必须找到导致保险丝熔断的原因。

(5)故障机理:由于制动开关 1 信号故障,导致 VCU、BCM、ESC 接收不到制动信号,因此不会触发点火开关的绿色指示灯;另外,VCU 不能确定上电行驶的安全性,因此拒绝系统上高压电。

2.故障现象 2

(1)现象描述:踩制动踏板并保持,打开点火开关,仪表正常点亮,但无法上高压电,且车辆系统进入防盗锁止状态,转向警告灯点亮,防盗喇叭鸣响,系统故障灯、挡位指示灯闪烁;仪表右侧的 EPB 故障警告灯、代表驱动系统性能的故障提醒警告灯、安全气囊故障警告灯点亮,ESC 警告灯、EBD 警告灯、ABS 警告灯点亮,如图 6-25 所示;制动踏板高度未变化,高压上电失败。

图 6-25 故障现象 2 的仪表防盗显示

VCU 常火电源断路

(2)现象分析:防盗认证系统流程图如 6-26 所示,在外部能顺利解锁车辆,说明车辆钥匙正常,因此上述故障现象是由于系统认证过程没有成功所导致的。另外,电子驻车制动系统(EPB)故障警告灯、代表驱动系统性能的故障提醒警告灯、安全气囊故障警告灯点亮，整车系统故障灯、档位指示灯闪烁，说明 VCU 与外界通信异常，可能的原因有：①VCU 常火电源故障，供电搭铁线路故障；②VCU 通信线路故障；③VCU 自身故障。

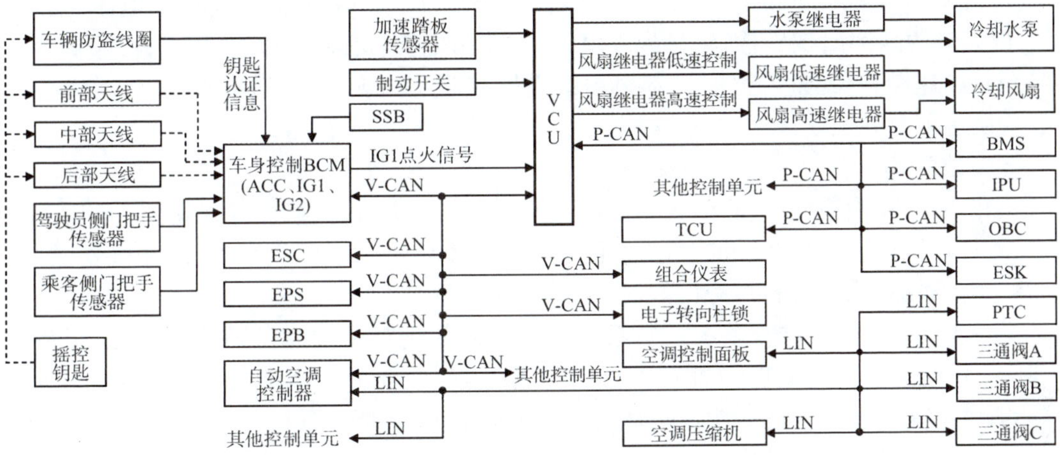

图 6-26　防盗认证系统流程图

（3）原理简介：VCU 电源线路如图 6-27 所示。

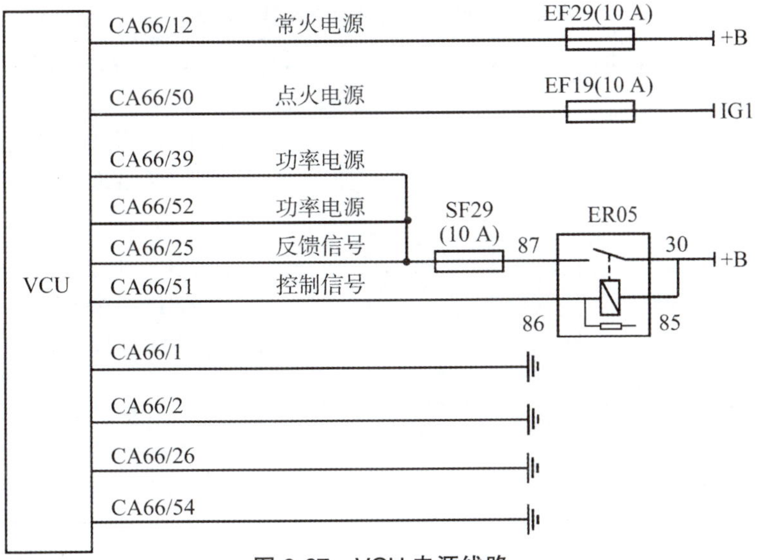

图 6-27　VCU 电源线路

①如果+B 电源出现异常，首先会导致动力系统防盗功能被激活，高压不上电，应急警告灯闪亮，防盗喇叭激活并鸣响。

②如果 IG 点火开关电源出现异常，VCU 通过总线接收到钥匙信号，同时从其他单元发出的 CAN 信号得知点火开关已打开，即判定点火开关打开不合法，动力系统防盗功能激活，高压不上电，应急警告灯闪亮，防盗喇叭激活并鸣响。

③如果功率电源出现故障，将导致 VCU 丢失功率电源，高压互锁、水泵控制、水泵继电器控制、加速踏板位置传感器、冷却风扇继电器控制等出现异常，造成 VCU 启动保护

模式,致使高压上电失败。如果送至 VCU 的继电器反馈信号出现异常,VCU 将认为继电器工作信号不可信,也将导致 VCU 启动保护模式,致使高压上电失败。同时,继电器给 VCU 供电的功率电源如果有一路出现故障,由于两路在 VCU 内部并联,所以电源不会丢失,但如果两路都出现异常,将导致 VCU 丢失功率电源,高压互锁、水泵控制、水泵继电器控制、加速踏板位置传感器、冷却风扇继电器控制等出现异常,造成 VCU 启动保护模式,致使高压上电失败。

(4)故障诊断:

①读取故障代码:连接诊断仪至 OBD 诊断接口后,踩制动踏板并保持,打开点火开关。此时,通过使用诊断仪与参与防盗的 VCU 和 BCM 进行通信,VCU 显示未连接成功,BCM 读取到故障代码 U111487(与 VCU 丢失通信)。

②故障代码分析:结合整车控制系统的防盗控制逻辑及故障代码的提示,说明整车控制 VCU 同时不在整车 P-CAN 和 V-CAN 数据总线上,而 P-CAN 和车身 V-CAN 同时损坏的概率不高,VCU 多根接地线同时损坏的概率也不高,所以故障主要在以下一个或两个方面:常火电源+B 线路故障;整车控制 VCU 自身故障。

③线路测试:踩制动踏板并保持,打开点火开关,用万用表按照表 6-10 所示的顺序检测 VCU 常火电源+B 对地电压。

表 6-10 VCU 常火电源+B 对地电压

测量位置 A	测量位置 B	物理量	标准值	情况分析
CA66/12	PE	电压	标准电压:+B	正常:说明 VCU 自身故障或搭铁线故障 异常:说明常火电源供电线路故障
EF29 近 VCU 侧				正常:结合 CA66/12 异常,说明 EF29 至 CA66/12 线路故障 异常:可能是 EF29 故障
EF29 近+B 侧				正常:结合 EF29 近 VCU 侧异常,说明 EF29 存在故障 异常:说明 EF29 至+B 线路存在故障

在上述电压检测中,造成检测电压不符合标准的原因可能是线路断路或虚接,另外也可能是保险丝 EF29 熔断,而造成 EF29 熔断的原因很有可能是线路或者 VCU 内部存在对地短接。注意:不能仅仅更换保险丝,必须找到导致保险丝熔断的原因。

3.故障现象 3

(1)现象描述:踩制动踏板并保持,点火开关绿色指示灯正常点亮;打开点火开关后,车辆进入防盗锁止状态,转向警告灯点亮,防盗喇叭触发后鸣响,提醒防盗认证失败;蓄电池指示灯点亮,车辆模式指示灯显示正常,如图 6-28 所示;整车系统故障灯未点亮,但高压电上电失败,制动踏板高度未变化。

VCU 点火电源断路

图 6-28　故障现象 3 的仪表防盗显示

（2）现象分析：这种现象说明 VCU 没有被点火开关激活，从而导致高压上电失败。结合故障现象、无钥匙进入及起动系统原理，可知 BCM 已经接收到点火开关的起动信号，并接通了 ACC、IG1、IG2 继电器，仪表点亮；其他警告指示灯没有点亮，只是防盗激活，说明参与防盗的 VCU 没有被 BCM 的点火信号激活，导致车辆钥匙认证失败，点火开关指示灯线路如图 6-29 所示；仪表上蓄电池指示灯点亮，说明仪表未接收到 VCU 向 IPU 发送的启动 DC/DC 转换器信号。

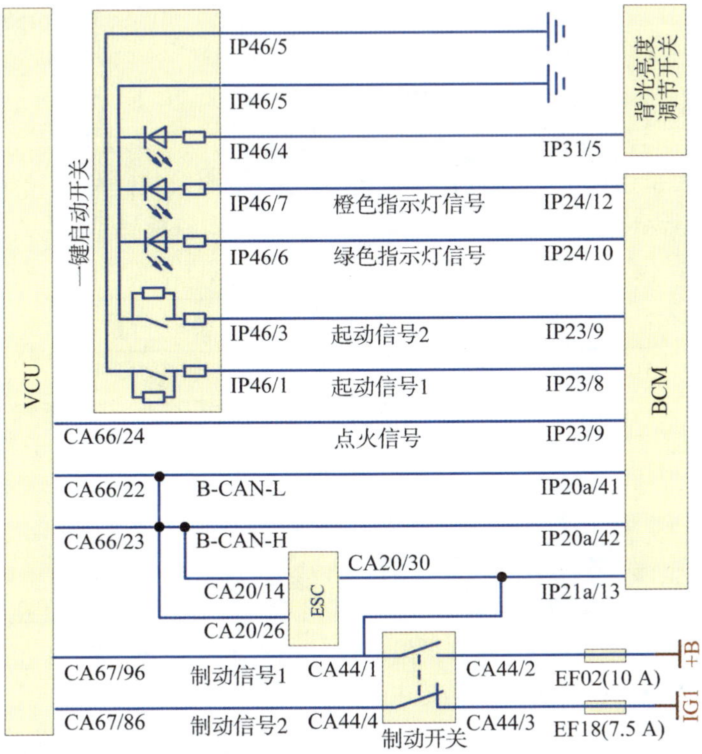

图 6-29　点火开关指示灯线路

4.故障现象 4

(1)现象描述:踩制动踏板并保持,打开点火开关,仪表正常点亮,可运行指示灯"READY"正常点亮,但系统故障灯也点亮;仪表右侧的电子驻车器指示灯正常点亮,车辆驱动模式指示灯 ECO 正常点亮,如图 6-30 所示;冷却风扇、驱动电机水泵持续运转,系统启动热保护功能;制动踏板高度变化正常,制动真空泵运转正常;挡位只能切换至 N 挡或 P 挡。

图 6-30　故障现象 4 的仪表信息显示

(2)现象分析:代表驱动系统性能的故障提醒警告灯、EPB 故障警告灯、EBD 故障警告灯、ESC 故障警告灯、ABS 故障警告灯、减速器故障指示灯没有点亮,挡位可以切换至 N 挡或 P 挡,说明车辆驱动系统中的 ESC、减速器控制系统、电子变速杆自检正常。

高压上电正常,说明 MCU 自身、通信线路、电源线路、关键信号输入正常。因此,导致系统对换挡操作进行保护(即挡位只能切换至 N 挡或 P 挡)的原因是整车电能管理出现异常,驱动电机无法输出动力,车辆无法行驶。

在电能管理控制过程中,还有 OBC 控制单元,如图 6-31 所示。由于 OBC 控制单元不参与可运行指示灯"READY"控制及点火开关控制的高压上电过程,但参与系统电能管理,因此故障可能由以下一项或多项造成:①OBC 电源及线路故障;②OBC 的 CAN 通信信号及线路故障;③OBC 连接线路插接器故障;④OBC 自身故障。

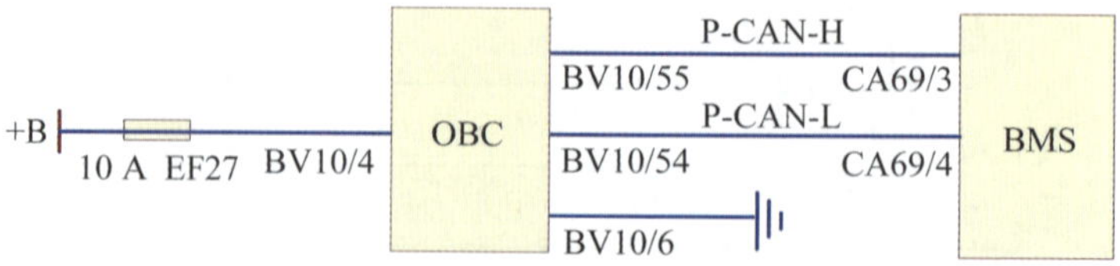

图 6-31　OBC 电源线路

5.故障现象 5

(1)现象描述:踩制动踏板并保持,打开点火开关,仪表点亮正常,可运行指示灯"READY"无法正常点亮,蓄电池指示打、整车系统故障指示灯点亮,如图 6-32 所示;同时电子驻车器指示灯正常点亮,驱动模式指示灯"ECO"正常点亮;高压不上电,制动踏板高度反应正常,但挡位无法切换至 D 挡或 R 挡。

图 6-32　故障现象 5 的仪表信息显示

(2)现象分析：动力蓄电池故障指示灯未点亮，说明 BMS 自检正常。但仪表只显示系统故障灯，其他系统没有显示故障信号及相关指示灯点亮，说明各系统之间通信及电源正常，而导致这一故障现象的原因只可能是 VCU 检测到系统有严重故障，从而禁止上高压和启动 DC/DC 转换器，同时仪表上蓄电池指示灯点亮。

VCU 主继电器线路如图 6-33 所示。主继电器 ER05 为 VCU 提供功率电源，如果主继电器 ER05 工作出现故障，将导致 VCU 丢失功率电源，高压互锁、水泵控制、水泵继电器控制、加速踏板位置传感器、冷却风扇继电器控制等就会出现异常，造成 VCU 启动保护模式，致使高压上电失败；如果继电器反馈信号出现异常，VCU 将认为继电器工作不可信，也将导致 VCU 启动保护模式，致使高压上电失败。同时，继电器给 VCU 供电的功率电源一路出现故障，由于两路在 VCU 模块内部并联，所以电源不会丢失。

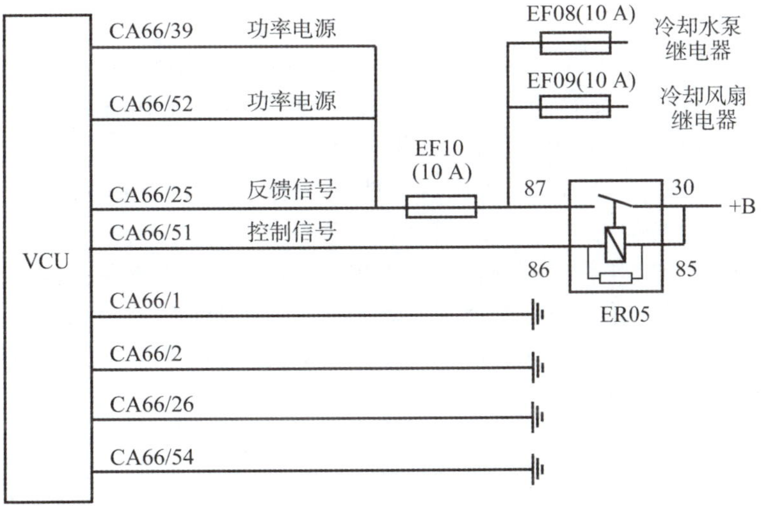

图 6-33　VCU 主继电器线路

通常，导致上述现象的主要原因包括：①VCU 主继电器 ER05 自身、电源、控制线路故障；②VCU 主继电器 ER05 输出至 VCU 的功率电源线路故障；③VCU 主继电器 ER05 输出至 VCU 的反馈线路故障；④高压互锁信号线路故障；⑤驱动电机旋变励磁信号及线路故障。

6.故障现象6

（1）现象描述：踩制动踏板并保持，点火开关绿色指示灯正常点亮；打开点火开关，仪表点亮正常，可运行指示灯"READY"正常点亮；右侧代表驱动系统性能的故障提醒警告灯、EPB故障警告灯、减速器故障指示灯点亮，如图6-34所示；高压上电正常，制动踏板高度反应正常，但挡位无法切换，始终保持在P挡。

图6-34　故障现象6的仪表信息显示

（2）现象分析：可运行指示灯"READY"正常点亮，说明高压控制系统正常。仪表信息中，右侧代表驱动系统性能的故障提醒警告灯、EPB故障警告灯、减速器故障指示灯点亮，说明驱动系统有故障，而驱动系统包含驱动电机及MCU、TCU、ABS、ESC、EPB、电子变速杆等，下面分别进行讨论。

①如果驱动电机及MCU出现故障，将导致高压不上电，与前述现象不符，在此不考虑。

②如果TCU、ABS、ESC、EPB、电子变速杆出现故障，将严重影响行车安全，车辆将禁止切换任何挡位，同时保持P挡，EPB不会解锁。而在本案例中，ABS、ESC、EPB警告灯没有点亮，说明ABS、ESC、EPB正常，在此不考虑。

③如果电子变速杆异常，会导致仪表上挡位显示信号闪烁，而此时该显示信号不闪烁，说明电子变速杆自检正常。

（3）原理简介：TCU电源及线路图如图6-35所示，结合以上现象，故障可能为TCU故障，造成整车禁止换挡功能，以防止发生安全事故。因此，问题可能由以下一项或多项造成：①TCU电源及线路故障；②TCU通信及线路故障；③减速器电机控制、电源线路故障；④减速器电机的位置传感器电源、信号、搭铁线路故障。

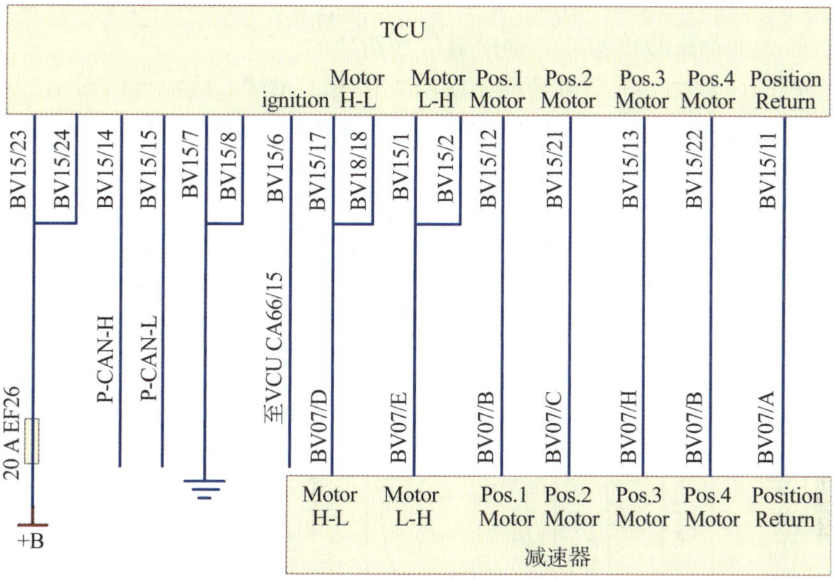

图 6-35　TCU 电源及线路图

【案例 2】车辆加速异常故障分析

1.故障现象 1

(1)现象描述:踩下制动踏板,一键启动开关绿色指示灯点亮,同时尾部制动灯点亮。按下一键启动开关,绿色指示灯熄灭,仪表上的指示灯"READY"点亮,SOC、续驶里程显示正常,整车高压上电成功,如图 6-36 所示。踩下制动踏板,挡位可以切换到 D 挡或 R 挡,释放 EPB,仪表上驻车制动警告灯熄灭,松开制动踏板,踩下加速踏板,车辆不运行。

图 6-36　本现象的仪表显示信息

(2)现象分析:车辆正常换入 D 挡,说明整车换挡控制器工作正常;换入 D 挡后,踩加速踏板,EPB 不自动解锁,车辆无法行驶,说明由于 VCU 存在限制运行的严重故障,致使车辆无法行驶。

结合高压系统已上电,说明整车高压系统里的 MCU、BMS、VCU、DC/DC 转换器、OBC、空调系统、高压互锁、高压绝缘等高压控制正常。而要让车辆行驶,除了高压系统信号,还需要制动踏板、挡位、加速踏板这三个主要信号,其中挡位切换及信号显示正常,因此故障可能为加速踏板信号或制动踏板信号造成的。

(3)原理简介:制动开关与加速踏板线路如图 6-37 所示,从中可以看出,制动开关内部有一组联动开关,向 VCU 发送两组信号。VCU 根据收到的点火信号和制动信号控制高压系统上电。

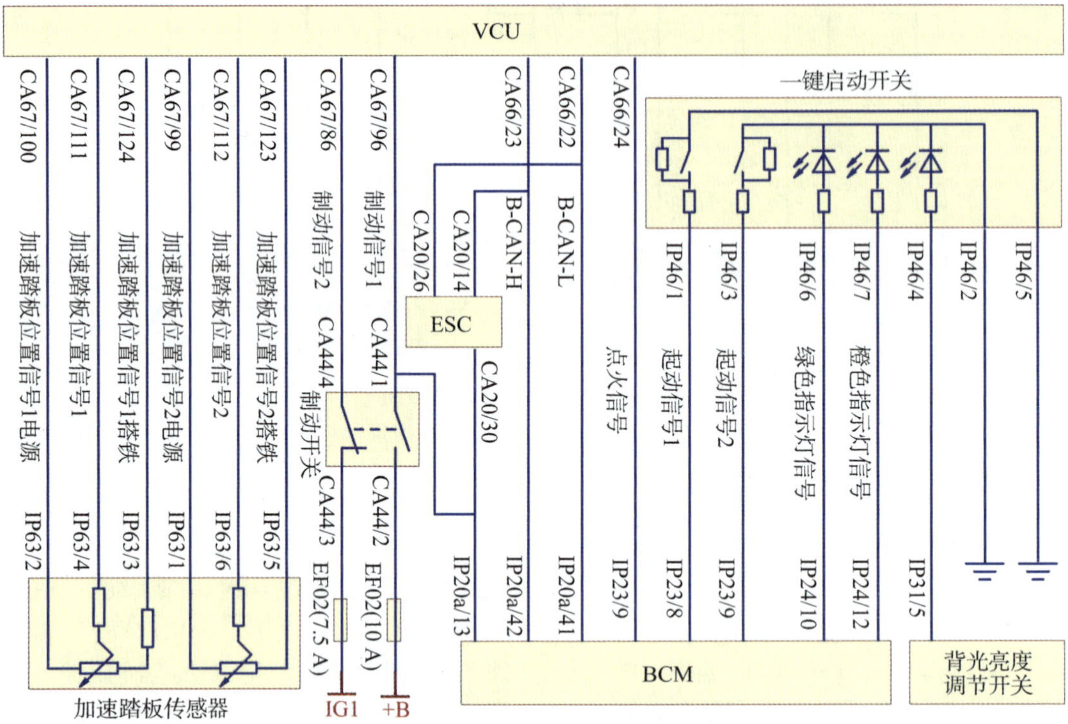

图 6-37　制动开关与加速踏板线路

如果制动开关 1 的信号出现故障,将导致 VCU 无法确定车辆是否处在静止的安全状态下,从而禁止高压系统上电;如果制动开关 2 的信号出现故障,VCU 会根据此信号判定车辆未解除制动,将发送信号至 MCU,禁止车辆在行驶挡位中的行驶功能,驱动电机无电流输出,整车不能行驶。

(4)故障诊断:

①连接诊断仪至 OBD11 诊断接口,踩制动踏板并保持,打开点火开关,操作诊断仪访问 VCU,读取到表 6-11 所示的故障代码。

表 6-11　VCU 故障代码

故障代码	代码说明
U012287	与 ABS-ESC 通信丢失
P1C6F04	PCU 3 级故障
P1C4296	车速信号警告故障

②通过诊断仪的数据流查看功能对当前故障代码进行验证。表 6-12 所示为 VCU 数据流显示的信息，数据流分为未踩下制动踏板和踩下制动踏板并保持两种状态下的显示，此信息应该变化，如果有一条信息没有变化，则故障为不变化的信号引起的。

表 6-12　案例 3 中 VCU 数据流显示的信息

VCU 数据流——未踩下制动踏板时的数据流代码说明	
制动踏板信号 1	请求
制动踏板信号 2	未请求
VCU 数据流——踩下制动踏板并保持时的数据流代码说明	
制动踏板信号 1	未请求
制动踏板信号 2	未请求

③结合故障分析、故障代码定义、数据流显示的信息，说明车辆高压不上电很可能是由于制动信号异常造成的，导致以上故障的原因有：制动信号 2 线路故障；制动开关自身故障；EF18(7.5 A)供电线路故障；VCU 局部故障。

④线路测试，制动信号 2 线路电压检测如表 6-13 所示：打开点火开关，踩下制动踏板时，用万用表分别测试 VCU 的 CA67/86 端子、制动开关的 CA44/4 端子和 CA44/3 端子、保险丝 EF18 近制动开关侧和近 IG1 侧对地电压。

表 6-13　制动信号 2 线路电压检测

<table>
<tr><th>测量位置 A</th><th>测量位置 B</th><th>物理量</th><th>标准值</th><th>情况分析</th></tr>
<tr><td>CA67/86</td><td>PE</td><td rowspan="2">电压</td><td rowspan="2">标准电压：
0→+B</td><td>正常：说明由 VCU 局部故障导致
异常：说明制动信号 2 的线路、制动开关或供电存在故障</td></tr>
<tr><td>CA44/4</td><td>PE</td><td>正常：结合 CA67/86 异常，说明制动信号 2 线路存在故障，应进行电阻检测确认
异常：说明制动开关或供电存在故障</td></tr>
<tr><td>CA44/3</td><td>PE</td><td rowspan="2">压</td><td rowspan="2">标准电压：
+B</td><td>正常：结合 CA44/4 异常，说明制动开关存在故障
异常：说明制动开关供电存在故障</td></tr>
<tr><td>EF18 近制动开关侧</td><td>PE</td><td>正常：结合 CA44/3 异常，说明制动开关供电线路异常，应进行电阻检测确认
异常：说明 EF18 及其供电存在故障</td></tr>
</table>

续表

测量位置 A	测量位置 B	物理量	标准值	情况分析
EF18 近 IG1 侧	PE	电压	标准电压:+B	正常:结合 EF18 近制动开关侧电压异常,说明 EF18 存在故障,应进行电阻检测确认 异常:说明 EF18 至 IG1 线路或者 IG1 及其相关线路存在故障 需要注意的是,IG1 是主继电器,同时为组合仪表、T-BOX、换挡开关、EPS、驾驶模式等许多单元供电,IG1 发生故障将会产生更多的故障现象

在上述电压检测中,造成检测电压不符合标准的原因除了制动开关故障外,可能还有线路断路或虚接,而造成 EF18 熔断的原因很有可能是线路、VCU 内部或制动开关存在对地短接。这里只介绍线路的导通性检测。关闭点火开关,拔下 CA67、CA44 端子,从线束端用万用表按照表 6-14 所示进行线路导通性检测。

表 6-14　制动信号 2 及供电线路电阻检测

测量位置 A	测量位置 B	物理量	标准值	检测条件
CA44/4	CA67/86	电阻	标准值:<1 Ω	断开 CA44、CA67
CA44/3	EF18 近制动开关侧		标准值:<1 Ω	断开 CA44
EF18 近 IG1 侧	EF18 近制动开关侧		标准值:<1 Ω	拔下 EF18
EF18 近 IG1	IG1		标准值:<1 Ω	断开 CA44,拔下 EF02

如果是 EF18 熔断,则需要进行线路与车身的短路检测,而不能仅仅更换保险丝,必须找到导致保险丝熔断的原因。

(5)故障机理:踩下制动踏板,整车控制系统通过对两组制动信号进行比对,来判断车辆当前状态是否符合运行条件,即制动踏板是否完全松开,制动力是否完全释放。由于制动信号 2 线路故障,整车控制系统只收到一路制动信号,即确认车辆不符合运行条件,制动踏板没有完全松开,制动力也没有完全释放。所以在踩下加速踏板后,车辆行驶功能被禁止。

造成加速踏板信号异常的主要原因为加速踏板传感器 1 和传感器 2 的电源线路、信号线路、搭铁线路中任意一条出现断路、虚接、短路故障。

2.故障现象 2

(1)现象描述:车辆正常上电后,踩下制动踏板,挡位切换到 D 挡或 R 挡,释放电子驻车 EPB,仪表上 EPB 警告灯熄灭;松开制动踏板,踩下加速踏板,车辆运行,但加速时速度不超过 6 km/h,同时右侧的能量回收条闪烁,如图 6-38 所示。

图 6-38 车辆限速时仪表显示状态

（2）现象分析：车辆能够行驶，说明整车高压系统 MCU、BMS、VCU、DC/DC 转换器、OBC、空调系统、高压互锁、高压绝缘等正常，同时低压电源和数据通信都正常。车辆正常行驶除了需要高压系统正常外，还涉及制动踏板、挡位、加速踏板三个主要信号。换挡功能正常、仪表上信号显示正常且可以行驶，说明挡位信号正常；无法加速但仪表上限功率指示灯没有点亮，说明驱动系统、动力蓄电池系统的温度正常。因此，上述现象可能是因为车辆起步、加速控制信号出现异常或条件不满足导致。

（3）原理简介：制动开关与加速踏板线路如图 6-39 所示，从图中可以看出，加速踏板位置传感器由两个传感器组成，分别有各自的供电电源、接地和信号线路。加速踏板位置传感器 1 的信号电压在 0.74~4.49 V 之间变化，加速踏板位置传感器 2 的信号电压在 0.35~2.25 V 之间变化。

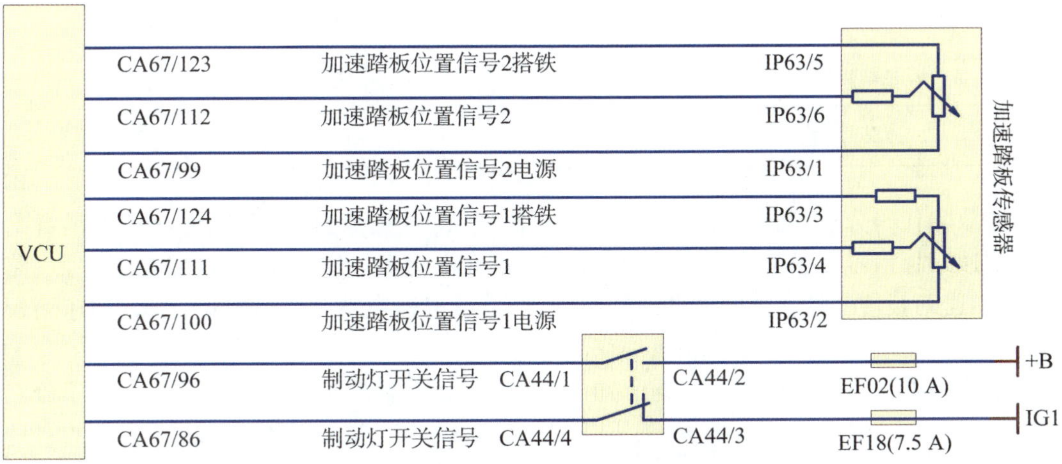

图 6-39 制动开关与加速踏板线路

在加速踏板位置传感器信号中，传感器 2 的信号作为主信号，传感器 1 的信号作为辅助信号。如果传感器 1 出现故障，VCU 将采用传感器 2 的信号作为依据对车辆进行控制；如果传感器 2 出现故障，会使 VCU 无法确定驾驶员对车辆运行的转矩需求，为了行车安全，VCU 和 MCU 将控制驱动电机的输出电流，车辆限速、限功率行驶。

制动踏板信号 1 故障会造成高压不上电，同故障与现象不符，不予考虑，因此只考虑制动踏板信号 2。但是,如果信号 1 在车辆起步及行驶过程中由于某些原因导致一直保持高电位,则 VCU 会误认为制动踏板被踩下,驾驶员控制车辆减速。这时,即使接收到加速踏板信号,VCU 根据安全机制,也不会采用加速踏板信号,而是优先采用制动踏板信号,这可能导致车辆无法起步和加速。

综合以上考虑,导致该故障现象的可能原因是加速踏板位置传感器信号错误。

(4)故障诊断:

①连接诊断仪:连接诊断仪器至 OBD 诊断接口后,踩制动踏板并保持,打开点火开关。通过诊断仪与整车控制器进行通信,可以读取到如表 6-15 所示的故障代码。

表 6-15　整车控制系统故障代码及说明

故障代码	代码说明
PIC2104	加速踏板信号 2 断路或短路到地
P1C2200	加速踏板信号不可信

通过诊断仪的数据流查看功能对当前故障进一步解析,VCU 数据流如表 6-16 所示。数据流为加速踏板没有踩下时的显示状态;踩下加速踏板时,数值应该随加速踏板变化而变化,如果有一条数值没有变化,则故障为不变化的信号引起的。实际测量时,踩下制动踏板,发现信号 2 的状态没有变化。

表 6-16　VCU 数据流

名称	数值
加速踏板信号 1	0.74 V
加速踏板信号 2	0.36 V

②故障代码分析:结合故障分析、故障代码定义、数据流,说明车辆无法正常运行是由于加速踏板信号 2 异常造成的,导致该故障的可能原因有加速踏板传感器 2 信号线路故障、加速踏板传感器 2 供电电源线路故障、加速踏板传感器 2 接地线路故障、加速踏板传感器 2 自身故障和整车控制系统局部故障。

③线路测试:打开点火开关,踩下加速踏板时,用万用表按照表 6-17 所示的顺序分别测试 VCU 的 CA67/112、CA67/99 端子以及加速踏板传感器 IP63/1、IP63/6 端子的对地电压。

表 6-17　加速信号 2 线路电压检测

测量位置 A	测量位置 B	物理量	标准值	情况分析
CA67/112	PE	电压	标准电压：0.35~2.25 V	正常：说明由 VCU 局部故障导致 异常：说明加速信号 2 的电源线路、信号线路、搭铁线路、传感器或 VCU 本身存在故障
CA67/99	PE		标准电压：+5 V	正常：结合 CA67/112 异常，说明加速信号 2 的电源线路、信号线路、搭铁线路或传感器本身存在故障 异常：说明由 VCU 局部故障导致
IP63/1	PE		标准电压：+5 V	正常：结合 CA67/112 异常，说明加速信号 2 的信号线路、搭铁线路或传感器可能存在故障 异常：说明加速信号 2 的电源线路存在故障
IP63/6	PE		标准电压：0.35~2.25 V	正常：结合 CA67/112 异常，说明加速信号 2 的信号线路存在故障 异常：结合 IP63/1 正常，说明加速信号 2 的搭铁线路或传感器存在故障

在上述电压检测中，造成加速踏板传感器 2 检测电压不符合标准的原因除了加速踏板自身故障外，还有可能是加速踏板传感器 2 供电电源、信号线路、搭铁线路出现断路、虚接及短路等。为此，应关闭点火开关，拔下 CA67、IP63 端子，从线束端用万用表按照表 6-18 所示进行线路导通性检测。

表 6-18　加速踏板信号 2 及供电线路电阻检测

测量位置 A	测量位置 B	物理量	标准值	检测条件
CA67/99	IP63/1	电阻	标准值：<1 Ω	断开 CA67、IP63
CA67/112	IP63/6		标准值：<1 Ω	断开 CA67、IP63
CA67/123	IP63/5		标准值：<1 Ω	断开 CA67、IP63

关闭点火开关，从线束端用万用表按照表 6-19 所示进行线路搭铁短路检测。

表 6-19　加速踏板信号 2 及供电线路短路检测

测量位置 A	测量位置 B	物理量	标准值	检测条件
IP63/1	PE	电阻	标准值：∞	连接 CA67，断开 IP63
IP63/6			标准值：∞	连接 CA67，断开 IP63
IP63/5			标准值：<1 Ω	连接 CA67，断开 IP63

续表

测量位置 A	测量位置 B	物理量	标准值	检测条件
CA67/99	PE	电阻	标准值:∞	断开 CA67,连接 IP63
CA67/112			标准值:∞	断开 CA67,连接 IP63

(5)故障机理:为了保证系统的安全性,VCU 通过接收加速踏板传感器传输的两路信号来控制车辆行车,其中加速踏板传感器 2 的信号为主控制信号,加速踏板位置传感器 1 的信号为辅助控制信号。如果信号 2 异常,将导致 VCU 无法准确判断驾驶员的扭矩及速度要求,所以 VCU 启动限功率保护模式,使车辆无法加速。

【案例 3】电控系统冷却异常故障分析

车辆正常运行一段时间后,踩加速踏板无法加速,同时仪表左侧限功率指示灯点亮,而其他功能正常,如图 6-40 所示。

图 6-40　案例 3 的仪表信息显示

结合以上现象,如果仪表上限功率行驶警告灯点亮,但可运行指示灯"READY"正常点亮,车辆可以运行,说明整车系统只是驱动电机功率被限制。限功率的主要原因为整车电控系统为了防止参与高压工作的部件温度过高而采取的必要保护措施。其中,二级为限功率,一级为高压断电或高压不上电。结合以上信号,该案例中的故障主要是由以下一项或多项造成的:

(1)BMS 检测到动力蓄电池内部温度过高。

(2)动力蓄电池内部温度传感器自身、信号及搭铁线路故障。

(3)MCU 检测到电机绕组温度过高。

(4)电机绕组温度传感器自身、信号及搭铁线路故障。

(5)水泵自身、PWM 控制信号及电源线路故障。

(6)水泵继电器自身、控制信号及电源线路故障。

(7)冷却风扇(两个)自身、控制信号及电源线路故障。

(8)冷却风扇继电器(两个)自身、控制信号及电源线路故障。

打开前机舱盖,应可以听到水泵发出正常的"嗡嗡"工作声,观察两个冷却风扇,都应处于高速或低速运转状态,且两个冷却风扇都没有卡滞或转速明显过低的现象。如果水泵没有发出正常的"嗡嗡"工作声,结合图 6-41 所示的电控系统水泵控制线路,可以认为故障主要是由以下一项或两项造成的：①水泵自身、电源线路故障田；②水泵继电器自身、控制信号及电源线路故障。

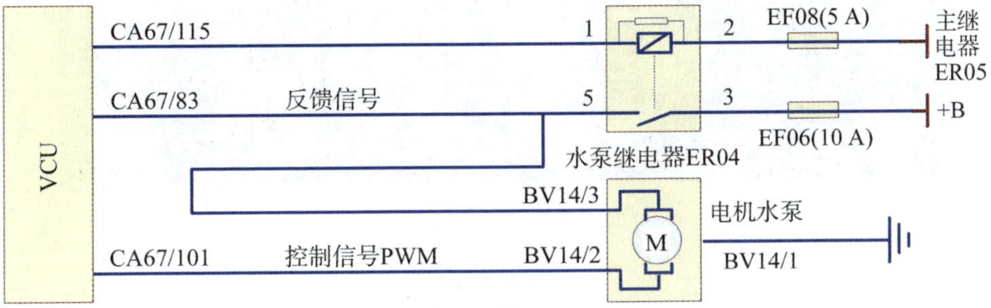

图 6-41　电控系统水泵控制线路

如果两个冷却风扇都没有处于高速或低速运转状态，则打开空调制冷开关检查冷却风扇是否处于高速或低速运转状态。如果冷却风扇均不能运转，则结合图 6-42 所示的电控系统冷却风扇控制线路，可以认为故障主要是由以下一项或两项造成的：①冷却风扇高/低速继电器电源线路故障；②冷却风扇高/低速继电器线圈电源线路故障。

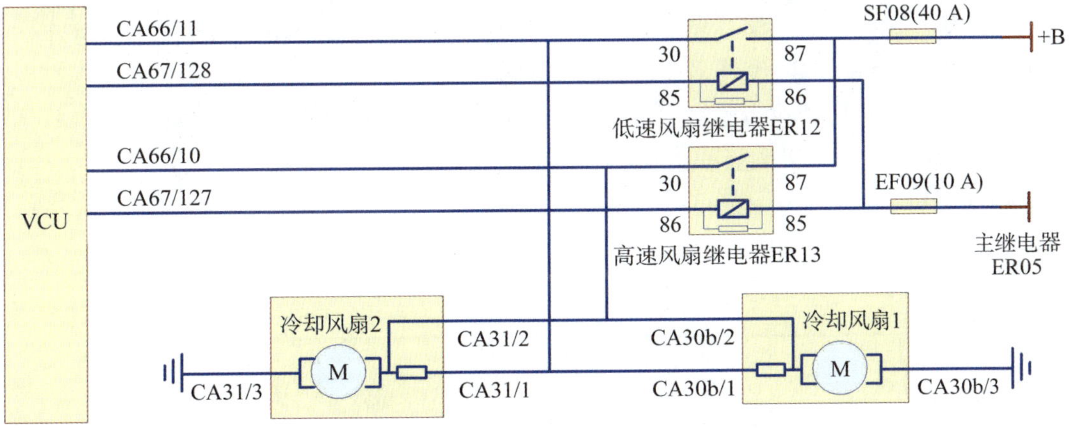

图 6-42　电控系统冷却风扇控制线路

如果打开空调制冷开关，检查冷却风扇是否处于高速或低速运转状态时，发现有一个冷却风扇不运转，可以认为故障主要是由以下一项或多项造成的：①该冷却风扇自身故障；②该冷却风扇电机搭铁线路故障；③该冷却风扇电机电源控制线路故障。

【案例 4】整车通信故障分析

（1）现象描述：踩制动踏板并保持，打开点火开关，仪表正常点亮，但无法上高压电，且车辆系统进入防盗锁止状态，转向警告灯点亮，防盗喇叭鸣响，系统故障灯、挡位指示灯闪烁；仪表右侧的 EPB 故障警告灯、代表驱动系统性能的故障提醒警告灯、安全气囊故障警告灯点亮，车辆模式指示灯不显示，同时仪表提醒防盗认证失败，如图 6-43 所示；制动踏板高度未变化，高压上电失败。

图 6-43　案例 4 的仪表显示信息

VCU V-CAN 故障

(2)现象分析:根据防盗认证系统流程(见图 6-26),在外部能顺利解锁车辆,说明车辆钥匙正常;因此,上述故障现象是由系统认证过程没有成功导致的。另外,电子驻车制动系统 EPB 故障警告灯、代表驱动系统性能的故障提醒警告灯、安全气囊故障警告灯点亮,整车系统故障灯、挡位指示灯闪烁,说明 VCU 与外界通信异常,可能的原因有 VCU 通信线路故障、VCU 常火电源故障、VCU 自身故障。

(3)原理简介:V-CAN 总线线路如图 6-44 所示。

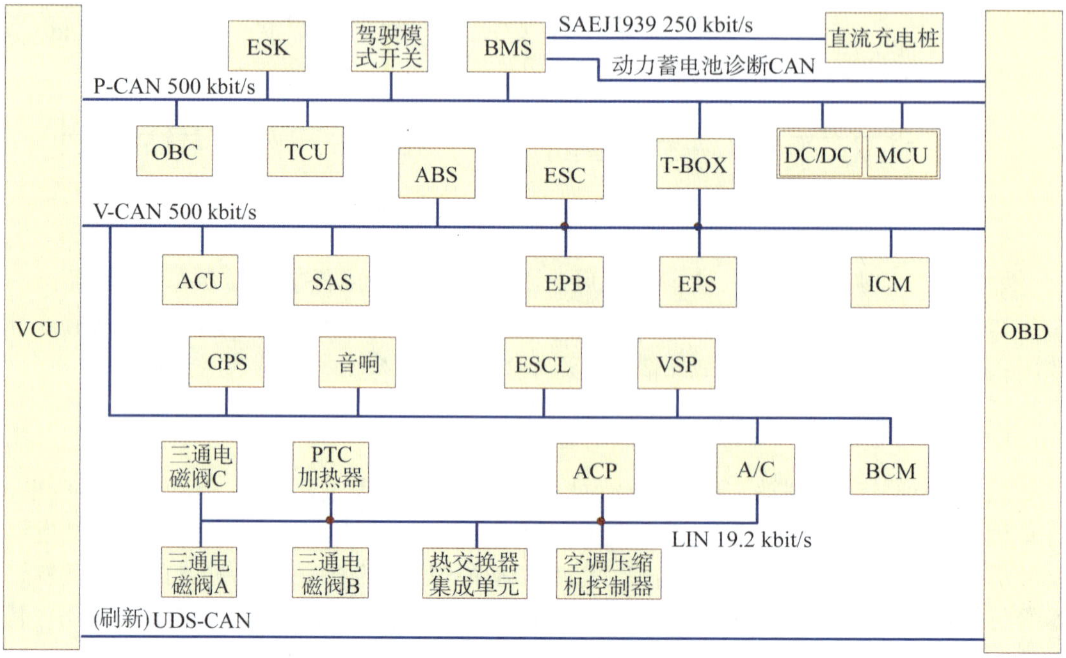

图 6-44　V-CAN 总线线路

从图 6-44 中可以看出：VCU、低速报警系统、BCM、音响主机、电子转向管柱锁、组合仪表（IPC）、EPS、紧急救援系统（T-BOX）、自动空调控制面板、EPB、ESC 等都是通过 V-CAN总线连接的，它们共同组成一个局域网。在这个局域网中，VCU 接收和发送遥控防盗信号、点火开关信号、整车热管理信号、气囊数据信号、远程监控数据信号、行驶状态信号、故障等级信号等，并通过网关协调与 P-CAN 之间的相互通信。

如果 VCU 因 V-CAN 或自身控制单元出现故障，将导致 VCU 无法接收和发送以上信号，VCU 将激活防盗模式，造成高压上电失败。

（4）故障诊断：

①读取故障代码：连接诊断仪到 OBD 接口，踩制动踏板并保持，打开点火开关，使用诊断仪与 VCU 通信，读取故障代码，如表 6-20 所示。

表 6-20　VCU 故障代码及说明

故障代码	代码说明
U012287	与 ABS、ESC 通信丢失
U016487	与空调控制器通信丢失
U015187	与安全气囊单元通信丢失
U014087	与 BCM 通信丢失
U012887	与 EPB 通信丢失
U013187	与 EPS 通信丢失
U021487	与无钥匙进入一键起动通信丢失
U019887	与远程信号处理控制器通信丢失
U015587	与组合仪表丢失通信

②故障代码分析：结合故障代码及 CAN 总线线路原理图，可以看出 VCU 无法通信的单元全部来自 V-CAN，同时诊断仪可以正常和 VCU 通信，说明 VCU 的 P-CAN 没有故障且通信正常，只是与之连接的 V-CAN 出现异常，导致 VCU 无法和以上单元通信，VCU 内部存储了以上故障代码。

结合上述分析和故障代码定义，认为导致以上故障的原因可能是 VCU 的 V-CAN 通信信号及线路故障。

③线路测试：图 6-45 所示是 VCU 的 V-CAN 通信部分线路，关闭点火开关，断开 CA66 接插件，然后打开点火开关，用双踪示波器按照表 6-21 所示分别测试 VCU 的 CA66/22、CA66/23 端子对地波形，正确的波形如图 6-46 所示。

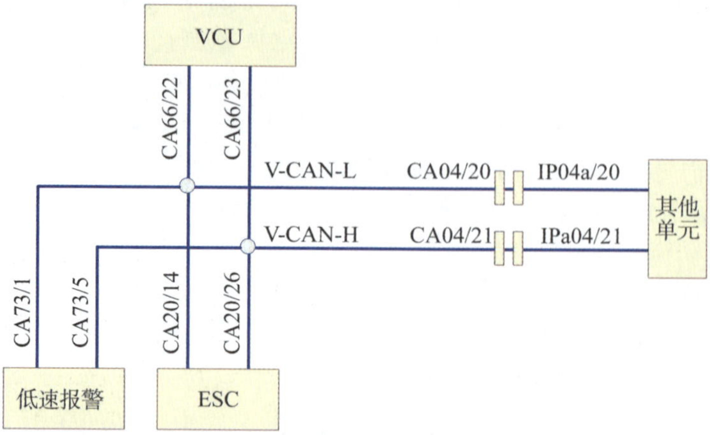

图 6-45 VCU 的 V-CAN 通信部分线路

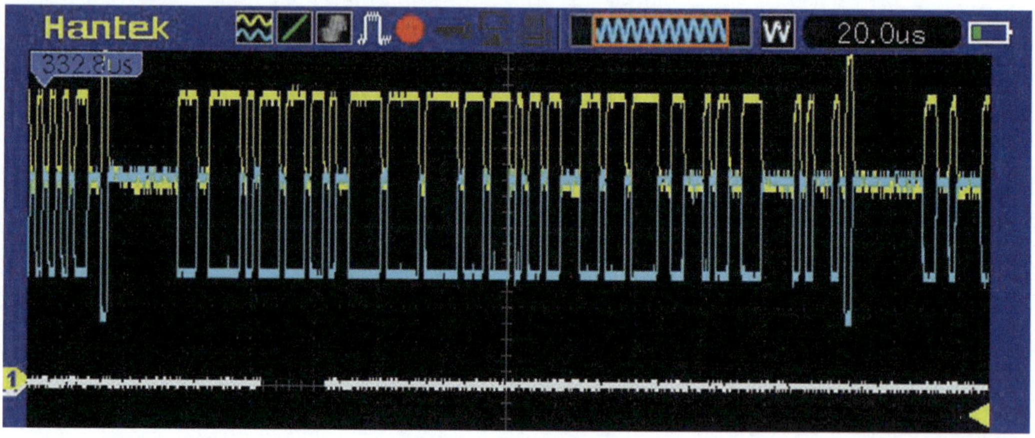

图 6-46 正确的波形

表 6-21 CA66/22、CA66/23 端子对地波形

<table>
<tr><th>测量位置 A</th><th>测量位置 B</th><th>物理量</th><th>标准值</th><th>情况分析</th></tr>
<tr><td>CA66/22</td><td rowspan="2">PE</td><td rowspan="2">波形</td><td>标准值：
1.5～2.5 V
矩形波</td><td>0 V 直线：说明线路断路或与车身短接
2.5 V 直线：说明与 CAN-H 存在短接
12 V 直线：说明线路存在与+B 的短接
正常：说明线路可能正常，也可能存在虚接</td></tr>
<tr><td>CA66/23</td><td>标准值：
2.5～3.5 V
矩形波</td><td>0 V 直线：说明线路断路或与车身短接
2.5 V 直线：说明与 CAN-H 存在短接
12 V 直线：说明线路存在与+B 的短接
正常：说明线路可能正常，也可能存在虚接</td></tr>
</table>

从上述波形测试看，仅仅用波形测试很难确定故障，需要用电阻测试法进一步确定。首先进行线路导通性测试：关闭点火开关，断开 CA66、CA20（或 CA73、CA04），用万用表从线束端按照表 6-22 所示的顺序进行测量。

表 6-22　VCU 的 V-CAN 线路导通性检测

测量位置 A	测量位置 B	物理量	标准值	检测条件
CA66/22	CA20-14	电阻	标准值：<1 Ω	断开 CA66、CA20
CA66/23	CA20-26		标准值：<1 Ω	断开 CA66、CA20

如果 V-CAN 网络在任意一处出现与车身、+B 短接或 V-CAN-H 与 V-CAN-L 短接故障时，整个 V-CAN 总线都将无法进行正常通信，导致 VCU 失去与 ACU、BCM 等其他部件的通信。因此，当通过波形测试，发现 V-CAN 存在上述可能时，则检测范围不应限于图 6-49 所示的电路。这里仅借助图 6-49 所示的电路进行检测方法上的介绍。对 VCU 的 V-CAN 线路进行短路检测的方法是：关闭点火开关，断开 12 V 蓄电池负极，从 CA04（或者 CA20、CA73）线束端用万用表按照表 6-23 所示进行测量。如果测量符合标准，则应对低速报警、ESC 等部件的线路进行短路检测。

表 6-23　VCU 的 V-CAN 线路短路检测

测量位置 A	测量位置 B	物理量	标准值	检测条件
CA04/20	PE	电阻	*	断开 CA04、CA20、CA73
CA04/21			*	断开 CA04、CA20、CA73
CA04/20	+B		*	断开 CA04、CA20、CA73
CA04/21			*	断开 CA04、CA20、CA73
CA04/20	CA04/21		标准值：60 Ω	断开 CA04、CA20、CA73

* 注：从理论上来说，标准值电阻应该是∞，但其在实际应用中具有一定大小，车型不同，阻值大小往往不同。以吉利 EV450 为例，实测正常值约为 7.47 kΩ。

（5）故障机理：V-CAN 总线是 VCU 与其他单元进行数据通信的渠道，如果该线路出现故障，VCU 无法接收到遥控钥匙信号、点火信号等，启动车辆将被认为非法，就会触发车辆防盗报警装置，导致整车高压上电失败。

工作手册 1　整车上电故障

【任务描述】

踩下制动踏板，点火开关上的绿色指示灯不能正常点亮，点击点火开关，仪表无法点亮；再次点击一键启动开关，仪表正常点亮，左侧蓄电池指示灯点亮，右侧 ECO 模式指示灯点亮正常，EPB、安全带指示灯正常点亮，但仪表上部指示灯“READY”没有点亮。作为一名新能源汽车维修技工，应正确使用诊断仪、示波器、万用表等检测工具，依据维修手册及相关资料排除故障，并准确填写诊断报告；按照 7S 操作规范整理场地，经检验合格后，将诊断报告和钥匙交付前台。

一、任务目的

通过实践训练，学生应该能够借助维修手册，掌握整车上电故障分析、检测和故障诊断的方法；能够正确使用诊断仪、示波器、万用表等检测工具，依据维修手册及相关资料实施故障检测、诊断，并准确填写诊断报告；按照 7S 操作规范整理场地。

二、技能要求

1.能够正确使用诊断仪、示波器、绝缘测试仪等检测仪器。

2.能够按照操作规范正确实施下高压电、防止重新接通等操作。

3.能够正确查阅维修资料，识读和分析线路原理图。

4.能够依据故障现象、故障代码等分析故障形成机理。

5.能够依据职业操作规范要求，正确进行 7S 管理和操作。

三、安全事项

1.确保学员完全在教师的指导下，在授权的范围内进行操作。

2.绝不可以在不穿戴安全防护用品的前提下，接触任何车辆的高压电部件。

3.学员应充分了解其职责范围，绝不擅自对高压电部件进行任何拆装调整。

4.对高压电动车辆进行功能操作时，必须在确保车辆与场地的安全状态后进行。

5.高压电车辆在脱离教师监控时必须全车落锁，驶离举升工位并由教师妥善保管钥匙。

6.在任何时候都要注意自身的人身安全防护。

7.车辆不可举升过高，举升到需要的高度时，要确认保险锁销到位。

8.工作中及完成任务后应遵守实训场地的 7S 要求。

四、信息收集

整车上电故障	学习任务单	班级：
		姓名：

1.下图为吉利 EV450 整车控制器（VCU）电源电路，为 VCU 提供记忆电源和工作电源，保证 VCU 能正常进入休眠及唤醒状态，同时为 CAN 通信提供通信电源，保证基本数据及动力系统防盗数据顺利传输的电源是________；为 VCU 提供唤醒信号，为 VCU 正常进入休眠及唤醒状态提供时间参考的是______；__________为高压互锁、水泵控制、水泵继电器控制、加速踏板位置传感器控制、冷却风扇继电器控制等提供电源；关闭点火开关，能够从 VCU 端测得 12 V 电压的是________端子；________和________出现故障会发出车辆防盗报警信号。

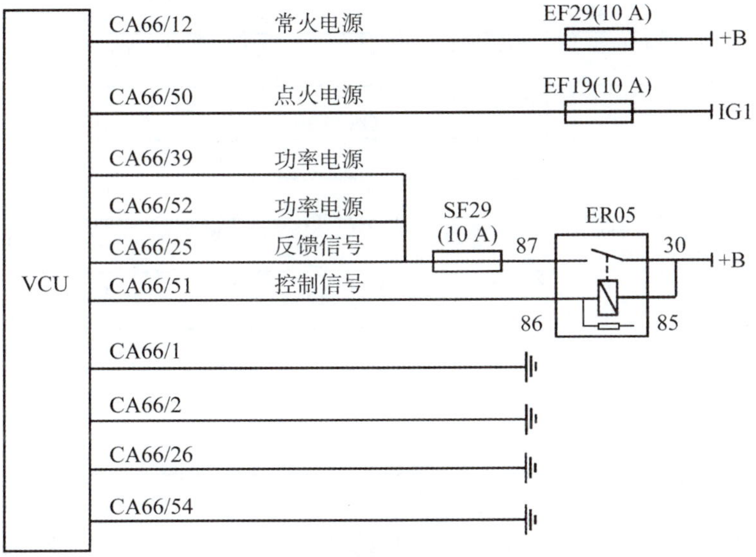

2.下图是吉利 EV450 制动踏板和点火开关指示灯线路图，在制动信号 1 和制动信号 2 中，若____出现故障，则踩下制动踏板时，点火开关上的绿色指示灯不会亮起；若______出现故障，将禁止高压系统上电，但仪表上不会出现系统故障指示灯亮；若______出现故障，则仪表上将会出现系统故障指示灯亮。

续表

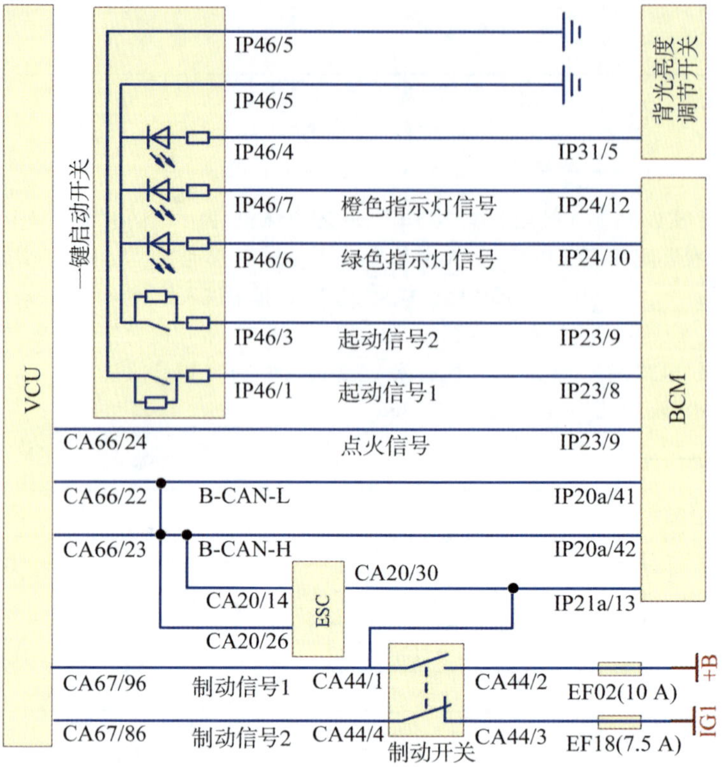

五、制订计划

1.作业计划

序号	作业项目	操作要点

2.设备清单

序号	设备名称	规格型号	数量

计划审核	审核意见： 年　　月　　日　签字：

六、任务实施

工作任务单	整车不上电故障	班级：
		姓名：

1.车辆信息记录

品牌		整车型号		生产年月	
电机型号		动力电池容量		行驶里程	
车辆识别码					

2.车辆基本检查

检查项目	检查情况	
辅助蓄电池电压		异常□　正常□
高压部件安装及连接器连接情况		异常□　正常□
膨胀水箱液位		异常□　正常□

3.故障现象判定

诊断项目	诊断内容
确认故障现象	

4.读取与本故障相关的主要故障代码

诊断项目	诊断内容
相关故障代码描述	

5.记录与本故障相关的主要数据流

诊断项目	诊断内容
相关数据流描述	

6.分析故障范围

诊断项目	诊断内容
故障范围描述	

续表

7.故障诊断过程记录		
步骤	诊断对象及检测项目	测量结果分析
8.故障诊断结论		
确认故障点		
故障机理分析		
提出维修建议		

七、职业素养

整车不上电故障				实习日期：			
姓名：		班级：		学号：		教师签名：	
自评：□熟练□不熟练		互评：□熟练□不熟练		师评：□合格□不合格			
日期：		日期：		日期：			
整车不上电故障【评分细则】							
序号	评分项	得分条件	分值	评分要求	自评	互评	师评
1	安全/7S/态度	□1.能进行工位7S操作 □2.能进行设备和工具安全检查 □3.能进行车辆安全防护操作 □4.能进行人员高压安全防护操作 □5.能进行“三不落地”操作	15	未完成一项扣3分，扣分不得超过15分	□熟练 □不熟练	□熟练 □不熟练	□合格 □不合格
2	专业技能能力	□1.能正确检查车辆的基本状态 □2.能正确检查CC故障现象 □3.能正确使用故障检测工具 □4.能正确读取故障码及数据流信息 □5.能正确分析故障原因 □6.能正确制定检测流程 □7.能正确使用检测设备执行检测 □8.能正确找到故障点 □9.能正确分析故障机理 □10.能合理提出维修建议	50	未完成一项扣5分，扣分不得超过50分	□熟练 □不熟练	□熟练 □不熟练	□合格 □不合格
3	工具及设备使用能力	□1.能正确使用维修工具 □2.能正确使用充电装置 □3.能正确使用万用表、诊断仪、示波器等诊断设备 □4.爱惜工具，能做到轻拿轻放	10	未完成一项扣2.5分，扣分不得超过10分	□熟练 □不熟练	□熟练 □不熟练	□合格 □不合格

续表

4	资料及信息查询能力	□1.能正确查询车辆信息 □2.能正确使用维修手册查询资料 □3.能正确记录查询资料的章节及页码 □4.能正确记录检查状态信息	10	未完成一项扣2.5分，扣分不得超过10分	□熟练 □不熟练	□熟练 □不熟练	□合格 □不合格
5	数据判断和分析能力	□1.能判断CC故障仪表状态 □2.能判断仪表指示灯状态 □3.能判断故障代码 □4.能判断数据流 □5.能分析诊断仪的检测结果	10	未完成一项扣2分，扣分不得超过10分	□熟练 □不熟练	□熟练 □不熟练	□合格 □不合格
6	表单填写及报告撰写能力	□1.字迹清晰 □2.语句通顺 □3.无错别字 □4.无涂改 □5.无抄袭	5	未完成一项扣1分，扣分不得超过5分	□熟练 □不熟练	□熟练 □不熟练	□合格 □不合格
总分：							

八、实训总结

自我反思	
自我评价	

工作手册 2　加速异常故障

【任务描述】

踩下制动踏板,一键启动开关绿色指示灯点亮,同时尾部制动灯点亮。按下一键启动开关,绿色指示灯熄灭,仪表上指示灯“READY”点亮,SOC、续驶里程显示正常,整车高压上电成功。踩下制动踏板,挡位可以切换到 D 挡或 R 挡,释放 EPB,仪表上驻车制动警告灯熄灭,松开制动踏板,踩下加速踏板,车辆不运行。作为一名新能源汽车维修技工,应正确使用诊断仪、示波器、万用表等检测工具,依据维修手册及相关资料排除故障,并准确填写诊断报告;按照 7S 操作规范整理场地,经检验合格后,将诊断报告和钥匙交付前台。

一、任务目的

通过实践训练,学生应该能够借助维修手册,掌握车辆加速异常故障分析、检测和故障诊断的方法;能够正确使用诊断仪、示波器、万用表等检测工具,依据维修手册及相关资料实施故障检测、诊断,并准确填写诊断报告;按照 7S 操作规范整理场地。

二、技能要求

1.能够正确使用诊断仪、示波器、绝缘测试仪等检测仪器。

2.能够按照操作规范正确实施下高压电、防止重新接通等操作。

3.能够正确查阅维修资料,识读和分析线路原理图。

4.能够依据故障现象、故障代码等分析故障形成机理。

5.能够依据职业操作规范的要求,正确进行 7S 管理和操作。

三、安全事项

1.确保学员完全在教师的指导下,在授权的范围内进行操作。

2.绝不可以在不穿戴安全防护用品的前提下,接触任何车辆的高压电部件。

3.学员应充分了解其职责范围,绝不擅自对高压电部件进行任何拆装调整。

4.对高压电动车辆进行功能操作时,必须在确保车辆与场地的安全状态后进行。

5.高压电车辆在脱离教师监控时必须全车落锁，驶离举升工位并由教师妥善保管钥匙。

6.在任何时候都要注意自身的人身安全防护。

7.车辆不可举升过高，举升到需要的高度时，要确认保险锁销到位。

8.工作中及完成任务后应遵守实训场地的 7S 要求。

四、信息收集

车辆加速异常故障	学习任务单	班级：
		姓名：

1.下图所示是吉利 EV450 的制动开关与加速踏板位置传感器线路，加速踏板传感器 1 的电压范围为__________V；加速踏板传感器 2 的电压范围为__________V。加速踏板传感器 1 和加速踏板传感器 2 中，若__________出现故障将不会影响车辆行驶；若__________出现故障，车辆将采取限功率行驶措施。

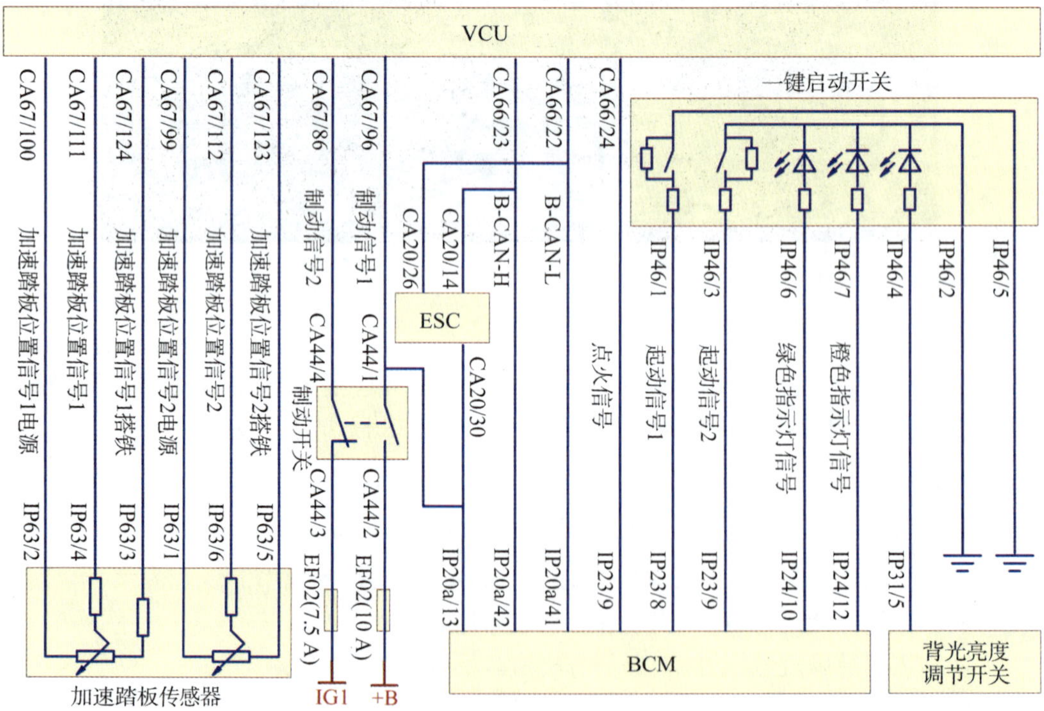

2.上图所示的 EV450 制动开关与加速踏板控制电路中，在制动信号 1 和制动信号 2 中，若________出现故障，踩下制动踏板时，点火开关上的绿色指示灯不会亮起；若________出现故障，将禁止高压系统上电，但仪表上不会出现系统故障指示灯亮；若__________出现故障，仪表上将会出现系统故障指示灯亮。

五、制订计划

1.作业计划

序号	作业项目	操作要点

2.设备清单

序号	设备名称	规格型号	数量

计划审核	审核意见： 年　月　日　签字：

六、任务实施

工作任务单	车辆加速异常故障	班级：
		姓名：

1.车辆信息记录

品牌		整车型号		生产年月	
电机型号		动力电池容量		行驶里程	
车辆识别码					

2.车辆基本检查

检查项目	检查情况	
辅助蓄电池电压		异常□　正常□
高压部件安装及连接器连接情况		异常□　正常□
膨胀水箱液位		异常□　正常□

续表

3.故障现象判定	
诊断项目	诊断内容
确认故障现象	
4.读取与本故障相关的主要故障代码	
诊断项目	诊断内容
相关故障代码描述	
5.记录与本故障相关的主要数据流	
诊断项目	诊断内容
相关数据流描述	
6.分析故障范围	
诊断项目	诊断内容
故障范围描述	

7.故障诊断过程记录		
步骤	诊断对象及检测项目	测量结果分析

续表

8.故障诊断结论	
确认故障点	
故障机理分析	
提出维修建议	

七、职业素养

整车不上电故障		实习日期：	
姓名：	班级：	学号：	教师签名：
自评：□熟练□不熟练	互评：□熟练□不熟练	师评：□合格□不合格	
日期：	日期：	日期：	

整车不上电故障【评分细则】

序号	评分项	得分条件	分值	评分要求	自评	互评	师评
1	安全/7S/态度	□1.能进行工位7S操作 □2.能进行设备和工具安全检查 □3.能进行车辆安全防护操作 □4.能进行人员高压安全防护操作 □5.能进行"三不落地"操作	15	未完成一项扣3分，扣分不得超过15分	□熟练 □不熟练	□熟练 □不熟练	□合格 □不合格

续表

2	专业技能能力	□1.能正确检查车辆的基本状态 □2.能正确检查 CC 故障现象 □3.能正确使用故障检测工具 □4.能正确读取故障码及数据流信息 □5.能正确分析故障原因 □6.能正确制定检测流程 □7.能正确使用检测设备执行检测 □8.能正确找到故障点 □9.能正确分析故障机理 □10.能合理提出维修建议	50	未完成一项扣 5 分，扣分不得超过 50 分	□熟练 □不熟练	□熟练 □不熟练	□合格 □不合格
3	工具及设备使用能力	□1.能正确使用维修工具 □2.能正确使用充电装置 □3.能正确使用万用表、诊断仪、示波器等诊断设备 □4.爱惜工具，能做到轻拿轻放	10	未完成一项扣 2.5 分，扣分不得超过 10 分	□熟练 □不熟练	□熟练 □不熟练	□合格 □不合格
4	资料及信息查询能力	□1.能正确查询车辆信息 □2.能正确使用维修手册查询资料 □3.能正确记录查询资料的章节及页码 □4.能正确记录检查状态信息	10	未完成一项扣 2.5 分，扣分不得超过 10 分	□熟练 □不熟练	□熟练 □不熟练	□合格 □不合格
5	数据判断及分析能力	□1.能判断 CC 故障仪表状态 □2.能判断仪表指示灯状态 □3.能判断故障代码 □4.能判断数据流 □5.能分析诊断仪的检测结果	10	未完成一项扣 2 分，扣分不得超过 10 分	□熟练 □不熟练	□熟练 □不熟练	□合格 □不合格

续表

6	表单填写及报告撰写能力	□1.字迹清晰 □2.语句通顺 □3.无错别字 □4.无涂改 □5.无抄袭	5	未完成一项扣1分，扣分不得超过5分	□熟练 □不熟练	□熟练 □不熟练	□合格 □不合格
总分：							

八、实训总结

自我反思	
自我评价	

VCU 电源供电故障-1

VCU 电源供电故障-2

附录　车辆故障信息显示

吉利 EV450 电动汽车的故障信息如附图所示，符号含义见附表。

附图　吉利 EV450 电动汽车的故障信息

附表　故障符号含义

序号	名称	符号	颜色
1	远光指示灯		蓝色
2	日间行车指示灯		蓝色
3	电子制动力分配故障指示灯		橙色
4	动力蓄电池充电指示灯		橙色
5	驾驶员安全带未系报警指示灯		红色
6	系统故障指示灯		红色

续表

序号	名称	符号	颜色
7	左转向指示灯	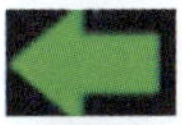	绿色
8	巡航指示灯		绿色
9	充电连接指示灯		红色
10	运行准备就绪指示灯		绿色
11	模式指示灯		白色
12	右转向指示灯		绿色
13	电机及控制器过热指示灯		红色
14	功率限制指示灯		橙色
15	减速器故障指示灯		红色
16	制动系统故障指示灯		红色
17	驻车制动指示灯		红色
18	电子稳定控制系统(ESP)故障指示灯		橙色
19	后雾指示灯		橙色
20	电动助力转向系统故障指示灯		橙色
21	蓄电池充放电状态指示灯		红色
22	动力蓄电池电量指示条	—	—
23	胎压监测系统故障指示灯		橙色
24	胎压异常指示灯		橙色
25	动力蓄电池断开指示灯		橙色
26	动力蓄电池故障指示灯		红色

续表

序号	名称	符号	颜色
27	ABS 故障指示灯		橙色
28	驻车系统故障指示灯		橙色
29	安全气囊故障指示灯		红色
30	电子稳定控制系统(ESP)关闭指示灯		橙色

参考文献

[1]赵金国,李治国.新能源汽车高压安全与防护[M].北京:人民交通出版社,2017.

[2]孙大庆,费丽东.新能源汽车充电设施构造与检修[M].北京:机械工业出版社,2020.

[3]弋国鹏,魏建平.电动汽车控制系统及检修[M].北京:机械工业出版社,2020.

[4]王毅,巩航军.新能源汽车电机驱动系统检修[M].北京:机械工业出版社,2021.

[5]杨效军,朱小菊.电动汽车结构与原理[M].北京:机械工业出版社,2018.